ΑΠΟ ΤΟ ΣΚΟΤΑΔΙ ΣΤΗΝ ΚΥΡΙΑΡΧΙΑ: 40
Ημέρες για να Απελευθερωθείτε από την Κρυμμένη Δύναμη του Σκότους

Μια Παγκόσμια Ευαγγελική Εκδήλωση Επίγνωσης, Απελευθέρωσης και Δύναμης

Για Άτομα, Οικογένειες και Έθνη Έτοιμα να Είναι Ελεύθερα

Με

Ζαχαρίας Γκόντσιγκλ, Πρέσβης Μοντάι Ο. Όγκμπε και Κόμφορτ Λάντι ΌγκμπεZacharias Godseagle; Ambassador Monday O. Ogbe and Comfort Ladi Ogbe

I0342040

Πίνακας Περιεχομένων

Σχετικά με το βιβλίο – ΑΠΟ ΤΟ ΣΚΟΤΑΔΙ ΣΤΗΝ ΚΥΡΙΑΡΧΙΑ 1
Κείμενο Οπισθόφυλλου 4
Προώθηση Μέσων Ενημέρωσης Μίας Παραγράφου (Τύπος/Email/Κείμενο Διαφήμισης) 6
    Αφιέρωση 8
    Ευχαριστίες 9
    Προς τον Αναγνώστη 11
    Πώς να χρησιμοποιήσετε αυτό το βιβλίο 13
    Πρόλογος 16
    Πρόλογος 18
    Εισαγωγή 20
    ΚΕΦΑΛΑΙΟ 1: Η ΠΡΟΕΛΕΥΣΗ ΤΟΥ ΣΚΟΤΕΙΝΟΥ ΒΑΣΙΛΕΙΟΥ 23
    ΚΕΦΑΛΑΙΟ 2: ΠΩΣ ΛΕΙΤΟΥΡΓΕΙ ΤΟ ΣΚΟΤΕΙΝΟ ΒΑΣΙΛΕΙΟ ΣΗΜΕΡΑ 26
    ΚΕΦΑΛΑΙΟ 3: ΣΗΜΕΙΑ ΕΙΣΟΔΟΥ – ΠΩΣ ΟΙ ΑΝΘΡΩΠΟΙ ΕΘΙΖΟΝΤΑΙ 29
    ΚΕΦΑΛΑΙΟ 4: ΕΚΔΗΛΩΣΕΙΣ – ΑΠΟ ΤΗΝ ΚΑΤΟΧΗ ΣΤΗΝ ΕΜΜΟΝΗ 31
    ΚΕΦΑΛΑΙΟ 5: Η ΔΥΝΑΜΗ ΤΟΥ ΛΟΓΟΥ – Η ΕΞΟΥΣΙΑ ΤΩΝ ΠΙΣΤΩΝ 34
    ΗΜΕΡΑ 1: ΓΕΝΙΚΕΣ ΓΡΑΜΜΕΣ & ΠΥΛΕΣ — ΣΠΑΣΙΜΟ ΤΩΝ ΟΙΚΟΓΕΝΕΙΑΚΩΝ ΑΛΥΣΙΔΩΝ 37
    ΗΜΕΡΑ 2: ΟΝΕΙΡΙΚΕΣ ΕΙΣΒΟΛΕΣ — ΟΤΑΝ Η ΝΥΧΤΑ ΓΙΝΕΤΑΙ ΠΕΔΙΟ ΜΑΧΗΣ 40
    ΗΜΕΡΑ 3: ΠΝΕΥΜΑΤΙΚΟΙ ΣΥΖΥΓΟΙ — ΑΝΙΕΡΕΣ ΕΝΩΣΕΙΣ ΠΟΥ ΔΕΝΟΥΝ ΜΟΙΡΑ 43
    ΗΜΕΡΑ 4: ΚΑΤΑΡΑΜΕΝΑ ΑΝΤΙΚΕΙΜΕΝΑ – ΠΟΡΤΕΣ ΠΟΥ ΜΙΛΑΝΟΥΝ 46
    ΗΜΕΡΑ 5: ΓΟΗΤΕΥΜΕΝΟΙ & ΑΠΑΤΗΜΕΝΟΙ — ΑΠΕΛΕΥΘΕΡΩΝΟΝΤΑΣ ΑΠΟ ΤΟ ΠΝΕΥΜΑ ΤΗΣ ΜΑΝΤΙΑΣ 49
    ΗΜΕΡΑ 6: ΠΥΛΕΣ ΤΟΥ ΜΑΤΙΟΥ — ΚΛΕΙΝΟΝΤΑΣ ΤΙΣ ΠΥΛΕΣ ΤΟΥ ΣΚΟΤΑΔΙΟΥ 52

ΗΜΕΡΑ 7: Η ΔΥΝΑΜΗ ΠΙΣΩ ΑΠΟ ΤΑ ΟΝΟΜΑΤΑ — ΑΠΟΚΡΟΥΣΗ ΑΝΙΕΡΩΝ ΤΑΥΤΟΤΗΤΩΝ 55

ΗΜΕΡΑ 8: ΑΠΟΚΑΛΥΨΗ ΤΟΥ ΨΕΥΤΙΚΟΥ ΦΩΤΟΣ — ΠΑΓΙΔΕΣ ΤΗΣ ΝΕΑΣ ΕΠΟΧΗΣ ΚΑΙ ΑΓΓΕΛΙΚΕΣ ΑΠΑΤΕΣ 58

ΗΜΕΡΑ 9: ΤΟ ΒΩΜΙΟ ΤΟΥ ΑΙΜΑΤΟΣ — ΔΙΑΘΗΚΕΣ ΠΟΥ ΑΠΑΙΤΟΥΝ ΖΩΗ 61

ΗΜΕΡΑ 10: ΣΤΕΙΡΟΤΗΤΑ & ΣΠΑΣΜΑ — ΟΤΑΝ Η ΜΗΤΡΑ ΓΙΝΕΤΑΙ ΠΕΔΙΟ ΜΑΧΗΣ 65

ΗΜΕΡΑ 11: ΑΥΤΟΑΝΟΣΕΣ ΔΙΑΤΑΡΑΧΕΣ & ΧΡΟΝΙΑ ΚΟΠΩΣΗ — Ο ΑΟΡΑΤΟΣ ΠΟΛΕΜΟΣ ΕΣΩΤΕΡΙΚΑ 69

ΗΜΕΡΑ 12: ΕΠΙΛΗΨΙΑ & ΨΥΧΙΚΟ ΒΑΣΑΝΙΣΜΑ — ΟΤΑΝ ΤΟ ΝΟΥΣ ΓΙΝΕΤΑΙ ΠΕΔΙΟ ΜΑΧΗΣ 73

ΗΜΕΡΑ 13: ΠΝΕΥΜΑ ΦΟΒΟΥ — ΣΠΑΣΙΜΟ ΤΟΥ ΚΛΟΥΒΙΟΥ ΤΩΝ ΑΟΡΑΤΩΝ ΒΑΣΑΝΙΣΜΩΝ 76

ΗΜΕΡΑ 14: ΣΑΤΑΝΙΚΑ ΣΗΜΑΔΙΑ — ΔΙΑΓΡΑΦΗ ΤΟΥ ΑΪΕΡΙΟΥ ΣΗΜΑΤΟΣ 79

ΗΜΕΡΑ 15: ΤΟ ΒΑΣΙΛΕΙΟ ΤΟΥ ΚΑΘΡΕΦΤΗ — ΔΡΑΠΕΙΑ ΑΠΟ ΤΗ ΦΥΛΑΚΗ ΤΩΝ ΣΤΟΧΑΣΜΩΝ 83

ΗΜΕΡΑ 16: ΣΠΑΣΙΜΟ ΤΩΝ ΔΕΣΜΩΝ ΤΩΝ ΛΕΞΙΚΩΝ ΚΑΤΑΡΑΚΤΩΝ — ΑΝΑΚΤΗΣΗ ΤΟΥ ΟΝΟΜΑΤΟΣ ΣΟΥ, ΤΟΥ ΜΕΛΛΟΝΤΟΣ ΣΟΥ 87

ΗΜΕΡΑ 17: ΑΠΕΛΕΥΘΕΡΩΣΗ ΑΠΟ ΤΟΝ ΕΛΕΓΧΟ ΚΑΙ ΤΗ ΧΕΙΡΟΥΡΓΙΑ 91

ΗΜΕΡΑ 18: ΣΠΑΣΙΜΟ ΤΗΣ ΔΥΝΑΜΗΣ ΤΗΣ ΑΣΥΓΧΩΡΕΙΑΣ ΚΑΙ ΤΗΣ ΠΙΚΡΙΑΣ 95

ΗΜΕΡΑ 19: ΘΕΡΑΠΕΙΑ ΑΠΟ ΤΗΝ ΝΤΡΟΠΗ ΚΑΙ ΤΗΝ ΚΑΤΑΔΙΚΑΣΗ 98

ΗΜΕΡΑ 20: ΟΙΚΙΑΚΗ ΜΑΓΕΙΑ — ΟΤΑΝ ΤΟ ΣΚΟΤΑΔΙ ΖΕΙ ΚΑΤΩ ΑΠΟ ΤΗΝ ΙΔΙΑ ΣΤΕΓΗ 103

ΗΜΕΡΑ 21: ΤΟ ΠΝΕΥΜΑ ΤΗΣ ΙΕΖΑΒΕΛ — ΑΠΟΛΗΨΗ, ΕΛΕΓΧΟΣ ΚΑΙ ΘΡΗΣΚΕΥΤΙΚΗ ΧΕΙΡΙΣΜΟΣ 107

ΗΜΕΡΑ 22: ΠΥΘΩΝΕΣ ΚΑΙ ΠΡΟΣΕΥΧΕΣ — ΣΠΑΣΙΜΟ ΤΟΥ ΠΝΕΥΜΑΤΟΣ ΤΗΣ ΣΥΓΚΛΟΝΙΣΜΟΥ 111

ΗΜΕΡΑ 23: ΘΡΟΝΟΙ ΤΗΣ ΑΔΙΚΟΤΗΤΑΣ — ΚΑΤΑΡΡΕΣΗ ΕΔΑΦΙΚΩΝ ΟΧΥΡΩΝ 114

ΗΜΕΡΑ 24: ΘΡΑΥΜΑΤΑ ΨΥΧΗΣ — ΟΤΑΝ ΛΕΙΠΟΥΝ ΜΕΡΗ ΤΟΥ ΕΑΥΤΟΥ ΣΟΥ 117

ΗΜΕΡΑ 25: Η ΚΑΤΑΡΑ ΤΩΝ ΠΑΡΑΞΕΝΩΝ ΠΑΙΔΙΩΝ — ΟΤΑΝ ΤΑ ΜΟΙΡΑ ΑΝΤΑΛΛΑΖΟΝΤΑΙ ΚΑΤΑ ΤΗ ΓΕΝΝΗΣΗ 120

ΗΜΕΡΑ 26: ΚΡΥΜΜΕΝΟΙ ΒΩΜΟΙ ΤΗΣ ΔΥΝΑΜΗΣ — ΑΠΕΛΕΥΘΕΡΩΣΗ ΑΠΟ ΤΙΣ ΑΠΟΚΡΥΦΙΚΕΣ ΣΥΝΘΗΚΕΣ ΤΗΣ ΕΛΙΤ 124

ΗΜΕΡΑ 27: ΑΝΙΕΡΕΣ ΣΥΜΜΑΧΙΕΣ — ΤΕΚΤΟΝΙΣΜΟΣ, ΙΛΟΥΜΙΝΑΤΙΣΜΟΙ & ΠΝΕΥΜΑΤΙΚΗ ΔΙΕΙΣΔΥΣΗ 127

ΗΜΕΡΑ 28: ΚΑΜΠΑΛΑ, ΕΝΕΡΓΕΙΑΚΑ ΠΛΕΓΜΑΤΑ & Η ΔΕΛΦΗ ΤΟΥ ΜΥΣΤΙΚΟΥ «ΦΩΤΟΣ» 131

ΗΜΕΡΑ 29: ΤΟ Πέπλο των Ιλουμινάτι — Αποκάλυψη των Ελίτ Αποκρυφιστικών Δικτύων 134

ΗΜΕΡΑ 30: ΤΑ ΣΧΟΛΕΙΑ ΜΥΣΤΗΡΙΟΥ — ΑΡΧΑΙΑ ΜΥΣΤΙΚΑ, ΣΥΓΧΡΟΝΗ ΔΕΣΜΕΥΣΗ 137

ΗΜΕΡΑ 31: ΚΑΜΠΑΛΑ, ΙΕΡΗ ΓΕΩΜΕΤΡΙΑ & ΕΛΙΤ ΦΩΤΟΣ ΕΞΑΠΑΤΗΣΗ 141

ΗΜΕΡΑ 3 2: ΤΟ ΠΝΕΥΜΑ ΤΟΥ ΦΙΔΙΟΥ ΕΣΩΤΕΡΙΚΑ — ΟΤΑΝ Η ΑΠΕΛΕΥΘΕΡΩΣΗ ΕΡΧΕΤΑΙ ΠΟΛΥ ΑΡΓΑ 146

ΗΜΕΡΑ 33: ΤΟ ΠΝΕΥΜΑ ΤΟΥ ΦΙΔΙΟΥ ΕΣΩΤΕΡΙΚΟΥ — ΟΤΑΝ Η ΑΠΕΛΕΥΘΕΡΩΣΗ ΕΡΧΕΤΑΙ ΠΟΛΥ ΑΡΓΑ 151

ΗΜΕΡΑ 34: ΤΕΚΤΟΝΟΙ, ΚΩΔΙΚΕΣ & ΚΑΤΑΡΑ — Όταν η Αδελφότητα Γίνεται Δουλεία 155

ΗΜΕΡΑ 35: ΜΑΓΙΣΣΕΣ ΣΤΑ ΣΤΑΣΙΔΙΑ — ΟΤΑΝ ΤΟ ΚΑΚΟ ΜΠΑΙΝΕΙ ΑΠΟ ΤΙΣ ΠΟΡΤΕΣ ΤΗΣ ΕΚΚΛΗΣΙΑΣ 159

ΗΜΕΡΑ 36: ΚΩΔΙΚΟΠΟΙΗΜΕΝΑ ΞΟΡΚΙΑ — ΟΤΑΝ ΤΑ ΤΡΑΓΟΥΔΙΑ, Η ΜΟΔΑ & ΟΙ ΤΑΙΝΙΕΣ ΓΙΝΟΝΤΑΙ ΠΥΛΕΣ 163

ΗΜΕΡΑ 37: ΟΙ ΑΟΡΑΤΟΙ ΒΩΜΟΙ ΤΗΣ ΕΞΟΥΣΙΑΣ — ΤΕΚΤΟΝΟΙ, ΚΑΜΠΑΛΑ ΚΑΙ ΑΠΟΚΡΥΦΙΣΤΙΚΕΣ ΕΛΙΤ 167

ΗΜΕΡΑ 38: ΔΙΑΘΗΚΕΣ ΤΗΣ ΜΗΤΡΑΣ & ΒΑΣΙΛΕΙΑ ΤΟΥ ΥΔΑΤΟΣ — ΟΤΑΝ ΤΟ ΜΟΙΡΑΣΜΑ ΜΙΛΑΝΕΤΑΙ ΠΡΙΝ ΑΠΟ ΤΗ ΓΕΝΝΗΣΗ 171

ΗΜΕΡΑ 39: ΒΑΠΤΙΣΜΕΝΟΙ ΣΤΟ ΝΕΡΟ ΣΤΗ ΔΕΣΜΕΥΣΗ — ΠΩΣ ΤΑ ΒΡΕΦΗ, ΤΑ ΑΡΧΙΚΑ ΚΑΙ ΟΙ ΑΟΡΑΤΕΣ ΔΙΑΘΗΚΕΣ ΑΝΟΙΓΟΥΝ ΠΟΡΤΕΣ 176

ΗΜΕΡΑ 40: ΑΠΟ ΤΗΝ ΤΟΚΕΤΟ ΣΤΗΝ ΤΟΚΕΤΟ — Ο ΠΟΝΟΣ ΣΟΥ ΕΙΝΑΙ Η ΧΕΙΡΟΤΟΝΙΑ ΣΟΥ 180
360° ΚΑΘΗΜΕΡΙΝΗ ΔΗΛΩΣΗ ΑΠΕΛΕΥΘΕΡΩΣΗΣ & ΚΥΡΙΑΡΧΙΑΣ – Μέρος 1ο 183
360° ΚΑΘΗΜΕΡΙΝΗ ΔΗΛΩΣΗ ΑΠΕΛΕΥΘΕΡΩΣΗΣ & ΚΥΡΙΑΡΧΙΑΣ – Μέρος 2ο 185
360° ΚΑΘΗΜΕΡΙΝΗ ΔΗΛΩΣΗ ΑΠΕΛΕΥΘΕΡΩΣΗΣ & ΚΥΡΙΑΡΧΙΑΣ - Μέρος 3ο 189
ΣΥΜΠΕΡΑΣΜΑ: ΑΠΟ ΤΗΝ ΕΠΙΒΙΩΣΗ ΣΤΗΝ ΥΙΟΤΗΤΑ — ΔΙΕΝΕΡΓΟΠΟΙΩΝΤΑΣ ΕΛΕΥΘΕΡΟΣ, ΖΩΝΤΑΣ ΕΛΕΥΘΕΡΟΣ, ΑΠΕΛΕΥΘΕΡΩΝΟΝΤΑΣ ΤΟΥΣ ΑΛΛΟΥΣ 193
   Πώς να Αναγεννηθείτε και να Ξεκινήσετε μια Νέα Ζωή με τον Χριστό 196
   Η στιγμή της σωτηρίας μου 198
   Πιστοποιητικό Νέας Ζωής εν Χριστώ 199
ΣΥΝΔΕΘΕΙΤΕ ΜΕ ΤΙΣ ΔΙΑΚΟΝΙΕΣ ΤΟΥ ΘΕΟΥ ΑΕΤΟΥ 200
ΠΡΟΤΕΙΝΟΜΕΝΑ ΒΙΒΛΙΑ & ΠΟΡΟΙ 202
ΠΑΡΑΡΤΗΜΑ 1: Προσευχή για τη διάκριση κρυμμένης μαγείας, απόκρυφων πρακτικών ή παράξενων βωμών στην εκκλησία 216
ΠΑΡΑΡΤΗΜΑ 2: Πρωτόκολλο Αποκήρυξης και Καθαρισμού από τα Μέσα Ενημέρωσης 217
ΠΑΡΑΡΤΗΜΑ 3: Τεκτονισμός, Καμπάλα, Κουνταλίνι, Μαγεία, Απόκρυφη Αποκήρυξη 218
ΠΑΡΑΡΤΗΜΑ 4: Οδηγός ενεργοποίησης λαδιού χρίσματος 219
ΠΑΡΑΡΤΗΜΑ 6: Βίντεο με μαρτυρίες για πνευματική ανάπτυξη 221
ΤΕΛΙΚΗ ΠΡΟΕΙΔΟΠΟΙΗΣΗ: Δεν μπορείτε να παίξετε με αυτό 222

Σελίδα πνευματικών δικαιωμάτων

ΑΠΟ ΤΟ ΣΚΟΤΑΔΙ ΣΤΗΝ ΚΥΡΙΑΡΧΙΑ: 40 Ημέρες για να Απελευθερωθείτε από την Κρυμμένη Δύναμη του Σκότους – Μια Παγκόσμια Ευαγγελική Εκδήλωση Επίγνωσης, Απελευθέρωσης και Δύναμης

Από τον Zacharias Godseagle, Comfort Ladi Ogbe & Ambassador Monday O. Ogbe

Πνευματικά δικαιώματα © 2025 από **τον Zacharias Godseagle και το God's Eagle Ministrie**s – GEM

Με επιφύλαξη παντός δικαιώματος.

Απαγορεύεται η αναπαραγωγή, η αποθήκευση σε σύστημα ανάκτησης ή η μετάδοση οποιουδήποτε μέρους αυτής της δημοσίευσης σε οποιαδήποτε μορφή ή με οποιοδήποτε μέσο — ηλεκτρονικό, μηχανικό, φωτοτυπικό, ηχογραφημένο, σαρωμένο ή άλλο — χωρίς την προηγούμενη γραπτή άδεια των εκδοτών, εκτός από την περίπτωση σύντομων παραθέσεων που ενσωματώνονται σε κριτικά άρθρα ή κριτικές.

Αυτό το βιβλίο είναι ένα έργο μη μυθοπλασίας και ευαγγελικής λογοτεχνίας. Ορισμένα ονόματα και στοιχεία ταυτοποίησης έχουν αλλάξει για λόγους προστασίας προσωπικών δεδομένων, όπου είναι απαραίτητο.

Τα αποσπάσματα από τις Γραφές είναι παρμένα από:

- *Νέα Ζωντανή Μετάφραση (NLT)*, © 1996, 2004, 2015 από το Ίδρυμα Tyndale House. Χρησιμοποιείται κατόπιν αδείας. Με επιφύλαξη παντός δικαιώματος.

Σχεδιασμός εξωφύλλου από την GEM TEAM
Εσωτερική διαρρύθμιση από την GEM TEAM
Δημοσιεύτηκε από:
Zacharias Godseagle & God's Eagle Ministries – GEM
www.otakada.org [1] | ambassador@otakada.org
Πρώτη Έκδοση, 2025

---

1. http://www.otakada.org

Τυπώθηκε στις Ηνωμένες Πολιτείες Αμερικής

Σχετικά με το βιβλίο – ΑΠΟ ΤΟ ΣΚΟΤΑΔΙ ΣΤΗΝ ΚΥΡΙΑΡΧΙΑ

ΑΠΟ ΤΟ ΣΚΟΤΑΔΙ ΣΤΗΝ ΚΥΡΙΑΡΧΙΑ: **40 Ημέρες για να Απελευθερωθείτε από την Κρυμμένη Δύναμη του Σκότους - Μια Παγκόσμια Ευαγγελική Εκδήλωση Επίγνωσης, Απελευθέρωσης και Δύναμης - Για Άτομα, Οικογένειες και Έθνη Έτοιμοι να Απελευθερωθούν** δεν είναι απλώς μια ευλαβική ομιλία — είναι μια 40ήμερη παγκόσμια συνάντηση απελευθέρωσης για **Προέδρους, Πρωθυπουργούς, Πάστορες, Εκκλησιαστικούς Λειτουργούς, Διευθύνοντες Συμβούλους, Γονείς, Εφήβους και κάθε πιστό** που αρνείται να ζήσει σε μια ήσυχη ήττα.

Αυτή η δυνατή 40ήμερη ευλαβική ομιλία ασχολείται με *τον πνευματικό πόλεμο, την απελευθέρωση από τους προγονικούς βωμούς, το σπάσιμο των δεσμών της ψυχής, την αποκρυφιστική έκθεση και παγκόσμιες μαρτυρίες από πρώην μάγισσες, πρώην σατανιστές* και όσους έχουν ξεπεράσει τις δυνάμεις του σκότους.

Είτε ηγείστε **μιας χώρας** , είτε είστε ποιμένας **μιας εκκλησίας** , είτε **διευθύνετε μια επιχείρηση** , είτε **αγωνίζεστε για την οικογένειά σας κρυφά** , αυτό το βιβλίο θα αποκαλύψει ό,τι έχει κρυφτεί, θα αντιμετωπίσει ό,τι έχει αγνοηθεί και θα σας δώσει τη δύναμη να απελευθερωθείτε.

Μια 40ήμερη Παγκόσμια Ευαγγελική Συνάθροιση για την Επίγνωση, την Απελευθέρωση και τη Δύναμη

Μέσα σε αυτές τις σελίδες, θα συναντήσετε:

- Κατάρες εξ αίματος και προγονικές διαθήκες
- Πνευματικοί σύζυγοι, θαλάσσια πνεύματα και αστρικός χειρισμός
- Ελευθεροτεκτονισμός, Καμπάλα, αφυπνίσεις κουνταλίνι και βωμοί μαγείας
- Αφιερώσεις παιδιών, προγεννητικές μυήσεις και δαιμονικοί αχθοφόροι

- Διείσδυση στα μέσα ενημέρωσης, σεξουαλικό τραύμα και κατακερματισμός της ψυχής
- Μυστικές εταιρείες, δαιμονική Τεχνητή Νοημοσύνη και κινήματα ψευδούς αναβίωσης

Κάθε μέρα περιλαμβάνει:
- *Μια πραγματική ιστορία ή ένα παγκόσμιο μοτίβο*
- *Γραφική επίγνωση*
- *Ομαδικές και προσωπικές εφαρμογές*
- *Προσευχή για την απελευθέρωση + ημερολόγιο στοχασμού*

Αυτό το βιβλίο είναι για εσάς αν:

- Ένας **Πρόεδρος ή ένας υπεύθυνος χάραξης πολιτικής** που αναζητά πνευματική διαύγεια και προστασία για το έθνος σας
- Ένας **πάστορας, μεσολαβητής ή εκκλησιαστικός λειτουργός** που μάχεται ενάντια σε αόρατες δυνάμεις που αντιστέκονται στην ανάπτυξη και την αγνότητα.
- Ένας **Διευθύνων Σύμβουλος ή ένας ηγέτης επιχείρησης** αντιμετωπίζει ανεξήγητο πόλεμο και δολιοφθορά
- Ένας **έφηβος ή μαθητής** που βασανίζεται από όνειρα, βασανιστήρια ή παράξενα περιστατικά
- Ένας **γονέας ή φροντιστής** που παρατηρεί πνευματικά πρότυπα στην γενεαλογία σας
- Ένας **Χριστιανός ηγέτης** κουρασμένος από ατελείωτους κύκλους προσευχής χωρίς καμία σημαντική πρόοδο
- Ή απλώς ένας **πιστός έτοιμος να περάσει από την επιβίωση στην νικηφόρα κυριαρχία**

Γιατί αυτό το βιβλίο;

Επειδή σε μια εποχή που το σκοτάδι φοράει τη μάσκα του φωτός, η *απελευθέρωση δεν είναι πλέον προαιρετική*.

Και *η δύναμη ανήκει στους ενημερωμένους, στους εξοπλισμένους και στους παραδομένους*.

Γράφτηκε από τους Zacharias Godseagle , Πρέσβη Monday O. Ogbe και **Comfort Ladi Όγκμπε** , αυτό είναι κάτι περισσότερο από απλή διδασκαλία — είναι ένα **παγκόσμιο κάλεσμα αφύπνισης** για την Εκκλησία, την οικογένεια και τα έθνη να ξεσηκωθούν και να αντισταθούν — όχι με φόβο, αλλά με **σοφία και εξουσία**.

Δεν μπορείς να μαθητεύσεις σε κάτι που δεν έχεις παραδώσει. Και δεν μπορείς να περπατήσεις στην κυριαρχία μέχρι να απελευθερωθείς από τα δεσμά του σκότους.

Σπάστε τους κύκλους. Αντιμετωπίστε το κρυφό. Πάρτε πίσω το πεπρωμένο σας — μέρα με τη μέρα.

Κείμενο Οπισθόφυλλου

ΑΠΟ ΤΟ ΣΚΟΤΑΔΙ ΣΤΗΝ ΚΥΡΙΑΡΧΙΑ

40 Ημέρες για να Απελευθερωθείτε από την Κρυμμένη Δύναμη του Σκότους

Μια Παγκόσμια Ευαγγελική Εκδήλωση Επίγνωσης, Απελευθέρωσης και Δύναμης

Είσαι **πρόεδρος**, **πάστορας**, **γονέας** ή **προσευχόμενος πιστός** — που λαχταράει απεγνωσμένα διαρκή ελευθερία και πρωτοπορία;

Δεν πρόκειται απλώς για μια ευλαβική ομιλία. Είναι ένα 40ήμερο παγκόσμιο ταξίδι μέσα από τα αόρατα πεδία μαχών των **προγονικών διαθηκών, της απόκρυφης δουλείας, των θαλάσσιων πνευμάτων, του κατακερματισμού της ψυχής, της διείσδυσης των μέσων ενημέρωσης και άλλων**. Κάθε μέρα αποκαλύπτει πραγματικές μαρτυρίες, παγκόσμιες εκδηλώσεις και εφαρμόσιμες στρατηγικές απελευθέρωσης.

Θα ανακαλύψετε:

- Πώς ανοίγουν οι πνευματικές πύλες—και πώς να τις κλείνουμε
- Οι κρυφές ρίζες της επαναλαμβανόμενης καθυστέρησης, του βασανισμού και της δουλείας
- Δυνατές καθημερινές προσευχές, στοχασμοί και ομαδικές εφαρμογές
- Πώς να εισέλθετε στην **κυριαρχία**, όχι απλώς στην απελευθέρωση

Από **βωμούς μαγείας** στην Αφρική μέχρι **την απάτη της Νέας Εποχής** στη Βόρεια Αμερική... από **μυστικές εταιρείες** στην Ευρώπη μέχρι **διαθήκες αίματος** στη Λατινική Αμερική— **αυτό το βιβλίο τα αποκαλύπτει όλα**.

Το DARKNESS TO DOMINION είναι ο οδικός σας χάρτης προς την ελευθερία, γραμμένος για **πάστορες, ηγέτες, οικογένειες, εφήβους, επαγγελματίες, διευθύνοντες συμβούλους** και όποιον έχει κουραστεί να κάνει ποδηλασία μέσα σε πολέμους χωρίς νίκη.

«Δεν μπορείς να μαθητεύσεις σε κάτι που δεν έχεις παραδώσει. Και δεν μπορείς να περπατήσεις στην κυριαρχία μέχρι να απελευθερωθείς από τα δεσμά του σκότους.»

Προώθηση Μέσων Ενημέρωσης Μίας Παραγράφου (Τύπος/Email/Κείμενο Διαφήμισης)

Το "Από το Σκοτάδι στην Κυριαρχία: 40 Μέρες για να Απελευθερωθείτε από την Κρυμμένη Δεξιά του Σκότους" είναι ένα παγκόσμιο θρησκευτικό βιβλίο που αποκαλύπτει πώς ο εχθρός διεισδύει σε ζωές, οικογένειες και έθνη μέσω βωμών, γενεαλογικών γραμμών, μυστικών εταιρειών, αποκρυφιστικών τελετουργιών και καθημερινών συμβιβασμών. Με ιστορίες από κάθε ήπειρο και δοκιμασμένες σε μάχες στρατηγικές απελευθέρωσης, αυτό το βιβλίο απευθύνεται σε προέδρους και πάστορες, διευθύνοντες συμβούλους και εφήβους, νοικοκυρές και πνευματικούς πολεμιστές - σε όποιον απεγνωσμένα αναζητά διαρκή ελευθερία. Δεν είναι μόνο για διάβασμα - είναι για να σπάσει τις αλυσίδες.

Προτεινόμενες ετικέτες

- λατρευτικό έργο απελευθέρωσης
- πνευματικός πόλεμος
- μαρτυρίες πρώην απόκρυφων
- προσευχή και νηστεία
- σπάζοντας γενεαλογικές κατάρες
- ελευθερία από το σκοτάδι
- Χριστιανική πνευματική εξουσία
- θαλασσινά οινοπνευματώδη
- απάτη της κουνταλίνι
- μυστικές εταιρείες αποκαλύφθηκαν
- Παράδοση 40 ημερών

 # Hashtags για καμπάνιες
#ΑπόΤοΣκοτάδιΠροςΚυριαρχία

#ΑπελευθέρωσηΕυαγγελικό
#ΣπάστεΤιςΑλυσίδες
#ΕλευθερίαΜέσωΧριστού
#ΠαγκόσμιαΑφύπνιση
#ΚρυμμένεςΜάχεςΑποκαλυμμένες
#ΠροσευχήσουΓιαΝαΔιακοπείςΕλευθερία
#ΠνευματικόςΠόλεμοςΒιβλίο
#ΑπόΤοΣκοτάδιΣτοΦως
#ΒασιλικήΕξουσία
#ΌχιΠερισσότεραΔέσμευση
#ΜαρτυρίεςExOccult
#ΠροειδοποίησηΚουνταλίνι
#ΕκτεθειμέναΘαλάσσιαΠνεύματα
#40ΜέρεςΕλευθερίας

Αφιέρωση

Σε Εκείνον που μας κάλεσε από το σκοτάδι στο θαυμαστό Του φως — **τον Ιησού Χριστό**, τον Λυτρωτή μας, Φωτοδότη και Βασιλιά της Δόξας.

Σε κάθε ψυχή που κραυγάζει σιωπηλά — παγιδευμένη από αόρατες αλυσίδες, στοιχειωμένη από όνειρα, βασανισμένη από φωνές και μάχεται το σκοτάδι σε μέρη όπου κανείς δεν βλέπει — αυτό το ταξίδι είναι για εσάς.

Στους **πάστορες**, **τους μεσολαβητές** και **τους φρουρούς στον τοίχο**,

στις **μητέρες** που προσεύχονται όλη τη νύχτα και στους **πατέρες** που αρνούνται να τα παρατήσουν,

στο **νεαρό αγόρι** που βλέπει πάρα πολλά και στο **κοριτσάκι** που σημαδεύεται από το κακό πολύ νωρίς,

στους **διευθύνοντες συμβούλους**, τους **προέδρους** και **τους υπεύθυνους λήψης αποφάσεων** που κουβαλούν αόρατα βάρη πίσω από τη δημόσια εξουσία,

στον **εργάτη της εκκλησίας** που παλεύει με μυστικά δεσμά και στον **πνευματικό πολεμιστή** που τολμά να αντεπιτεθεί —

Αυτό είναι το κάλεσμά σας να ξεσηκωθείτε.

Και στους γενναίους που μοιράστηκαν τις ιστορίες τους — ευχαριστώ. Τα σημάδια σας τώρα απελευθερώνουν άλλους.

Είθε αυτή η ευλαβική προσευχή να φωτίσει ένα μονοπάτι μέσα από τις σκιές και να οδηγήσει πολλούς στην κυριαρχία, την θεραπεία και το ιερό πυρ.

Δεν είσαι ξεχασμένος. Δεν είσαι ανίσχυρος. Γεννήθηκες για την ελευθερία.

— *Zacharias Godseagle*, *Ambassador Monday O. Ogbe & Comfort Ladi Όγκμπε*

Ευχαριστίες

Πρώτα και κύρια, αναγνωρίζουμε **τον Παντοδύναμο Θεό - Πατέρα, Υιό και Άγιο Πνεύμα**, τον Αρχηγό του Φωτός και της Αλήθειας, που άνοιξε τα μάτια μας στις αόρατες μάχες πίσω από κλειστές πόρτες, πέπλα, άμβωνες και εξέδρες. Στον Ιησού Χριστό, τον Λυτρωτή και Βασιλιά μας, δίνουμε όλη τη δόξα.

Προς τους γενναίους άνδρες και γυναίκες σε όλο τον κόσμο που μοιράστηκαν τις ιστορίες τους για τα βάσανα, τον θρίαμβο και τη μεταμόρφωση — το θάρρος σας πυροδότησε ένα παγκόσμιο κύμα ελευθερίας. Σας ευχαριστούμε που σπάσατε τη σιωπή.

Προς τις διακονίες και τους φρουρούς στο τείχος που έχουν εργαστεί σε κρυφά μέρη — διδάσκοντας, μεσολαβώντας, απελευθερώνοντας και διακρίνοντας — τιμούμε την επιμονή σας. Η υπακοή σας συνεχίζει να γκρεμίζει οχυρά και να αποκαλύπτει την απάτη στα υψηλά μέρη.

Στις οικογένειές μας, στους συντρόφους μας στην προσευχή και στις ομάδες υποστήριξης που στάθηκαν δίπλα μας ενώ σκάβαμε μέσα στα πνευματικά ερείπια για να αποκαλύψουμε την αλήθεια — σας ευχαριστούμε για την ακλόνητη πίστη και την υπομονή σας.

Προς ερευνητές, μαρτυρίες στο YouTube, καταγγέλλοντες και πολεμιστές του βασιλείου που αποκαλύπτουν το σκοτάδι μέσω των πλατφορμών τους — η τόλμη σας έχει τροφοδοτήσει αυτό το έργο με διορατικότητα, αποκάλυψη και επείγον.

Προς το **Σώμα του Χριστού** : αυτό το βιβλίο είναι και δικό σας. Είθε να ξυπνήσει μέσα σας μια άγια απόφαση να είστε άγρυπνοι, διορατικοί και άφοβοι. Δεν γράφουμε ως ειδικοί, αλλά ως μάρτυρες. Δεν στεκόμαστε ως κριτές, αλλά ως λυτρωμένοι.

Και τέλος, προς τους **αναγνώστες αυτού του αφοσιωμένου βιβλίου** — αναζητητές, πολεμιστές, πάστορες, ιερείς απελευθέρωσης, επιζώντες και λάτρεις της αλήθειας από κάθε έθνος — εύχομαι κάθε σελίδα να σας ενδυναμώσει να προχωρήσετε **από σκοτάδι στην κυριαρχία**.

— Zacharias Godseagle
— Ambassador Monday O. Ogbe
— Comfort Ladi Ὀγκμπε

Προς τον Αναγνώστη

Αυτό δεν είναι απλώς ένα βιβλίο. Είναι ένα κάλεσμα. Ένα κάλεσμα για να αποκαλυφθούν όσα ήταν κρυμμένα εδώ και καιρό — να αντιμετωπιστούν οι αόρατες δυνάμεις που διαμορφώνουν γενιές, συστήματα και ψυχές. Είτε είστε ένας **νεαρός αναζητητής**, ένας **πάστορας που έχει φθαρεί από μάχες που δεν μπορείτε να ονομάσετε**, ένας **επιχειρηματίας που μάχεται με νυχτερινούς τρόμους**, είτε ένας **αρχηγός κράτους που αντιμετωπίζει αδυσώπητο εθνικό σκοτάδι**, αυτό το θρησκευτικό βιβλίο είναι **ο οδηγός σας για να βγείτε από τις σκιές**.

Προς το **άτομο** : Δεν είσαι τρελός. Αυτό που αισθάνεσαι — στα όνειρά σου, στην ατμόσφαιρά σου, στην καταγωγή σου — μπορεί πράγματι να είναι πνευματικό. Ο Θεός δεν είναι απλώς ένας θεραπευτής. Είναι ένας ελευθερωτής.

Προς την **οικογένεια** : Αυτό το 40ήμερο ταξίδι θα σας βοηθήσει να εντοπίσετε μοτίβα που βασανίζουν εδώ και καιρό την γενεαλογία σας - εθισμούς, πρόωρους θανάτους, διαζύγια, στειρότητα, ψυχικό μαρτύριο, ξαφνική φτώχεια - και να σας παρέχει τα εργαλεία για να τα σπάσετε.

Προς **τους ηγέτες και τους πάστορες της εκκλησίας** : Είθε αυτό να αφυπνίσει μια βαθύτερη διάκριση και θάρρος για να αντιμετωπίσουμε το πνευματικό βασίλειο από τον άμβωνα, όχι μόνο από το βήμα. Η απελευθέρωση δεν είναι προαιρετική. Είναι μέρος της Μεγάλης Αποστολής.

Προς **Διευθύνοντες Συμβούλους, επιχειρηματίες και επαγγελματίες** : Οι πνευματικές διαθήκες λειτουργούν και σε αίθουσες συνεδριάσεων. Αφιερώστε την επιχείρησή σας στον Θεό. Γκρεμίστε τους προγονικούς βωμούς που έχουν μεταμφιεστεί σε επιχειρηματική τύχη, συμφωνίες αίματος ή εύνοια των Τεκτόνων. Χτίστε με καθαρά χέρια.

Προς τους **φρουρούς και τους μεσίτες** : Η επαγρύπνησή σας δεν ήταν μάταιη. Αυτός ο πόρος είναι ένα όπλο στα χέρια σας — για την πόλη σας, την περιοχή σας, το έθνος σας.

Προς **Προέδρους και Πρωθυπουργούς**, αν ποτέ αυτό φτάσει στο γραφείο σας: Τα έθνη δεν κυβερνώνται μόνο από πολιτικές. Κυβερνώνται από βωμούς — που υψώνονται μυστικά ή δημόσια. Μέχρι να αντιμετωπιστούν τα κρυφά θεμέλια, η ειρήνη θα παραμείνει άπιαστη. Είθε αυτό το ευλαβικό μήνυμα να σας παρακινήσει προς μια γενεαλογική αναμόρφωση.

Προς τον **νεαρό άνδρα ή τη νεαρή γυναίκα** που διαβάζει αυτό σε μια στιγμή απελπισίας: Ο Θεός σε βλέπει. Σε επέλεξε. Και σε τραβάει έξω — για πάντα.

Αυτό είναι το ταξίδι σου. Μέρα με τη μέρα. Μία αλυσίδα τη φορά.

Από το Σκοτάδι στην Κυριαρχία — ήρθε η ώρα σου.

Πώς να χρησιμοποιήσετε αυτό το βιβλίο

ΑΠΟ ΤΟ ΣΚΟΤΑΔΙ ΣΤΗΝ ΚΥΡΙΑΡΧΙΑ: 40 Ημέρες για να Απελευθερωθείτε από την Κρυμμένη Δύναμη του Σκότους είναι κάτι περισσότερο από ένα απλό θρησκευτικό βιβλίο — είναι ένα εγχειρίδιο απελευθέρωσης, μια πνευματική αποτοξίνωση και ένα στρατόπεδο εκπαίδευσης πολέμου. Είτε διαβάζετε μόνοι σας, με μια ομάδα, σε μια εκκλησία ή ως ηγέτης που καθοδηγεί άλλους, δείτε πώς μπορείτε να αξιοποιήσετε στο έπακρο αυτό το δυνατό 40ήμερο ταξίδι:

Καθημερινός Ρυθμός

Κάθε μέρα ακολουθεί μια συνεπή δομή για να σας βοηθήσει να εμπλέξετε το πνεύμα, την ψυχή και το σώμα σας:

- **Κύρια Ευλαβική Διδασκαλία** – Ένα αποκαλυπτικό θέμα που αποκαλύπτει κρυμμένο σκοτάδι.
- **Παγκόσμιο Πλαίσιο** – Πώς εκδηλώνεται αυτό το οχυρό σε όλο τον κόσμο.
- **Πραγματικές Ιστορίες** – Αληθινές εμπειρίες απελευθέρωσης από διαφορετικούς πολιτισμούς.
- **Σχέδιο Δράσης** – Προσωπικές πνευματικές ασκήσεις, απάρνηση ή δηλώσεις.
- **Ομαδική Εφαρμογή** – Για χρήση σε μικρές ομάδες, οικογένειες, εκκλησίες ή ομάδες απελευθέρωσης.
- **Βασική Επισκόπηση** – Ένα απόσταγμένο συμπέρασμα για να το θυμάστε και να το προσεύχεστε.
- **Ημερολόγιο Στοχασμού** – Ερωτήσεις καρδιάς για να επεξεργαστούμε σε βάθος κάθε αλήθεια.
- **Προσευχή Απελευθέρωσης** – Στοχευμένη προσευχή πνευματικού πολέμου για τη διάλυση οχυρών.

Τι θα χρειαστείτε

- **Η Βίβλος** σας
- Ένα **ειδικό ημερολόγιο ή σημειωματάριο**
- **Λάδι χρίσματος** (προαιρετικό αλλά ισχυρό κατά τη διάρκεια των προσευχών)
- Προθυμία για **νηστεία και προσευχή** όπως καθοδηγεί το Πνεύμα
- **Συνεργάτης λογοδοσίας ή ομάδα προσευχής** για βαθύτερες υποθέσεις

Πώς να χρησιμοποιήσετε με ομάδες ή εκκλησίες

- Να συναντιέστε **καθημερινά ή εβδομαδιαίως** για να συζητάτε ιδέες και να ηγείστε των προσευχών μαζί.
- Ενθαρρύνετε τα μέλη να συμπληρώνουν το **Ημερολόγιο Αναστοχασμού** πριν από τις ομαδικές συνεδρίες.
- Χρησιμοποιήστε την ενότητα **Αίτηση Ομάδας** για να ξεκινήσετε συζήτηση, εξομολόγηση ή στιγμές εταιρικής παράδοσης.
- Ορίστε εκπαιδευμένους ηγέτες για να χειριστούν πιο έντονες εκδηλώσεις.

Για Ποιμένες, Ηγέτες και Λειτουργούς Απελευθέρωσης

- Διδάξτε τα καθημερινά θέματα από τον άμβωνα ή σε σχολές εκπαίδευσης απελευθέρωσης.
- Εξοπλίστε την ομάδα σας ώστε να χρησιμοποιεί αυτήν την ευαγγελική ανάγνωση ως οδηγό συμβουλευτικής.
- Προσαρμόστε τις ενότητες όπως απαιτείται για πνευματική χαρτογράφηση, συναντήσεις αναζωπύρωσης ή εκδηλώσεις προσευχής στην πόλη.

Παραρτήματα προς εξερεύνηση
Στο τέλος του βιβλίου, θα βρείτε ισχυρούς επιπλέον πόρους, όπως:

1. **Καθημερινή Διακήρυξη Ολικής Απελευθέρωσης** – Πείτε το αυτό δυνατά κάθε πρωί και βράδυ.
2. **Οδηγός Αποκήρυξης των Μέσων Ενημέρωσης** – Αποτοξινώστε τη ζωή

σας από την πνευματική μόλυνση στην ψυχαγωγία.
3. **Προσευχή για τη Διάκριση Κρυμμένων Βωμών σε Εκκλησίες** – Για μεσολαβητές και εκκλησιαστικούς λειτουργούς.
4. **Σενάριο Τεκτονισμού, Καμπάλα, Κουνταλίνι και Αποκρυφιστικής Αποκήρυξης** – Ισχυρές προσευχές μετάνοιας.
5. **Λίστα Ελέγχου Μαζικής Απελευθέρωσης** – Χρησιμοποιήστε το σε σταυροφορίες, σε οικιακές συναδελφώσεις ή σε προσωπικές αποδράσεις.
6. **Σύνδεσμοι βίντεο μαρτυρίας**

Πρόλογος

Υπάρχει ένας πόλεμος — αόρατος, άρρητος, αλλά σφοδρά πραγματικός — που μαίνεται πάνω στις ψυχές ανδρών, γυναικών, παιδιών, οικογενειών, κοινοτήτων και εθνών.

Αυτό το βιβλίο δεν γεννήθηκε από θεωρία, αλλά από φωτιά. Από κλαίγοντας δωμάτια απελευθέρωσης. Από μαρτυρίες που ψιθυρίζονται στις σκιές και φωνάζονται από τις στέγες. Από βαθιά μελέτη, παγκόσμια μεσολάβηση και μια ιερή απογοήτευση με τον επιφανειακό Χριστιανισμό που δεν καταφέρνει να αντιμετωπίσει τις **ρίζες του σκότους** που εξακολουθούν να μπλέκουν τους πιστούς.

Πάρα πολλοί άνθρωποι έχουν φτάσει στον σταυρό αλλά εξακολουθούν να σέρνουν αλυσίδες. Πάρα πολλοί πάστορες κηρύττουν την ελευθερία ενώ βασανίζονται κρυφά από δαίμονες λαγνείας, φόβου ή προγονικών διαθηκών. Πάρα πολλές οικογένειες είναι παγιδευμένες σε κύκλους - φτώχειας, διαστροφής, εθισμού, στειρότητας, ντροπής - και **δεν ξέρουν γιατί**. Και πάρα πολλές εκκλησίες αποφεύγουν να μιλάνε για δαίμονες, μαγεία, αιματηρά θυσιαστήρια ή απελευθέρωση επειδή είναι «πολύ έντονο».

Αλλά ο Ιησούς δεν απέφυγε το σκοτάδι — **το αντιμετώπισε**.

Δεν αγνόησε τους δαίμονες — **τους έδιωξε**.

Και δεν πέθανε απλώς για να σε συγχωρέσει — πέθανε για να **σε ελευθερώσει**.

Αυτή η 40ήμερη παγκόσμια ευλαβική συγκέντρωση δεν είναι μια περιστασιακή μελέτη της Βίβλου. Είναι ένα **πνευματικό χειρουργείο**. Ένα ημερολόγιο ελευθερίας. Ένας χάρτης από την κόλαση για όσους αισθάνονται κολλημένοι ανάμεσα στη σωτηρία και την αληθινή ελευθερία. Είτε είστε έφηβος που δεσμεύεται από την πορνογραφία, μια Πρώτη Κυρία που μαστίζεται από όνειρα με φίδια, ένας Πρωθυπουργός που βασανίζεται από προγονική ενοχή, ένας προφήτης που κρύβει μυστικά δεσμά ή ένα παιδί που ξυπνάει από δαιμονικά όνειρα - αυτό το ταξίδι είναι για εσάς.

Θα βρείτε ιστορίες από όλο τον κόσμο — Αφρική, Ασία, Ευρώπη, Βόρεια και Νότια Αμερική — που επιβεβαιώνουν όλες μια αλήθεια: **ο διάβολος δεν κάνει προσωποληψίες**. Αλλά ούτε και ο Θεός. Και ό,τι έχει κάνει για τους άλλους, μπορεί να το κάνει και για εσάς.

Αυτό το βιβλίο είναι γραμμένο για:

- **Άτομα που** αναζητούν προσωπική απελευθέρωση
- **Οικογένειες** που χρειάζονται γενεαλογική θεραπεία
- **Οι πάστορες** και οι εκκλησιαστικοί λειτουργοί χρειάζονται εξοπλισμό
- **Οι ηγέτες των επιχειρήσεων** πλοηγούνται σε πνευματικό πόλεμο σε υψηλά αξιώματα
- **Έθνη** που φωνάζουν για αληθινή αναγέννηση
- **Νέοι** που άνοιξαν πόρτες εν αγνοία τους
- **Οι λειτουργοί της απελευθέρωσης** που χρειάζονται δομή και στρατηγική
- Και ακόμη και **εκείνοι που δεν πιστεύουν σε δαίμονες** — μέχρι να διαβάσουν τη δική τους ιστορία σε αυτές τις σελίδες

Θα βρεθείς σε δύσκολη θέση. Θα αντιμετωπίσεις προκλήσεις. Αλλά αν παραμείνεις στο μονοπάτι, θα **μεταμορφωθείς κι εσύ**.

Δεν θα απελευθερωθείς απλώς.

Θα **περπατήσεις κυριαρχικά**.

Ας ξεκινήσουμε.

— *Ζαχαρίας Γκόντσιγκλ, Πρέσβης Μοντέι Ο. Όγκμπε και Κόμφορτ Λάντι Όγκμπε*

Πρόλογος

Υπάρχει μια αναταραχή στα έθνη. Μια δόνηση στο πνευματικό βασίλειο. Από τους άμβωνες μέχρι τα κοινοβούλια, από τα σαλόνια μέχρι τις υπόγειες εκκλησίες, οι άνθρωποι παντού αφυπνίζονται σε μια ανατριχιαστική αλήθεια: έχουμε υποτιμήσει την εμβέλεια του εχθρού — και έχουμε παρερμηνεύσει την εξουσία που φέρουμε εν Χριστώ.

Το «*Από το Σκοτάδι στην Κυριαρχία*» δεν είναι απλώς μια ευαγγελική ομιλία. Είναι ένα σάλπισμα. Ένα προφητικό εγχειρίδιο. Μια σανίδα σωτηρίας για τους βασανισμένους, τους δεσμευμένους και τους ειλικρινείς πιστούς που αναρωτιούνται: «Γιατί είμαι ακόμα αλυσοδεμένος;»

Ως κάποιος που έχει γίνει μάρτυρας αναβίωσης και απελευθέρωσης σε όλα τα έθνη, γνωρίζω από πρώτο χέρι ότι η Εκκλησία δεν στερείται γνώσης — μας λείπει η πνευματική **επίγνωση**, **η τόλμη** και **η πειθαρχία**. Αυτό το έργο γεφυρώνει αυτό το χάσμα. Συνδυάζει παγκόσμιες μαρτυρίες, αδιάσειστες αλήθειες, πρακτική δράση και τη δύναμη του σταυρού σε ένα 40ήμερο ταξίδι που θα τινάξει τη σκόνη από τις αδρανείς ζωές και θα ανάψει φωτιά στους κουρασμένους.

Στον πάστορα που τολμά να αντιμετωπίσει βωμούς, στον νεαρό ενήλικα που μάχεται σιωπηλά με δαιμονικά όνειρα, στον ιδιοκτήτη επιχείρησης που είναι μπλεγμένος σε αόρατες διαθήκες και στον ηγέτη που ξέρει ότι κάτι είναι *πνευματικά λάθος* αλλά δεν μπορεί να το ονομάσει — αυτό το βιβλίο είναι για εσάς.

Σας προτρέπω να μην το διαβάζετε παθητικά. Αφήστε κάθε σελίδα να ερεθίσει το πνεύμα σας. Αφήστε κάθε ιστορία να γεννήσει πόλεμο. Αφήστε κάθε διακήρυξη να εκπαιδεύσει το στόμα σας να μιλάει με φωτιά. Και όταν περάσετε αυτές τις 40 ημέρες, μην γιορτάζετε απλώς την ελευθερία σας - γίνετε ένα δοχείο για την ελευθερία των άλλων.

Επειδή η αληθινή κυριαρχία δεν είναι απλώς η διαφυγή από το σκοτάδι...

Είναι η στροφή και η μεταφορά άλλων στο φως.

Στην Εξουσία και τη Δύναμη του Χριστού,

Πρέσβης Όγκμπε

Εισαγωγή

ΑΠΟ ΤΟ ΣΚΟΤΑΔΙ ΣΤΗΝ ΚΥΡΙΑΡΧΙΑ: 40 Ημέρες για να Απελευθερωθείτε από την Κρυμμένη Δύναμη του Σκότους δεν είναι απλώς μια ακόμη ευαγγελική ομιλία - είναι ένα παγκόσμιο κάλεσμα αφύπνισης.

Σε όλο τον κόσμο — από αγροτικά χωριά μέχρι προεδρικά μέγαρα, από εκκλησιαστικές τράπεζες μέχρι αίθουσες συνεδριάσεων — άνδρες και γυναίκες κραυγάζουν για ελευθερία. Όχι μόνο για σωτηρία. **Απελευθέρωση. Διαύγεια. Επανάσταση. Ολοκλήρωση. Ειρήνη. Δύναμη.**

Αλλά να η αλήθεια: Δεν μπορείς να διώξεις αυτό που ανέχεσαι. Δεν μπορείς να απελευθερωθείς από αυτό που δεν μπορείς να δεις. Αυτό το βιβλίο είναι το φως σου σε αυτό το σκοτάδι.

Για 40 ημέρες, θα εξερευνήσετε διδασκαλίες, ιστορίες, μαρτυρίες και στρατηγικές δράσεις που αποκαλύπτουν τις κρυφές λειτουργίες του σκότους και σας ενδυναμώνουν να ξεπεράσετε - πνεύμα, ψυχή και σώμα.

Είτε είστε πάστορας, διευθύνων σύμβουλος, ιεραπόστολος, μεσίτης, έφηβος, μητέρα ή αρχηγός κράτους, το περιεχόμενο αυτού του βιβλίου θα σας φέρει αντιμέτωπους. Όχι για να σας ντροπιάσει, αλλά για να σας απελευθερώσει και να σας προετοιμάσει να οδηγήσετε τους άλλους στην ελευθερία.

Πρόκειται για μια **παγκόσμια ευλαβική εκδήλωση επίγνωσης, απελευθέρωσης και δύναμης** — ριζωμένη στις γραφές, ακονισμένη από πραγματικές αφηγήσεις και βουτηγμένη στο αίμα του Ιησού.

Πώς να χρησιμοποιήσετε αυτό το ευαγγελικό βιβλίο

1. **Ξεκινήστε με τα 5 Βασικά Κεφάλαια**
   . Αυτά τα κεφάλαια θέτουν τις βάσεις. Μην τα παραλείψετε. Θα σας βοηθήσουν να κατανοήσετε την πνευματική αρχιτεκτονική του σκότους και την εξουσία που σας έχει δοθεί για να ξεπεράσετε αυτό.

2. **Περπατήστε Κάθε Μέρα Σκόπιμα**
   Κάθε ημερήσια καταχώρηση περιλαμβάνει ένα κεντρικό θέμα,

παγκόσμιες εκδηλώσεις, μια πραγματική ιστορία, γραφές, ένα σχέδιο δράσης, ιδέες για ομαδική εφαρμογή, βασικές γνώσεις, υποδείξεις ημερολογίου και μια δυνατή προσευχή.

3. **Κλείστε κάθε μέρα με την Καθημερινή Διακήρυξη 360°.**
Αυτή η ισχυρή διακήρυξη βρίσκεται στο τέλος αυτού του βιβλίου και έχει σχεδιαστεί για να ενισχύσει την ελευθερία σας και να θωρακίσει τις πνευματικές σας πύλες.

4. **Χρησιμοποιήστε το μόνοι σας ή σε ομάδες.**
Είτε περνάτε από αυτό ατομικά είτε σε ομάδα, σε οικιακή συναναστροφή, σε ομάδα μεσολάβησης ή σε διακονία απελευθέρωσης — επιτρέψτε στο Άγιο Πνεύμα να καθοδηγήσει τον ρυθμό και να εξατομικεύσει το σχέδιο μάχης.

5. **Να περιμένετε Εναντίωση—και η**
Αντίσταση της Ραγάδας θα έρθει. Αλλά το ίδιο θα συμβεί και με την ελευθερία. Η απελευθέρωση είναι μια διαδικασία και ο Ιησούς έχει δεσμευτεί να την ακολουθήσει μαζί σας.

ΒΑΣΙΚΑ ΚΕΦΑΛΑΙΑ (Διαβάστε πριν από την 1η ημέρα)

1. Η προέλευση του Σκοτεινού Βασιλείου
Από την εξέγερση του Εωσφόρου μέχρι την εμφάνιση δαιμονικών ιεραρχιών και εδαφικών πνευμάτων, αυτό το κεφάλαιο ανιχνεύει τη βιβλική και πνευματική ιστορία του σκότους. Η κατανόηση του από πού ξεκίνησε σας βοηθά να αναγνωρίσετε πώς λειτουργεί.

2. Πώς λειτουργεί το Σκοτεινό Βασίλειο σήμερα
Από διαθήκες και αιματηρές θυσίες μέχρι βωμούς, θαλάσσια πνεύματα και τεχνολογική διείσδυση, αυτό το κεφάλαιο αποκαλύπτει τα σύγχρονα πρόσωπα των αρχαίων πνευμάτων - συμπεριλαμβανομένου του πώς τα μέσα ενημέρωσης, οι τάσεις, ακόμη και η θρησκεία μπορούν να χρησιμεύσουν ως καμουφλάζ.

3. Σημεία εισόδου: Πώς οι άνθρωποι εθίζονται
Κανείς δεν γεννιέται τυχαία σε συνθήκες δουλείας. Αυτό το κεφάλαιο εξετάζει εμπόδια όπως το τραύμα, οι προγονικοί βωμοί, η έκθεση στη μαγεία, οι δεσμοί ψυχής, η απόκρυφη περιέργεια, ο Τεκτονισμός, η ψευδής πνευματικότητα και οι πολιτιστικές πρακτικές.

4. Εκδηλώσεις: Από την κατοχή στην εμμονή

Πώς μοιάζει η δουλεία; Από εφιάλτες μέχρι γαμήλια καθυστέρηση, υπογονιμότητα, εθισμό, οργή, ακόμη και «ιερό γέλιο», αυτό το κεφάλαιο αποκαλύπτει πώς οι δαίμονες μεταμφιέζονται σε προβλήματα, χαρίσματα ή προσωπικότητες.

5. Η Δύναμη του Λόγου: Η Εξουσία των Πιστών

Πριν ξεκινήσουμε τον 40ήμερο πόλεμο, πρέπει να κατανοήσετε τα νόμιμα δικαιώματά σας εν Χριστώ. Αυτό το κεφάλαιο σας οπλίζει με πνευματικούς νόμους, όπλα πολέμου, βιβλικά πρωτόκολλα και τη γλώσσα της απελευθέρωσης.

ΜΙΑ ΤΕΛΙΚΗ ΕΝΘΑΡΡΥΝΣΗ ΠΡΙΝ ΞΕΚΙΝΗΣΕΤΕ

Ο Θεός δεν σε καλεί να *διαχειριστείς* το σκοτάδι.

Σε καλεί να το **κυριαρχήσεις**.

Όχι με ισχύ, όχι με δύναμη, αλλά με το Πνεύμα Του.

Ας είναι αυτές οι επόμενες 40 μέρες κάτι περισσότερο από μια απλή προσευχή.

Ας είναι μια κηδεία για κάθε βωμό που κάποτε σε έλεγχε... και μια στέψη στο πεπρωμένο που ο Θεός όρισε για σένα.

Το ταξίδι της κυριαρχίας σου ξεκινά τώρα.

ΚΕΦΑΛΑΙΟ 1: Η ΠΡΟΕΛΕΥΣΗ ΤΟΥ ΣΚΟΤΕΙΝΟΥ ΒΑΣΙΛΕΙΟΥ

« *Διότι η πάλη μας δεν είναι ενάντια σε αίμα και σάρκα, αλλά ενάντια σε αρχές, ενάντια σε εξουσίες, ενάντια στους άρχοντες του σκότους αυτού του κόσμου, ενάντια στα πνευματικά πονηρίας που είναι εν ουρανοίς.* » — Εφεσίους 6:12

Πολύ πριν η ανθρωπότητα βγει στη σκηνή του χρόνου, ξέσπασε ένας αόρατος πόλεμος στους ουρανούς. Δεν ήταν πόλεμος με σπαθιά ή όπλα, αλλά επανάσταση - μια ύψιστη προδοσία κατά της αγιότητας και της εξουσίας του Υψίστου Θεού. Η Βίβλος αποκαλύπτει αυτό το μυστήριο μέσα από διάφορα αποσπάσματα που υπαινίσσονται την πτώση ενός από τους πιο όμορφους αγγέλους του Θεού - **του Εωσφόρου**, του λαμπρού - που τόλμησε να εξυψώσει τον εαυτό του πάνω από τον θρόνο του Θεού (Ησαΐας 14:12-15, Ιεζεκιήλ 28:12-17).

Αυτή η κοσμική εξέγερση γέννησε το **Σκοτεινό Βασίλειο** — ένα βασίλειο πνευματικής αντίστασης και απάτης, που αποτελείται από πεσμένους αγγέλους (τώρα δαίμονες), αρχές και δυνάμεις που έχουν ευθυγραμμιστεί ενάντια στο θέλημα του Θεού και τον λαό του Θεού.

Η Πτώση και ο Σχηματισμός του Σκότους

Ο ΕΩΣΦΟΡΟΣ ΔΕΝ ΗΤΑΝ πάντα κακός. Δημιουργήθηκε τέλειος σε σοφία και ομορφιά. Αλλά η υπερηφάνεια εισήλθε στην καρδιά του και η υπερηφάνεια έγινε ανταρσία. Πλάνησε το ένα τρίτο των αγγέλων του ουρανού για να τον ακολουθήσουν (Αποκάλυψη 12:4), και αυτοί εκδιώχθηκαν από τον ουρανό. Το μίσος τους για την ανθρωπότητα έχει τις ρίζες του στη ζήλια — επειδή η ανθρωπότητα δημιουργήθηκε κατ' εικόνα Θεού και της δόθηκε κυριαρχία.

Έτσι ξεκίνησε ο πόλεμος μεταξύ του **Βασιλείου του Φωτός** και του **Βασιλείου του Σκότους** — μια αόρατη σύγκρουση που αγγίζει κάθε ψυχή, κάθε σπίτι και κάθε έθνος.

Η Παγκόσμια Έκφραση του Σκοτεινού Βασιλείου

ΑΝ ΚΑΙ ΑΟΡΑΤΗ, Η ΕΠΙΡΡΟΗ αυτού του σκοτεινού βασιλείου είναι βαθιά ριζωμένη σε:

- **Πολιτιστικές παραδόσεις** (προγονολατρεία, αιματηρές θυσίες, μυστικές εταιρείες)
- **Ψυχαγωγία** (υποσυνείδητα μηνύματα, αποκρυφιστική μουσική και παραστάσεις)
- **Διακυβέρνηση** (διαφθορά, συμφωνίες αίματος, όρκοι)
- **Τεχνολογία** (εργαλεία για εθισμό, έλεγχο, χειραγώγηση του νου)
- **Εκπαίδευση** (ουμανισμός, σχετικισμός, ψευδής φώτιση)

Από το αφρικανικό juju μέχρι τον δυτικό μυστικισμό της νέας εποχής, από τη λατρεία τζίνι της Μέσης Ανατολής μέχρι τον νοτιοαμερικανικό σαμανισμό, οι μορφές διαφέρουν αλλά το **πνεύμα είναι το ίδιο** - εξαπάτηση, κυριαρχία και καταστροφή.

Γιατί αυτό το βιβλίο έχει σημασία τώρα

ΤΟ ΜΕΓΑΛΥΤΕΡΟ ΚΟΛΠΟ του Σατανά είναι να κάνει τους ανθρώπους να πιστέψουν ότι δεν υπάρχει — ή, ακόμα χειρότερα, ότι οι τρόποι του είναι ακίνδυνοι.

Αυτό το ευλαβικό κείμενο είναι ένα **εγχειρίδιο πνευματικής νοημοσύνης** — σηκώνοντας το πέπλο, αποκαλύπτοντας τα σχέδιά του και ενδυναμώνοντας τους πιστούς σε όλες τις ηπείρους ώστε:

- **Αναγνωρίστε** τα σημεία εισόδου
- **Αποκηρύξτε** κρυφές διαθήκες
- **Αντισταθείτε** με εξουσία
- **Ανακτήστε** ό,τι κλάπηκε

Γεννήθηκες σε μια μάχη

ΑΥΤΟ ΔΕΝ ΕΙΝΑΙ ΕΝΑ θρησκευτικό μυθιστόρημα για λιπόψυχους. Γεννηθήκατε σε ένα πεδίο μάχης, όχι σε μια παιδική χαρά. Αλλά τα καλά νέα είναι: **Ο Ιησούς έχει ήδη κερδίσει τον πόλεμο!**

«Αφόπλισε τους άρχοντες και τις εξουσίες και τους ντρόπιασε δημόσια, θριαμβεύοντας εναντίον τους εν Αυτού.» — Κολοσσαείς 2:15

Δεν είσαι θύμα. Είσαι κάτι περισσότερο από ένας νικητής μέσω του Χριστού. Ας αποκαλύψουμε το σκοτάδι — και ας περπατήσουμε με τόλμη στο φως.

Βασική γνώση

Η προέλευση του σκότους είναι η υπερηφάνεια, η ανταρσία και η απόρριψη της κυριαρχίας του Θεού. Αυτοί οι ίδιοι σπόροι εξακολουθούν να λειτουργούν στις καρδιές των ανθρώπων και των συστημάτων σήμερα. Για να κατανοήσουμε τον πνευματικό πόλεμο, πρέπει πρώτα να κατανοήσουμε πώς ξεκίνησε η ανταρσία.

Ημερολόγιο Στοχασμού

- Έχω απορρίψει τον πνευματικό πόλεμο ως δεισιδαιμονία;
- Ποιες πολιτισμικές ή οικογενειακές πρακτικές έχω ομαλοποιήσει που μπορεί να συνδέονται με αρχαία επανάσταση;
- Καταλαβαίνω πραγματικά τον πόλεμο στον οποίο γεννήθηκα;

Προσευχή Φώτισης

Ουράνιε Πατέρα, αποκάλυψε μου τις κρυφές ρίζες της ανταρσίας γύρω και μέσα μου. Αποκάλυψε τα ψέματα του σκότους που μπορεί να έχω αγκαλιάσει εν αγνοία μου. Άσε την αλήθεια Σου να λάμψει σε κάθε σκιερό μέρος. Επιλέγω τη Βασιλεία του Φωτός. Επιλέγω να περπατήσω στην αλήθεια, τη δύναμη και την ελευθερία. Στο όνομα του Ιησού. Αμήν.

ΚΕΦΑΛΑΙΟ 2: ΠΩΣ ΛΕΙΤΟΥΡΓΕΙ ΤΟ ΣΚΟΤΕΙΝΟ ΒΑΣΙΛΕΙΟ ΣΗΜΕΡΑ

«*Μήπως ο Σατανάς μας εκμεταλλευτεί· επειδή, δεν είμαστε αγνοούντες τις μεθοδεύσεις του.*» — Β΄ Κορινθίους 2:11

Το βασίλειο του σκότους δεν λειτουργεί άτακτα. Είναι μια καλά οργανωμένη, βαθιά διαστρωματωμένη πνευματική υποδομή που αντικατοπτρίζει τη στρατιωτική στρατηγική. Στόχος της: η διείσδυση, η χειραγώγηση, ο έλεγχος και τελικά η καταστροφή. Όπως ακριβώς η Βασιλεία του Θεού έχει ιεραρχία και τάξη (απόστολοι, προφήτες κ.λπ.), έτσι ισχύει και για το βασίλειο του σκότους - με αρχές, εξουσίες, άρχοντες του σκότους και πνευματική ανομία στα υψηλά μέρη (Εφεσίους 6:12).

Το Σκοτεινό Βασίλειο δεν είναι μύθος. Δεν είναι λαογραφία ή θρησκευτική δεισιδαιμονία. Είναι ένα αόρατο αλλά πραγματικό δίκτυο πνευματικών πρακτόρων που χειραγωγούν συστήματα, ανθρώπους, ακόμη και εκκλησίες για να εκπληρώσουν την ατζέντα του Σατανά. Ενώ πολλοί φαντάζονται δίκρανα και κόκκινα κέρατα, η πραγματική λειτουργία αυτού του βασιλείου είναι πολύ πιο λεπτή, συστηματική και δυσοίωνη.

1. Η απάτη είναι το νόμισμά τους

Ο εχθρός διακινεί ψέματα. Από τον Κήπο της Εδέμ (Γένεση 3) μέχρι τις σύγχρονες φιλοσοφίες, οι τακτικές του Σατανά περιστρέφονταν πάντα γύρω από την καλλιέργεια αμφιβολίας στον Λόγο του Θεού. Σήμερα, η απάτη εμφανίζεται με τη μορφή:

- *Διδασκαλίες της Νέας Εποχής μεταμφιεσμένες σε Φώτιση*
- *Αποκρυφιστικές πρακτικές μεταμφιεσμένες ως πολιτιστική υπερηφάνεια*
- *Η μαγεία λαμπροποιείται στη μουσική, τις ταινίες, τα κινούμενα σχέδια και τις τάσεις των μέσων κοινωνικής δικτύωσης*

Οι άνθρωποι συμμετέχουν εν αγνοία τους σε τελετουργίες ή καταναλώνουν μέσα ενημέρωσης που ανοίγουν πνευματικές πόρτες χωρίς διάκριση.

2. Ιεραρχική Δομή του Κακού

Όπως ακριβώς η Βασιλεία του Θεού έχει τάξη, έτσι και το σκοτεινό βασίλειο λειτουργεί υπό μια καθορισμένη ιεραρχία:

- **Ηγεμονίες** – Εδαφικά πνεύματα που επηρεάζουν έθνη και κυβερνήσεις
- **Δυνάμεις** – Πράκτορες που επιβάλλουν την κακία μέσω δαιμονικών συστημάτων
- **Κυβερνήτες του Σκότους** – Συντονιστές πνευματικής τύφλωσης, ειδωλολατρίας, ψευδούς θρησκείας
- **Πνευματική Κακία σε Υψηλές Θέσεις** – Οντότητες ελίτ που επηρεάζουν τον παγκόσμιο πολιτισμό, τον πλούτο και την τεχνολογία

Κάθε δαίμονας ειδικεύεται σε συγκεκριμένες αποστολές - φόβο, εθισμό, σεξουαλική διαστροφή, σύγχυση, υπερηφάνεια, διχασμό.

3. Εργαλεία Πολιτισμικού Ελέγχου

Ο διάβολος δεν χρειάζεται πλέον να εμφανίζεται φυσικά. Ο πολιτισμός κάνει τώρα τη δύσκολη δουλειά. Οι στρατηγικές του σήμερα περιλαμβάνουν:

- **Υποσυνείδητα Μηνύματα:** Μουσική, εκπομπές, διαφημίσεις γεμάτες κρυμμένα σύμβολα και ανεστραμμένα μηνύματα
- **Απευαισθητοποίηση:** Επαναλαμβανόμενη έκθεση στην αμαρτία (βία, γυμνό, βωμολοχία) μέχρι να γίνει «φυσιολογική»
- **Τεχνικές Ελέγχου του Νου:** Μέσω ύπνωσης μέσω μέσων, συναισθηματικής χειραγώγησης και εθιστικών αλγορίθμων

Αυτό δεν είναι τυχαίο. Πρόκειται για στρατηγικές που έχουν σχεδιαστεί για να αποδυναμώσουν τις ηθικές πεποιθήσεις, να καταστρέψουν οικογένειες και να επαναπροσδιορίσουν την αλήθεια.

4. Γενεαλογικές Συμφωνίες & Γραμμές Αίματος

Μέσω ονείρων, τελετουργιών, αφιερώσεων ή προγονικών συμφωνιών, πολλοί άνθρωποι ευθυγραμμίζονται εν αγνοία τους με το σκοτάδι. Ο Σατανάς εκμεταλλεύεται:

- Οικογενειακοί βωμοί και προγονικά είδωλα
- Τελετές ονοματοδοσίας που επικαλούνται πνεύματα
- Μυστικές οικογενειακές αμαρτίες ή κατάρες που μεταδίδονται

Αυτά ανοίγουν νομικές βάσεις για θλίψη μέχρι να παραβιαστεί η διαθήκη με το αίμα του Ιησού.

5. Ψευδοθαύματα, Ψευδοπροφήτες

Το Σκοτεινό Βασίλειο αγαπά τη θρησκεία — ειδικά αν της λείπει η αλήθεια και η δύναμη. Ψευδοπροφήτες, αποπλανητικά πνεύματα και ψεύτικα θαύματα εξαπατούν τις μάζες:

«*Διότι ο ίδιος ο Σατανάς μεταμορφώνεται σε άγγελο φωτός.*» — Β´ Κορινθίους 11:14

Πολλοί σήμερα ακολουθούν φωνές που γαργαλούν τα αυτιά τους αλλά δεσμεύουν την ψυχή τους.

Βασική γνώση

Ο διάβολος δεν είναι πάντα θορυβώδης — μερικές φορές ψιθυρίζει μέσω συμβιβασμού. Η μεγαλύτερη τακτική του Σκοτεινού Βασιλείου είναι να πείσει τους ανθρώπους ότι είναι ελεύθεροι, ενώ είναι διακριτικά υποδουλωμένοι.

Ημερολόγιο Στοχασμού:

- Πού έχετε δει αυτές τις επιχειρήσεις στην κοινότητά σας ή στη χώρα σας;
- Υπάρχουν εκπομπές, μουσική, εφαρμογές ή τελετουργίες που έχεις κανονικοποιήσει και μπορεί στην πραγματικότητα να είναι εργαλεία χειραγώγησης;

Προσευχή Επίγνωσης και Μετάνοιας:

Κύριε Ιησού, άνοιξε τα μάτια μου για να δω τις επιχειρήσεις του εχθρού. Αποκάλυψε κάθε ψέμα που έχω πιστέψει. Συγχώρεσέ με για κάθε πόρτα που έχω ανοίξει, εν γνώσει ή εν αγνοία μου. Σπάω τη συμφωνία με το σκοτάδι και επιλέγω την αλήθεια Σου, τη δύναμή Σου και την ελευθερία Σου. Στο όνομα του Ιησού. Αμήν.

ΚΕΦΑΛΑΙΟ 3: ΣΗΜΕΙΑ ΕΙΣΟΔΟΥ – ΠΩΣ ΟΙ ΑΝΘΡΩΠΟΙ ΕΘΙΖΟΝΤΑΙ

«*Μην δίνετε στον διάβολο στήριγμα.*» — Εφεσίους 4:27

Σε κάθε πολιτισμό, γενιά και σπίτι, υπάρχουν κρυφά ανοίγματα — πύλες από τις οποίες εισέρχεται το πνευματικό σκοτάδι. Αυτά τα σημεία εισόδου μπορεί να φαίνονται ακίνδυνα στην αρχή: ένα παιδικό παιχνίδι, μια οικογενειακή τελετουργία, ένα βιβλίο, μια ταινία, ένα άλυτο τραύμα. Αλλά μόλις ανοιχτούν, γίνονται νόμιμο έδαφος για δαιμονική επιρροή.

Κοινά σημεία εισόδου

1. **Διαθήκες Αιματογένειας** – Προγονικοί όρκοι, τελετουργίες και ειδωλολατρία που μεταδίδουν την πρόσβαση σε κακά πνεύματα.
2. **Πρώιμη Έκθεση στον Αποκρυφισμό** – Όπως στην ιστορία της *Λούρδες Βαλδίβια* από τη Βολιβία, τα παιδιά που εκτίθενται σε μαγεία, πνευματισμό ή αποκρυφιστικές τελετουργίες συχνά εκτίθενται πνευματικά.
3. **Μέσα Ενημέρωσης & Μουσική** – Τραγούδια και ταινίες που εξυμνούν το σκοτάδι, τον αισθησιασμό ή την επανάσταση μπορούν να προσκαλέσουν διακριτικά πνευματική επιρροή.
4. **Τραύμα και Κακοποίηση** – Η σεξουαλική κακοποίηση, το βίαιο τραύμα ή η απόρριψη μπορούν να ανοίξουν την ψυχή σε καταπιεστικά πνεύματα.
5. **Σεξουαλική Αμαρτία & Δεσμοί Ψυχής** – Οι παράνομες σεξουαλικές ενώσεις συχνά δημιουργούν πνευματικούς δεσμούς και μεταφορά πνευμάτων.
6. **Νέα Εποχή & Ψεύτικη Θρησκεία** – Οι κρύσταλλοι, η γιόγκα, οι πνευματικοί οδηγοί, τα ωροσκόπια και η «λευκή μαγεία» είναι συγκαλυμμένες προσκλήσεις.
7. **Πικρία και Ασυγχώρητο** – Αυτά δίνουν στα δαιμονικά πνεύματα το

νόμιμο δικαίωμα να βασανίζονται (βλέπε Ματθαίος 18:34).

Παγκόσμια Μαρτυρία: *Λούρδες Βαλδίβια (Βολιβία)*
Σε ηλικία μόλις 7 ετών, η Λούρδη μυήθηκε στη μαγεία από τη μητέρα της, μια μακροχρόνια αποκρυφίστρια. Το σπίτι της ήταν γεμάτο σύμβολα, οστά από νεκροταφεία και μαγικά βιβλία. Βίωσε αστρική προβολή, φωνές και βασανιστήρια πριν τελικά βρει τον Ιησού και απελευθερωθεί. Η ιστορία της είναι μία από τις πολλές — αποδεικνύοντας πώς η πρώιμη έκθεση και η γενεαλογική επιρροή ανοίγουν πόρτες σε πνευματική δουλεία.

Αναφορά για τα Μεγαλύτερα Εκμεταλλεύματα:
Ιστορίες για το πώς άνθρωποι άνοιξαν εν αγνοία τους πόρτες μέσω «ακίνδυνων» δραστηριοτήτων — μόνο και μόνο για να παγιδευτούν στο σκοτάδι — μπορούν να βρεθούν στα «*Μεγάλα Κατορθώματα 14*» και «*Ελευθερωμένοι από τη Δύναμη του Σκότους*» . (Δείτε το παράρτημα)

Βασική γνώση
Ο εχθρός σπάνια εισβάλλει. Περιμένει να ανοίξει μια πόρτα. Αυτό που φαίνεται αθώο, κληρονομημένο ή διασκεδαστικό μπορεί μερικές φορές να είναι η ίδια η πύλη που χρειάζεται ο εχθρός.

Ημερολόγιο Στοχασμού

- Ποιες στιγμές στη ζωή μου μπορεί να χρησίμευσαν ως πνευματικά σημεία εισόδου;
- Υπάρχουν «ακίνδυνες» παραδόσεις ή αντικείμενα που πρέπει να αφήσω πίσω μου;
- Χρειάζεται να απαρνηθώ κάτι από το παρελθόν ή την οικογενειακή μου γραμμή;

Προσευχή της Αποκήρυξης
Πατέρα, κλείνω κάθε πόρτα που εγώ ή οι πρόγονοί μου μπορεί να έχουμε ανοίξει στο σκοτάδι. Αποκηρύσσω όλες τις συμφωνίες, τους δεσμούς ψυχής και τις εκθέσεις σε οτιδήποτε ανίερο. Σπάω κάθε αλυσίδα με το αίμα του Ιησού. Δηλώνω ότι το σώμα, η ψυχή και το πνεύμα μου ανήκουν μόνο στον Χριστό. Στο όνομα του Ιησού. Αμήν.

ΚΕΦΑΛΑΙΟ 4: ΕΚΔΗΛΩΣΕΙΣ – ΑΠΟ ΤΗΝ ΚΑΤΟΧΗ ΣΤΗΝ ΕΜΜΟΝΗ

«*Όταν ένα ακάθαρτο πνεύμα βγαίνει από τον άνθρωπο, περιφέρεται σε άγονους τόπους ζητώντας ανάπαυση και δεν τη βρίσκει. Τότε λέει: "Θα επιστρέψω στο σπίτι από το οποίο έφυγα"*». — Ματθαίος 12:43

Μόλις ένα άτομο τεθεί υπό την επιρροή του σκοτεινού βασιλείου, οι εκδηλώσεις ποικίλλουν ανάλογα με το επίπεδο δαιμονικής πρόσβασης που του παρέχεται. Ο πνευματικός εχθρός δεν συμβιβάζεται με την επίσκεψη — ο απώτερος στόχος του είναι η κατοίκηση και η κυριαρχία.

Επίπεδα Εκδήλωσης

1. **Επιρροή** – Ο εχθρός αποκτά επιρροή μέσω σκέψεων, συναισθημάτων και αποφάσεων.
2. **Καταπίεση** – Υπάρχει εξωτερική πίεση, βάρος, σύγχυση και βασανιστήριο.
3. **Εμμονή** – Το άτομο εμμονεύεται με σκοτεινές σκέψεις ή ψυχαναγκαστική συμπεριφορά.
4. **Δαιμονισμός** – Σε σπάνιες αλλά πραγματικές περιπτώσεις, δαίμονες εγκαθίστανται και παρακάμπτουν τη θέληση, τη φωνή ή το σώμα ενός ατόμου.

Ο βαθμός εκδήλωσης συχνά συνδέεται με το βάθος του πνευματικού συμβιβασμού.

Παγκόσμιες Μελέτες Περιπτώσεων Εκδήλωσης

- **Αφρική**: Περιπτώσεις πνευματικού συζύγου, τρέλας, τελετουργικής δουλείας.
- **Ευρώπη**: Ύπνωση Νέας Εποχής, αστρική προβολή και

κατακερματισμός του νου.
- **Ασία:** Δεσμοί προγονικής ψυχής, παγίδες μετενσάρκωσης και όρκοι γραμμής αίματος.
- **Νότια Αμερική:** Σαμανισμός, πνευματικοί οδηγοί, εθισμός στην ψυχική ανάγνωση.
- **Βόρεια Αμερική:** Μαγεία στα μέσα ενημέρωσης, «ακίνδυνα» ωροσκόπια, πύλες ουσιών.
- **Μέση Ανατολή:** Συναντήσεις με Τζιν, όρκοι αίματος και προφητικές πλαστογραφίες.

Κάθε ήπειρος παρουσιάζει τη μοναδική της μεταμφίεση του ίδιου δαιμονικού συστήματος — και οι πιστοί πρέπει να μάθουν πώς να αναγνωρίζουν τα σημάδια.

Συνήθη συμπτώματα δαιμονικής δραστηριότητας

- Επαναλαμβανόμενοι εφιάλτες ή παράλυση ύπνου
- Φωνές ή ψυχικό μαρτύριο
- Καταναγκαστική αμαρτία και επαναλαμβανόμενη παραίτηση
- Ανεξήγητες ασθένειες, φόβος ή οργή
- Υπερφυσική δύναμη ή γνώση
- Ξαφνική αποστροφή για τα πνευματικά πράγματα

Βασική γνώση

Αυτό που ονομάζουμε «ψυχικά», «συναισθηματικά» ή «ιατρικά» ζητήματα μπορεί μερικές φορές να είναι πνευματικά. Όχι πάντα — αλλά αρκετά συχνά που η διάκριση είναι ζωτικής σημασίας.

Ημερολόγιο Στοχασμού

- Έχω παρατηρήσει επαναλαμβανόμενες δυσκολίες που φαίνονται πνευματικές στη φύση τους;
- Υπάρχουν γενεαλογικά μοτίβα καταστροφής στην οικογένειά μου;
- Τι είδους μέσα, μουσική ή σχέσεις επιτρέπω στη ζωή μου;

Προσευχή της Αποκήρυξης

Κύριε Ιησού, αποκηρύσσω κάθε κρυφή συμφωνία, ανοιχτή πόρτα και ασεβή διαθήκη στη ζωή μου. Διακόπτω τους δεσμούς με οτιδήποτε δεν είναι από Εσένα — εν γνώσει ή εν αγνοία μου. Προσκαλώ τη φωτιά του Αγίου Πνεύματος να καταναλώσει κάθε ίχνος σκότους στη ζωή μου. Ελευθέρωσέ με εντελώς. Στο πανίσχυρο όνομά Σου. Αμήν.

ΚΕΦΑΛΑΙΟ 5: Η ΔΥΝΑΜΗ ΤΟΥ ΛΟΓΟΥ – Η ΕΞΟΥΣΙΑ ΤΩΝ ΠΙΣΤΩΝ

«*Ιδού, σας δίνω εξουσία να πατάτε πάνω σε φίδια και σκορπιούς, και πάνω σε όλη τη δύναμη του εχθρού· και τίποτα δεν θα σας βλάψει.*» — Λουκάς 10:19 (KJV)

Πολλοί πιστοί ζουν με φόβο για το σκοτάδι επειδή δεν καταλαβαίνουν το φως που μεταφέρουν. Ωστόσο, η Αγία Γραφή αποκαλύπτει ότι ο **Λόγος του Θεού δεν είναι μόνο ένα σπαθί (Εφεσίους 6:17)** - είναι φωτιά (Ιερεμίας 23:29), ένα σφυρί, ένας σπόρος και η ίδια η ζωή. Στη μάχη μεταξύ φωτός και σκότους, όσοι γνωρίζουν και διακηρύττουν τον Λόγο δεν είναι ποτέ θύματα.

Τι είναι αυτή η δύναμη;

Η δύναμη που φέρουν οι πιστοί είναι η **ανατεθειμένη εξουσία**. Σαν αστυνομικός με σήμα, δεν στηριζόμαστε στη δική μας δύναμη, αλλά στο **όνομα του Ιησού** και μέσω του Λόγου του Θεού. Όταν ο Ιησούς νίκησε τον Σατανά στην έρημο, δεν φώναξε, δεν έκλαψε ούτε πανικοβλήθηκε — απλώς είπε: «*Είναι γραμμένο*».

Αυτό είναι το πρότυπο για κάθε πνευματικό πόλεμο.

Γιατί πολλοί Χριστιανοί παραμένουν ηττημένοι

1. **Άγνοια** – Δεν γνωρίζουν τι λέει ο Λόγος για την ταυτότητά τους.
2. **Σιωπή** – Δεν διακηρύττουν τον Λόγο του Θεού πάνω σε καταστάσεις.
3. **Ασυνέπεια** – Ζουν σε κύκλους αμαρτίας, οι οποίοι διαβρώνουν την αυτοπεποίθηση και την πρόσβαση.

Η νίκη δεν σημαίνει να φωνάζεις πιο δυνατά· πρόκειται για το **να πιστεύεις βαθύτερα** και **να το διακηρύσσεις με τόλμη**.

Εξουσία σε Δράση – Παγκόσμιες Ιστορίες

- **Νιγηρία:** Ένα νεαρό αγόρι παγιδευμένο σε αίρεση απελευθερώθηκε όταν

η μητέρα του άλειφε συνεχώς το δωμάτιό του και απήγγειλε τον Ψαλμό 91 κάθε βράδυ.
- **Ηνωμένες Πολιτείες:** Μια πρώην Wiccan εγκατέλειψε τη μαγεία αφού μια συνάδελφός της διακήρυξε σιωπηλά ιερά εδάφια στον χώρο εργασίας της καθημερινά για μήνες.
- **Ινδία:** Ένας πιστός διακήρυξε το εδάφιο Ησαΐας 54:17 ενώ αντιμετώπιζε συνεχείς επιθέσεις μαύρης μαγείας — οι επιθέσεις σταμάτησαν και ο δράστης ομολόγησε.
- **Βραζιλία:** Μια γυναίκα χρησιμοποιούσε καθημερινές δηλώσεις του Ρωμαίους 8 πάνω από τις αυτοκτονικές της σκέψεις και άρχισε να περπατάει με υπερφυσική ηρεμία.

Ο Λόγος είναι ζωντανός. Δεν χρειάζεται την τελειότητά μας, μόνο την πίστη και την ομολογία μας.

Πώς να Χειρίζεστε τον Λόγο στον Πόλεμο

1. **Απομνημονεύστε εδάφια από τις Γραφές** που σχετίζονται με την ταυτότητα, τη νίκη και την προστασία.
2. **Να λέτε τον Λόγο δυνατά**, ειδικά κατά τη διάρκεια πνευματικών επιθέσεων.
3. **Χρησιμοποιήστε το στην προσευχή**, διακηρύσσοντας τις υποσχέσεις του Θεού για διάφορες καταστάσεις.
4. **Νηστεύστε + Προσευχηθείτε** με τον Λόγο ως άγκυρά σας (Ματθαίος 17:21).

Θεμελιώδεις Γραφές για τον Πόλεμο

- *Β΄ Κορινθίους 10:3–5* – Γκρεμίζοντας οχυρά
- *Ησαΐας 54:17* – Κανένα όπλο που κατασκευάζεται δεν θα ευοδωθεί
- *Λουκάς 10:19* – Δύναμη πάνω στον εχθρό
- *Ψαλμός 91* – Θεϊκή προστασία
- *Αποκάλυψη 12:11* – Νικημένοι με το αίμα και τη μαρτυρία

Βασική γνώση

Ο Λόγος του Θεού στο στόμα σας είναι τόσο ισχυρός όσο ο Λόγος στο στόμα του Θεού — όταν λέγεται με πίστη.

Ημερολόγιο Στοχασμού

- Γνωρίζω τα πνευματικά μου δικαιώματα ως πιστός;
- Σε ποιες γραφές στηρίζομαι ενεργά σήμερα;
- Έχω επιτρέψει στον φόβο ή στην άγνοια να φιμώσουν την εξουσία μου;

Προσευχή Ενδυνάμωσης

Πατέρα, άνοιξε τα μάτια μου στην εξουσία που έχω εν Χριστώ. Δίδαξέ με να χειρίζομαι τον Λόγο Σου με τόλμη και πίστη. Όπου έχω επιτρέψει στον φόβο ή την άγνοια να βασιλεύουν, ας έρθει η αποκάλυψη. Στέκομαι σήμερα ως παιδί του Θεού, οπλισμένος με το Σπαθί του Πνεύματος. Θα μιλήσω τον Λόγο. Θα σταθώ νικητής. Δεν θα φοβηθώ τον εχθρό - γιατί μεγαλύτερος είναι Αυτός που είναι μέσα μου. Στο όνομα του Ιησού. Αμήν.

ΗΜΕΡΑ 1: ΓΕΝΙΚΕΣ ΓΡΑΜΜΕΣ & ΠΥΛΕΣ — ΣΠΑΣΙΜΟ ΤΩΝ ΟΙΚΟΓΕΝΕΙΑΚΩΝ ΑΛΥΣΙΔΩΝ

«*Οι πατέρες μας αμάρτησαν και δεν υπάρχουν πια, και εμείς φέρουμε την τιμωρία τους.*» — Θρήνοι 5:7

Μπορεί να έχεις σωθεί, αλλά η γενεαλογική σου γραμμή έχει ακόμα ιστορία — και μέχρι να παραβιαστούν οι παλιές διαθήκες, αυτές συνεχίζουν να ισχύουν.

Σε κάθε ήπειρο, υπάρχουν κρυμμένα βωμοί, προγονικές συμφωνίες, μυστικοί όρκοι και κληρονομημένες αδικίες που παραμένουν ενεργές μέχρι να αντιμετωπιστούν συγκεκριμένα. Αυτό που ξεκίνησε με τους προπαππούδες και τις γιαγιάδες μπορεί να εξακολουθεί να διεκδικεί τη μοίρα των σημερινών παιδιών.

Καθολικές εκφράσεις

- **Αφρική** – Οικογενειακοί θεοί, χρησμοί, γενεαλογική μαγεία, αιματηρές θυσίες.
- **Ασία** – Λατρεία προγόνων, δεσμοί μετενσάρκωσης, αλυσίδες κάρμα.
- **Λατινική Αμερική** – Σαντερία, βωμοί θανάτου, σαμανιστικοί όρκοι αίματος.
- **Ευρώπη** – Τεκτονισμός, παγανιστικές ρίζες, συμφωνίες εξ αίματος.
- **Βόρεια Αμερική** – Κληρονομιές της Νέας Εποχής, τεκτονική γενεαλογία, απόκρυφα αντικείμενα.

Η κατάρα συνεχίζεται μέχρι που κάποιος σηκώνεται και λέει «Τέλος πια!»

Μια Βαθύτερη Μαρτυρία – Θεραπεία από τις Ρίζες

Μια γυναίκα από τη Δυτική Αφρική, αφού διάβασε το βιβλίο «*Μεγάλα Κατορθώματα*» 14 , συνειδητοποίησε ότι οι χρόνιες αποβολές και τα ανεξήγητα βασανιστήρια που υπέφερε συνδέονταν με τη θέση του παππού της ως ιερέα. Είχε δεχτεί τον Χριστό πριν από χρόνια, αλλά ποτέ δεν αντιμετώπισε τις οικογενειακές διαθήκες.

Μετά από τρεις ημέρες προσευχής και νηστείας, οδηγήθηκε να καταστρέψει ορισμένα κειμήλια και να αποκηρύξει διαθήκες χρησιμοποιώντας το εδάφιο Γαλάτες 3:13. Τον ίδιο μήνα, συνέλαβε και κυοφόρησε ένα παιδί σε πλήρη θητεία. Σήμερα, ηγείται άλλων στη διακονία θεραπείας και απελευθέρωσης.

Ένας άλλος άνδρας στη Λατινική Αμερική, από το βιβλίο «*Delivered from the Power of Darkness*», βρήκε την ελευθερία αφού απαρνήθηκε μια κατάρα του Τεκτονισμού που είχε κληρονομήσει κρυφά από τον προπάππου του. Καθώς άρχισε να εφαρμόζει γραφές όπως το Ησαΐας 49:24-26 και να κάνει προσευχές απελευθέρωσης, το ψυχικό του μαρτύριο σταμάτησε και η ειρήνη αποκαταστάθηκε στο σπίτι του.

Αυτές οι ιστορίες δεν είναι συμπτώσεις — είναι μαρτυρίες αλήθειας στην πράξη.

Σχέδιο Δράσης – Οικογενειακή Απογραφή

1. Καταγράψτε όλες τις γνωστές οικογενειακές πεποιθήσεις, πρακτικές και δεσμούς — θρησκευτικές, μυστικιστικές ή μυστικές εταιρείες.
2. Ζήτησε από τον Θεό την αποκάλυψη κρυφών βωμών και συμφωνιών.
3. Καταστρέψτε και απορρίψτε με προσευχή οποιοδήποτε αντικείμενο συνδέεται με ειδωλολατρία ή αποκρυφιστικές πρακτικές.
4. Γρήγορα όπως καθοδηγείται και χρησιμοποιήστε τις παρακάτω γραφές για να ξεπεράσετε το νομικό έδαφος:
    - *Λευιτικό 26:40–42*
    - *Ησαΐας 49:24–26*
    - *Γαλάτες 3:13*

ΟΜΑΔΙΚΗ ΣΥΖΗΤΗΣΗ & Αίτηση

- Ποιες κοινές οικογενειακές πρακτικές συχνά παραβλέπονται ως ακίνδυνες, αλλά μπορεί να είναι πνευματικά επικίνδυνες;
- Ζητήστε από τα μέλη να μοιράζονται ανώνυμα (αν χρειάζεται) τυχόν όνειρα, αντικείμενα ή επαναλαμβανόμενους κύκλους στην γενεαλογία

τους.
- Ομαδική προσευχή αποκήρυξης — κάθε άτομο μπορεί να πει το όνομα της οικογένειας ή του ζητήματος που αποκηρύσσεται.

Εργαλεία Διακονίας: Φέρτε λάδι χρίσματος. Προσφέρετε κοινωνία. Ηγηθείτε της ομάδας σε μια προσευχή διαθήκης για αντικατάσταση — αφιερώνοντας κάθε οικογενειακή γραμμή στον Χριστό.

Βασική γνώση

Η αναγέννηση σώζει το πνεύμα σου. Η παραβίαση των οικογενειακών διαθηκών διαφυλάσσει το πεπρωμένο σου.

Ημερολόγιο Στοχασμού

- Τι υπάρχει στην οικογένειά μου; Τι πρέπει να σταματήσει σε μένα;
- Υπάρχουν αντικείμενα, ονόματα ή παραδόσεις στο σπίτι μου που πρέπει να φύγουν;
- Ποιες πόρτες άνοιξαν οι προπάτορές μου που τώρα πρέπει να κλείσω;

Προσευχή Απελευθέρωσης

Κύριε Ιησού, σε ευχαριστώ για το αίμα Σου που μιλάει καλύτερα πράγματα. Σήμερα αποκηρύσσω κάθε κρυφό βωμό, οικογενειακή διαθήκη και κληρονομημένη δουλεία. Σπάω τις αλυσίδες της γενεαλογίας μου και δηλώνω ότι είμαι μια νέα δημιουργία. Η ζωή μου, η οικογένεια και το πεπρωμένο μου ανήκουν τώρα μόνο σε Σένα. Στο όνομα του Ιησού. Αμήν.

ΗΜΕΡΑ 2: ΟΝΕΙΡΙΚΕΣ ΕΙΣΒΟΛΕΣ — ΟΤΑΝ Η ΝΥΧΤΑ ΓΙΝΕΤΑΙ ΠΕΔΙΟ ΜΑΧΗΣ

« *Ενώ οι άνθρωποι κοιμόντουσαν, ήρθε ο εχθρός του και έσπειρε ζιζάνια ανάμεσα στο σιτάρι και έφυγε.* » — Ματθαίος 13:25

Για πολλούς, ο μεγαλύτερος πνευματικός πόλεμος δεν συμβαίνει ενώ είναι ξύπνιοι — συμβαίνει όταν κοιμούνται.

Τα όνειρα δεν είναι απλώς τυχαία εγκεφαλική δραστηριότητα. Είναι πνευματικές πύλες μέσω των οποίων ανταλλάσσονται προειδοποιήσεις, επιθέσεις, διαθήκες και πεπρωμένα. Ο εχθρός χρησιμοποιεί τον ύπνο ως σιωπηλό πεδίο μάχης για να σπείρει φόβο, λαγνεία, σύγχυση και καθυστέρηση — όλα αυτά χωρίς αντίσταση επειδή οι περισσότεροι άνθρωποι δεν γνωρίζουν τον πόλεμο.

Καθολικές εκφράσεις

- **Αφρική** – Πνευματικοί σύζυγοι, φίδια, φαγητό σε όνειρα, μεταμφιέσεις.
- **Ασία** – Προγονικές συναντήσεις, όνειρα θανάτου, καρμικό μαρτύριο.
- **Λατινική Αμερική** – Ζωώδεις δαίμονες, σκιές, παράλυση ύπνου.
- **Βόρεια Αμερική** – Αστρική προβολή, εξωγήινα όνειρα, επαναλήψεις τραυμάτων.
- **Ευρώπη** – Γοτθικές εκδηλώσεις, σεξουαλικοί δαίμονες (incubus/succubus), κατακερματισμοί ψυχής.

Αν ο Σατανάς μπορεί να ελέγξει τα όνειρά σου, μπορεί να επηρεάσει και το πεπρωμένο σου.

Μαρτυρία – Από τη Νυχτερινή Τρομοκρατία στην Ειρήνη

Μια νεαρή γυναίκα από το Ηνωμένο Βασίλειο έστειλε email αφού διάβασε το βιβλίο *Ex-Satanist: The James Exchange*. Μοιράστηκε πώς για χρόνια την βασάνιζαν όνειρα ότι την κυνηγούσαν, την δάγκωναν σκύλοι ή κοιμόταν με άγνωστους άντρες — κάτι που ακολουθούνταν πάντα από αποτυχίες στην πραγματική ζωή. Οι σχέσεις της απέτυχαν, οι ευκαιρίες εργασίας εξανεμίστηκαν και ήταν συνεχώς εξαντλημένη.

Μέσα από νηστεία και μελέτη γραφών όπως το Ιώβ 33:14-18, ανακάλυψε ότι ο Θεός συχνά μιλάει μέσα από όνειρα — αλλά το ίδιο κάνει και ο εχθρός. Άρχισε να αλείφει το κεφάλι της με λάδι, να απορρίπτει τα κακά όνειρα δυνατά μόλις ξυπνήσει και να κρατάει ημερολόγιο ονείρων. Σταδιακά, τα όνειρά της έγιναν πιο καθαρά και γαλήνια. Σήμερα, ηγείται μιας ομάδας υποστήριξης για νεαρές γυναίκες που υποφέρουν από κρίσεις ονείρων.

Ένας Νιγηριανός επιχειρηματίας, αφού άκουσε μια μαρτυρία στο YouTube, συνειδητοποίησε ότι το όνειρό του να του σερβίρουν φαγητό κάθε βράδυ συνδεόταν με μαγεία. Κάθε φορά που δεχόταν το φαγητό στο όνειρό του, τα πράγματα πήγαιναν στραβά στην επιχείρησή του. Έμαθε να απορρίπτει το φαγητό αμέσως στο όνειρο, να προσεύχεται σε γλώσσες πριν τον ύπνο και τώρα βλέπει θεϊκές στρατηγικές και προειδοποιήσεις αντ' αυτού.

Σχέδιο Δράσης – Ενισχύστε τις Νυχτερινές σας Βάρδιες

1. **Πριν τον ύπνο:** Διαβάστε φωναχτά τις γραφές. Λατρέψτε. Αλείψτε το κεφάλι σας με λάδι.
2. **Ημερολόγιο Ονείρων:** Καταγράψτε κάθε όνειρο μόλις ξυπνήσετε — καλό ή κακό. Ζητήστε από το Άγιο Πνεύμα την ερμηνεία του.
3. **Απόρριψη & Αποκήρυξη:** Εάν το όνειρο περιλαμβάνει σεξουαλική δραστηριότητα, νεκρούς συγγενείς, φαγητό ή δουλεία — αποκηρύξτε το αμέσως με προσευχή.
4. **Πόλεμος των Γραφών:**
    - *Ψαλμός 4:8* — Ήρεμος ύπνος
    - *Ιώβ 33:14–18* — Ο Θεός μιλάει μέσω ονείρων
    - *Ματθαίος 13:25* — Εχθρός σπέρνει ζιζάνια
    - *Ησαΐας 54:17* — Κανένα όπλο δεν έχει κατασκευαστεί εναντίον σου

Ομαδική Αίτηση

- Μοιραστείτε πρόσφατα όνειρα ανώνυμα. Αφήστε την ομάδα να διακρίνει μοτίβα και έννοιες.

- Διδάξτε στα μέλη πώς να απορρίπτουν τα κακά όνειρα προφορικά και να σφραγίζουν τα καλά με προσευχή.
- Δήλωση ομάδας: «Απαγορεύουμε τις δαιμονικές συναλλαγές στα όνειρά μας, στο όνομα του Ιησού!»

Εργαλεία Διακονίας:

- Φέρτε χαρτί και στυλό για να κρατάτε ημερολόγιο ονείρων.
- Δείξτε πώς να αλείψετε το σπίτι και το κρεβάτι σας.
- Προσφέρετε την κοινωνία ως σφραγίδα διαθήκης για τη νύχτα.

Βασική γνώση

Τα όνειρα είναι είτε πύλες για θεϊκές συναντήσεις είτε δαιμονικές παγίδες. Η διάκριση είναι το κλειδί.

Ημερολόγιο Στοχασμού

- Τι είδους όνειρα έχω δει συνεχώς;
- Αφιερώνω χρόνο για να σκεφτώ τα όνειρά μου;
- Με προειδοποιούν τα όνειρά μου για κάτι που αγνόησα;

Προσευχή της Νυχτερινής Φρουράς

Πατέρα, αφιερώνω τα όνειρά μου σε Σένα. Μην αφήνεις καμία κακή δύναμη να προβάλλει στον ύπνο μου. Απορρίπτω κάθε δαιμονική διαθήκη, σεξουαλική μολυσματικότητα ή χειραγώγηση στα όνειρά μου. Λαμβάνω θεϊκή επίσκεψη, ουράνια διδασκαλία και αγγελική προστασία καθώς κοιμάμαι. Ας είναι οι νύχτες μου γεμάτες ειρήνη, αποκάλυψη και δύναμη. Στο όνομα του Ιησού, αμήν.

ΗΜΕΡΑ 3: ΠΝΕΥΜΑΤΙΚΟΙ ΣΥΖΥΓΟΙ — ΑΝΙΕΡΕΣ ΕΝΩΣΕΙΣ ΠΟΥ ΔΕΝΟΥΝ ΜΟΙΡΑ

« *Διότι ο Δημιουργός σου είναι ο σύζυγός σου—ο Κύριος Παντοδύναμος είναι το όνομά Του...*» — Ησαΐας 54:5

«*Θυσίασαν τους γιους τους και τις κόρες τους σε δαίμονες.*» — Ψαλμός 106:37

Ενώ πολλοί ζητούν μια νέα οικογενειακή επανάσταση, αυτό που δεν συνειδητοποιούν είναι ότι βρίσκονται ήδη σε έναν **πνευματικό γάμο** — έναν γάμο στον οποίο δεν συναίνεσαν ποτέ.

Αυτές είναι **διαθήκες που σχηματίζονται μέσω ονείρων, σεξουαλικής κακοποίησης, τελετουργιών αίματος, πορνογραφίας, προγονικών όρκων ή δαιμονικής μεταφοράς** . Ο/Η πνευματικός/ή σύζυγος — incubus (άνδρας) ή succubus (θήλυς) — αναλαμβάνει ένα νόμιμο δικαίωμα στο σώμα, την οικειότητα και το μέλλον του ατόμου, συχνά μπλοκάροντας σχέσεις, καταστρέφοντας σπίτια, προκαλώντας αποβολές και τροφοδοτώντας εθισμούς.

Παγκόσμιες Εκδηλώσεις

- **Αφρική** – Θαλάσσια πνεύματα (Mami Wata), πνευματικές σύζυγοι/σύζυγοι από υδάτινα βασίλεια.
- **Ασία** – Ουράνιοι γάμοι, καρμικές κατάρες αδελφών ψυχών, μετενσαρκωμένοι σύζυγοι.
- **Ευρώπη** – Ενώσεις μαγείας, δαιμονικοί εραστές από τον Τεκτονισμό ή τις Δρυιδικές ρίζες.
- **Λατινική Αμερική** – Γάμοι Σαντερία, ερωτικά ξόρκια, «γάμοι πνευμάτων» βασισμένοι σε συμφωνίες.
- **Βόρεια Αμερική** – Πνευματικές πύλες που προκαλούνται από την πορνογραφία, σεξουαλικά πνεύματα νέας εποχής, απαγωγές από εξωγήινους ως εκδηλώσεις συναντήσεων με επωαστήρες.

Αληθινές Ιστορίες — Η Μάχη για την Οικογενειακή Ελευθερία

Τόλου, Νιγηρία

Η Τόλου ήταν 32 ετών και ανύπαντρη. Κάθε φορά που αρραβωνιαζόταν, ο άντρας εξαφανιζόταν ξαφνικά. Ονειρευόταν συνεχώς να παντρεύεται σε περίτεχνες τελετές. Στο *"Greater Exploits 14"*, αναγνώρισε ότι η περίπτωσή της ταίριαζε με μια μαρτυρία που μοιράστηκε εκεί. Υποβλήθηκε σε τριήμερη νηστεία και σε νυχτερινές προσευχές πολέμου τα μεσάνυχτα, διακόπτοντας τους δεσμούς της ψυχής και διώχνοντας το θαλάσσιο πνεύμα που την είχε καταλάβει. Σήμερα, είναι παντρεμένη και συμβουλεύει άλλους.

Λίνα, Φιλιππίνες

Η Λίνα συχνά ένιωθε μια «παρουσία» να την συνοδεύει τη νύχτα. Νόμιζε ότι φανταζόταν πράγματα μέχρι που άρχισαν να εμφανίζονται μώλωπες στα πόδια και τους μηρούς της χωρίς εξήγηση. Ο πάστοράς της διέκρινε έναν πνευματικό σύζυγο. Ομολόγησε έναν εθισμό στην άμβλωση και την πορνογραφία στο παρελθόν και στη συνέχεια απεβίωσε. Τώρα βοηθά νέες γυναίκες να εντοπίσουν παρόμοια μοτίβα στην κοινότητά της.

Σχέδιο Δράσης – Παραβίαση της Συμφωνίας

1. **Ομολογήστε** και μετανοήστε για σεξουαλικές αμαρτίες, δεσμούς ψυχής, αποκρυφιστική έκθεση ή προγονικές τελετουργίες.
2. **Απορρίψτε** όλους τους πνευματικούς γάμους με προσευχή — κατ' όνομα, αν αποκαλυφθούν.
3. **Νηστεύστε** για 3 ημέρες (ή όπως σας καθοδηγούν) με βασικό άξονα τον Ησαΐα 54 και τον Ψαλμό 18.
4. **Καταστρέψτε** φυσικά αντικείμενα: δαχτυλίδια, ρούχα ή δώρα που συνδέονται με προηγούμενους εραστές ή αποκρυφιστικές σχέσεις.
5. **Δηλώστε δυνατά**:

Δεν είμαι παντρεμένος με κανένα πνεύμα. Έχω συναφθεί με τον Ιησού Χριστό. Απορρίπτω κάθε δαιμονική ένωση στο σώμα, την ψυχή και το πνεύμα μου!

Εργαλεία Γραφής

- Ησαΐας 54:4–8 – Ο Θεός ως ο αληθινός σου Σύζυγος
- Ψαλμός 18 – Σπάζοντας τα σχοινιά του θανάτου
- Α' Κορινθίους 6:15–20 – Το σώμα σας ανήκει στον Κύριο

- Ωσηέ 2:6–8 – Παραβίαση ασεβών διαθηκών

Ομαδική Αίτηση

- Ρωτήστε τα μέλη της ομάδας: Έχετε δει ποτέ όνειρα με γάμους, σεξ με αγνώστους ή σκιώδεις φιγούρες τη νύχτα;
- Ηγηθείτε μιας ομάδας αποκήρυξης των πνευματικών συζύγων.
- Παίξτε ένα παιχνίδι ρόλων με ένα «δικαστήριο διαζυγίου στον παράδεισο» — κάθε συμμετέχων καταθέτει ένα πνευματικό διαζύγιο ενώπιον του Θεού μέσω προσευχής.
- Χρησιμοποιήστε λάδι χρίσματος στο κεφάλι, την κοιλιά και τα πόδια ως σύμβολα καθαρισμού, αναπαραγωγής και κίνησης.

Βασική γνώση

Οι δαιμονικοί γάμοι είναι αληθινοί. Αλλά δεν υπάρχει πνευματική ένωση που να μην μπορεί να διασπαστεί από το αίμα του Ιησού.

Ημερολόγιο Στοχασμού

- Έχω δει επαναλαμβανόμενα όνειρα γάμου ή σεξ;
- Υπάρχουν μοτίβα απόρριψης, καθυστέρησης ή αποβολής στη ζωή μου;
- Είμαι πρόθυμος/η να παραδώσω πλήρως το σώμα μου, τη σεξουαλικότητά μου και το μέλλον μου στον Θεό;

Προσευχή της Απελευθέρωσης

Ουράνιε Πατέρα, μετανοώ για κάθε σεξουαλική αμαρτία, γνωστή ή άγνωστη. Απορρίπτω και αποκηρύσσω κάθε πνευματικό σύζυγο, θαλάσσιο πνεύμα ή απόκρυφο γάμο που διεκδικεί τη ζωή μου. Με τη δύναμη του αίματος του Ιησού, παραβιάζω κάθε διαθήκη, σπόρο ονείρου και δεσμό ψυχής. Δηλώνω ότι είμαι η Νύφη του Χριστού, ξεχωρισμένη για τη δόξα Του. Περπατώ ελεύθερη, στο όνομα του Ιησού. Αμήν.

ΗΜΕΡΑ 4: ΚΑΤΑΡΑΜΕΝΑ ΑΝΤΙΚΕΙΜΕΝΑ – ΠΟΡΤΕΣ ΠΟΥ ΜΙΛΑΝΟΥΝ

« *Ούτε θα φέρεις βδέλυγμα στο σπίτι σου, για να μην καταραστείς κι εσύ όπως αυτό.* » — Δευτερονόμιο 7:26

Μια κρυφή καταχώρηση που πολλοί αγνοούν

Δεν είναι κάθε κατοχή απλώς μια κατοχή. Κάποια πράγματα κουβαλούν ιστορία. Άλλα κουβαλούν πνεύματα. Τα καταραμένα αντικείμενα δεν είναι μόνο είδωλα ή αντικείμενα - μπορεί να είναι βιβλία, κοσμήματα, αγάλματα, σύμβολα, δώρα, ρούχα ή ακόμα και κληρονομημένα κειμήλια που κάποτε ήταν αφιερωμένα σε σκοτεινές δυνάμεις. Ό,τι βρίσκεται στο ράφι σας, στον καρπό σας, στον τοίχο σας - μπορεί να είναι το ίδιο το σημείο εισόδου για βασανιστήρια στη ζωή σας.

Παγκόσμιες Παρατηρήσεις

- **Αφρική** : Καλαμπάσες, φυλαχτά και βραχιόλια δεμένα με μάγους ή λατρεία προγόνων.
- **Ασία** : Φυλαχτά, αγάλματα ζωδιακού κύκλου και αναμνηστικά από ναούς.
- **Λατινική Αμερική** : Κολιέ Santería , κούκλες, κεριά με επιγραφές πνευμάτων.
- **Βόρεια Αμερική** : Κάρτες Ταρώ, πίνακες Ouija, ονειροπαγίδες, αναμνηστικά τρόμου.
- **Ευρώπη** : Παγανιστικά κειμήλια, απόκρυφα βιβλία, αξεσουάρ με θέμα τις μάγισσες.

Ένα ζευγάρι στην Ευρώπη βίωσε ξαφνική ασθένεια και πνευματική καταπίεση μετά την επιστροφή του από διακοπές στο Μπαλί. Χωρίς να το γνωρίζουν, είχαν αγοράσει ένα σκαλιστό άγαλμα αφιερωμένο σε μια τοπική θεότητα της θάλασσας.

Μετά από προσευχή και διάκριση, αφαίρεσαν το αντικείμενο και το έκαψαν. Η ηρεμία επέστρεψε αμέσως.

Μια άλλη γυναίκα από τις μαρτυρίες των *Μεγάλων Εκμεταλλεύσεων* ανέφερε ανεξήγητους εφιάλτες, μέχρι που αποκαλύφθηκε ότι ένα κολιέ που της είχε δώσει δώρο η θεία της ήταν στην πραγματικότητα μια πνευματική συσκευή παρακολούθησης που είχε αφιερωθεί σε ένα ιερό.

Δεν καθαρίζεις το σπίτι σου μόνο σωματικά — πρέπει να το καθαρίζεις και πνευματικά.

Μαρτυρία: «Η κούκλα που με παρακολουθούσε»

Η Λούρδη Βαλδίβια, της οποίας την ιστορία εξερευνήσαμε νωρίτερα από τη Νότια Αμερική, κάποτε έλαβε μια πορσελάνινη κούκλα κατά τη διάρκεια μιας οικογενειακής γιορτής. Η μητέρα της την είχε καθαγιάσει σε μια αποκρυφιστική τελετή. Από τη νύχτα που την έφεραν στο δωμάτιό της, η Λούρδη άρχισε να ακούει φωνές, να βιώνει υπνική παράλυση και να βλέπει φιγούρες τη νύχτα.

Μόνο όταν μια Χριστιανή φίλη της προσευχήθηκε μαζί της και το Άγιο Πνεύμα αποκάλυψε την προέλευση της κούκλας, την ξεφορτώθηκε. Αμέσως, η δαιμονική παρουσία έφυγε. Αυτό ξεκίνησε την αφύπνισή της — από την καταπίεση στην απελευθέρωση.

Σχέδιο Δράσης – Έλεγχος Σπιτιού & Καρδιάς

1. **Περπατήστε σε κάθε δωμάτιο** του σπιτιού σας με λάδι χρίσματος και τον Λόγο.
2. **Ζητήστε από το Άγιο Πνεύμα** να επισημάνει αντικείμενα ή χαρίσματα που δεν είναι από τον Θεό.
3. **Κάψτε ή πετάξτε** αντικείμενα που συνδέονται με τον αποκρυφισμό, την ειδωλολατρία ή την ανηθικότητα.
4. **Κλείστε όλες τις πόρτες** με γραφές όπως:
    ◦ *Δευτερονόμιο 7:26*
    ◦ *Πράξεις 19:19*
    ◦ *Β΄ Κορινθίους 6:16–18*

Ομαδική Συζήτηση & Ενεργοποίηση

- Μοιραστείτε τυχόν αντικείμενα ή δώρα που κάποτε είχατε και τα οποία είχαν ασυνήθιστες επιπτώσεις στη ζωή σας.

- Δημιουργήστε μαζί μια «Λίστα Ελέγχου Καθαρισμού Σπιτιού».
- Αναθέστε σε συντρόφους να προσευχηθούν ο ένας στο σπίτι του άλλου (με άδεια).
- Προσκαλέστε έναν τοπικό ιερέα απελευθέρωσης να ηγηθεί μιας προφητικής προσευχής καθαρισμού του σπιτιού.

Εργαλεία για τη Διακονία: Λάδι χρίσματος, μουσική λατρείας, σακούλες σκουπιδιών (για πραγματική απόρριψη) και ένα πυράντοχο δοχείο για τα αντικείμενα που πρόκειται να καταστραφούν.

Βασική γνώση

Αυτό που επιτρέπεις στον χώρο σου μπορεί να εξουσιοδοτήσει πνεύματα στη ζωή σου.

Ημερολόγιο Στοχασμού

- Ποια αντικείμενα στο σπίτι ή στην ντουλάπα μου έχουν ασαφή πνευματική προέλευση;
- Έχω κρατήσει κάτι λόγω συναισθηματικής αξίας που τώρα πρέπει να αφήσω πίσω μου;
- Είμαι έτοιμος να αγιάσω τον χώρο μου για το Άγιο Πνεύμα;

Προσευχή Καθαρισμού

Κύριε Ιησού, προσκαλώ το Άγιο Πνεύμα Σου να αποκαλύψει οτιδήποτε στο σπίτι μου δεν είναι από Εσένα. Αποκηρύσσω κάθε καταραμένο αντικείμενο, δώρο ή αντικείμενο που ήταν δεμένο στο σκοτάδι. Ανακηρύσσω το σπίτι μου άγιο έδαφος. Ας κατοικήσει εδώ η ειρήνη και η αγνότητά Σου. Στο όνομα του Ιησού. Αμήν.

ΗΜΕΡΑ 5: ΓΟΗΤΕΥΜΕΝΟΙ & ΑΠΑΤΗΜΕΝΟΙ — ΑΠΕΛΕΥΘΕΡΩΝΟΝΤΑΣ ΑΠΟ ΤΟ ΠΝΕΥΜΑ ΤΗΣ ΜΑΝΤΙΑΣ

« Αυτοί οι άνθρωποι είναι δούλοι του Υψίστου Θεού, οι οποίοι μας κηρύττουν την οδό της σωτηρίας». — *Πράξεις 16:17 (NKJV)*

«Ο Παύλος όμως, πολύ ενοχλημένος, στράφηκε και είπε στο πνεύμα: «Σε προστάζω στο όνομα του Ιησού Χριστού να βγεις από αυτήν». Και βγήκε εκείνη την ώρα». — *Πράξεις 16:18*

Υπάρχει μια λεπτή γραμμή μεταξύ προφητείας και μαντείας — και πολλοί σήμερα την διασχίζουν χωρίς καν να το γνωρίζουν.

Από τους προφήτες του YouTube που χρεώνουν για «προσωπικά λόγια», μέχρι τους αναγνώστες ταρώ στα μέσα κοινωνικής δικτύωσης που παραθέτουν γραφές, ο κόσμος έχει γίνει μια αγορά πνευματικού θορύβου. Και δυστυχώς, πολλοί πιστοί πίνουν εν αγνοία τους από μολυσμένα ρυάκια.

Το **πνεύμα της μαντείας** μιμείται το Άγιο Πνεύμα. Κολακεύει, σαγηνεύει, χειραγωγεί τα συναισθήματα και παγιδεύει τα θύματά του σε ένα πλέγμα ελέγχου. Στόχος του; **Να εμπλέξει πνευματικά, να εξαπατήσει και να υποδουλώσει.**

Παγκόσμιες Εκφράσεις Μαντείας

- **Αφρική** – Μαντεία, ιερείς Ιφά, μέντιουμ με πνεύματα του νερού, προφητική απάτη.
- **Ασία** – Χειρομάντες, αστρολόγοι, προγονικοί μάντεις, «προφήτες» μετενσάρκωσης.
- **Λατινική Αμερική** – Προφήτες της Σαντερίας, μάγοι, άγιοι με σκοτεινές δυνάμεις.
- **Ευρώπη** – Κάρτες Ταρώ, διόραση, κύκλοι μεσαίου μεγέθους, διοχέτευση της Νέας Εποχής.

- **Βόρεια Αμερική** – «Χριστιανοί» μέντιουμ, αριθμολογία σε εκκλησίες, κάρτες αγγέλων, πνευματικοί οδηγοί μεταμφιεσμένοι σε Άγιο Πνεύμα.

Αυτό που είναι επικίνδυνο δεν είναι μόνο αυτά που λένε — αλλά και το **πνεύμα** πίσω από αυτά.

Μαρτυρία: Από τον Διορατικό στον Χριστό

Μια Αμερικανίδα κατέθεσε στο YouTube πώς από «χριστιανή προφήτισσα» συνειδητοποίησε ότι λειτουργούσε υπό την καθοδήγηση ενός μαντικού πνεύματος. Άρχισε να βλέπει καθαρά οράματα, να δίνει λεπτομερή προφητικά λόγια και να προσελκύει μεγάλα πλήθη στο διαδίκτυο. Αλλά πάλευε επίσης με την κατάθλιψη, τους εφιάλτες και άκουγε ψιθυριστές φωνές μετά από κάθε συνεδρία.

Μια μέρα, ενώ παρακολουθούσε μια διδασκαλία για τις *Πράξεις 16*, η ζυγαριά της έπεσε. Συνειδητοποίησε ότι δεν είχε υποταχθεί ποτέ στο Άγιο Πνεύμα — μόνο στο χάρισμά της. Μετά από βαθιά μετάνοια και απελευθέρωση, κατέστρεψε τις κάρτες αγγέλων της και το ημερολόγιο νηστείας που ήταν γεμάτο με τελετουργίες. Σήμερα, κηρύττει τον Ιησού, όχι πια «λόγια».

Σχέδιο Δράσης – Δοκιμάζοντας τα Πνεύματα

1. Ρώτα: Αυτή η λέξη/χάρισμα με έλκει στον **Χριστό** ή στο **άτομο** που το δίνει;
2. Δοκιμάστε κάθε πνεύμα με την *Α΄ Ιωάννου 4:1-3*.
3. Μετανοήστε για οποιαδήποτε εμπλοκή με ψυχικές, αποκρυφιστικές ή ψεύτικες προφητικές πρακτικές.
4. Κόψτε όλους τους δεσμούς ψυχής με ψευδοπροφήτες, μάντεις ή εκπαιδευτές μαγείας (ακόμα και διαδικτυακά).
5. Δηλώστε με τόλμη:

«Απορρίπτω κάθε πνεύμα ψεύδους. Ανήκω μόνο στον Ιησού. Τα αυτιά μου είναι συντονισμένα στη φωνή Του!»

Ομαδική Αίτηση

- Συζητήστε: Έχετε ακολουθήσει ποτέ έναν προφήτη ή πνευματικό οδηγό που αργότερα αποδείχθηκε ψευδής;
- Ομαδική Άσκηση: Οδηγήστε τα μέλη να αποκηρύξουν συγκεκριμένες πρακτικές όπως η αστρολογία, οι αναγνώσεις ψυχής, τα ψυχικά

παιχνίδια ή οι πνευματικοί επηρεαστές που δεν έχουν τις ρίζες τους στον Χριστό.
- Προσκαλέστε το Άγιο Πνεύμα: Αφιερώστε 10 λεπτά για σιωπή και ακρόαση. Στη συνέχεια, μοιραστείτε τι αποκαλύπτει ο Θεός — αν μη τι άλλο.
- Εγγραφή ή διαγραφή ψηφιακών/φυσικών αντικειμένων που σχετίζονται με τη μαντεία, συμπεριλαμβανομένων βιβλίων, εφαρμογών, βίντεο ή σημειώσεων.

Εργαλεία Διακονίας:
Λάδι απελευθέρωσης, σταυρός (σύμβολο υποταγής), κάδος/κουβάς για την απόρριψη συμβολικών αντικειμένων, μουσική λατρείας με επίκεντρο το Άγιο Πνεύμα.

Βασική γνώση
Δεν προέρχονται όλα τα υπερφυσικά από τον Θεό. Η αληθινή προφητεία πηγάζει από την οικειότητα με τον Χριστό, όχι από τη χειραγώγηση ή το θέαμα.

Ημερολόγιο Στοχασμού

- Έχω ποτέ ελκύσει ψυχικές ή χειριστικές πνευματικές πρακτικές;
- Είμαι περισσότερο εθισμένος στα «λόγια» παρά στον Λόγο του Θεού;
- Σε ποιες φωνές έχω δώσει πρόσβαση που τώρα πρέπει να φιμωθούν;

ΠΡΟΣΕΥΧΗ ΤΗΣ ΑΠΕΛΕΥΘΕΡΩΣΗΣ

Πατέρα, συμφωνώ με κάθε πνεύμα μαντείας, χειραγώγησης και ψεύτικης προφητείας. Μετανοώ που αναζητώ κατεύθυνση μακριά από τη φωνή Σου. Καθάρισε το μυαλό μου, την ψυχή μου και το πνεύμα μου. Δίδαξέ με να περπατάω μόνο με το Πνεύμα Σου. Κλείνω κάθε πόρτα που άνοιξα στον αποκρυφισμό, εν γνώσει ή εν αγνοία μου. Δηλώνω ότι ο Ιησούς είναι ο Ποιμένας μου και ακούω μόνο τη φωνή Του. Στο πανίσχυρο όνομα του Ιησού, Αμήν.

ΗΜΕΡΑ 6: ΠΥΛΕΣ ΤΟΥ ΜΑΤΙΟΥ – ΚΛΕΙΝΟΝΤΑΣ ΤΙΣ ΠΥΛΕΣ ΤΟΥ ΣΚΟΤΑΔΙΟΥ

« Το λυχνάρι του σώματος είναι το μάτι· αν τα μάτια σου είναι υγιή, όλο το σώμα σου θα είναι φωτεινό.»
— *Ματθαίος 6:22 (NIV)*

«Δεν θα βάλω τίποτα πονηρό μπροστά στα μάτια μου...» — *Ψαλμός 101:3 (KJV)*

Στο πνευματικό βασίλειο, **τα μάτια σας είναι πύλες.** Ό,τι μπαίνει μέσα από τα μάτια σας επηρεάζει την ψυχή σας — για αγνότητα ή για μόλυνση. Ο εχθρός το γνωρίζει αυτό. Γι' αυτό τα μέσα ενημέρωσης, οι εικόνες, η πορνογραφία, οι ταινίες τρόμου, τα απόκρυφα σύμβολα, οι τάσεις της μόδας και το σαγηνευτικό περιεχόμενο έχουν γίνει πεδία μάχης.

Ο πόλεμος για την προσοχή σου είναι ένας πόλεμος για την ψυχή σου.

Αυτό που πολλοί θεωρούν «ακίνδυνη ψυχαγωγία» είναι συχνά μια κωδικοποιημένη πρόσκληση — σε λαγνεία, φόβο, χειραγώγηση, υπερηφάνεια, ματαιοδοξία, επανάσταση ή ακόμα και δαιμονική προσκόλληση.

Παγκόσμιες Πύλες του Οπτικού Σκότους

- **Αφρική** – Τελετουργικές ταινίες, θέματα του Νόλιγουντ που ομαλοποιούν τη μαγεία και την πολυγαμία.
- **Ασία** – Anime και manga με πνευματικές πύλες, σαγηνευτικά πνεύματα, αστρικά ταξίδια.
- **Ευρώπη** – Γοτθική μόδα, ταινίες τρόμου, εμμονές με βρικόλακες, σατανική τέχνη.
- **Λατινική Αμερική** – Τηλενουβέλες που εξυμνούν τη μαγεία, τις κατάρες και την εκδίκηση.
- **Βόρεια Αμερική** – Κυρίαρχα μέσα ενημέρωσης, μουσικά βίντεο,

πορνογραφία, «χαριτωμένα» δαιμονικά κινούμενα σχέδια.

Αυτό που κοιτάς συνεχώς, σε απευαισθητοποιεί.

Ιστορία: «Το καρτούν που καταράστηκε το παιδί μου»

Μια μητέρα από τις ΗΠΑ παρατήρησε ότι ο 5χρονος γιος της άρχισε να ουρλιάζει τη νύχτα και να ζωγραφίζει ανησυχητικές εικόνες. Μετά την προσευχή, το Άγιο Πνεύμα την υπέδειξε σε ένα καρτούν που ο γιος της παρακολουθούσε κρυφά — ένα καρτούν γεμάτο με ξόρκια, ομιλούντα πνεύματα και σύμβολα που δεν είχε προσέξει.

Διέγραψε τις εκπομπές και άλειψε το σπίτι και τις οθόνες της. Μετά από αρκετές νύχτες προσευχής μεσονυχτίου και Ψαλμό 91, οι επιθέσεις σταμάτησαν και το αγόρι άρχισε να κοιμάται ειρηνικά. Τώρα ηγείται μιας ομάδας υποστήριξης που βοηθά τους γονείς να φυλάνε τις οπτικές πύλες των παιδιών τους.

Σχέδιο Δράσης – Καθαρισμός της Πύλης του Ματιού

1. Κάντε έναν **έλεγχο μέσων** : Τι παρακολουθείτε; Διαβάζετε; Κάνετε κύλιση;
2. Ακυρώστε συνδρομές ή πλατφόρμες που τρέφουν τη σάρκα σας αντί για την πίστη σας.
3. Αλείφετε τα μάτια και τα παραβάν σας, διακηρύττοντας τον Ψαλμό 101:3.
4. Αντικαταστήστε τα σκουπίδια με θεϊκές πληροφορίες — ντοκιμαντέρ, λατρεία, καθαρή ψυχαγωγία.
5. Δηλώνω:

«Δεν θα βάλω τίποτα απαίσιο μπροστά στα μάτια μου. Το όραμά μου ανήκει στον Θεό.»

Ομαδική Αίτηση

- Πρόκληση: Γρήγορη λειτουργία Eye Gate 7 ημερών — χωρίς τοξικά μέσα, χωρίς κύλιση σε αδράνεια.
- Κοινοποίηση: Ποιο περιεχόμενο σας έχει πει το Άγιο Πνεύμα να σταματήσετε να παρακολουθείτε;
- Άσκηση: Βάλτε τα χέρια σας στα μάτια σας και απαρνηθείτε κάθε μολυσματικότητα μέσω της όρασης (π.χ. πορνογραφία, τρόμο,

ματαιοδοξία).
- Δραστηριότητα: Προσκαλέστε τα μέλη να διαγράψουν εφαρμογές, να κάψουν βιβλία ή να απορρίψουν αντικείμενα που βλάπτουν την όραση τους.

Εργαλεία: Ελαιόλαδο, εφαρμογές λογοδοσίας, προφύλαξη οθόνης με γραφές, κάρτες προσευχής για την πύλη του ματιού.

Βασική γνώση
Δεν μπορείς να ασκείς εξουσία πάνω σε δαίμονες αν σε ψυχαγωγούν.

Ημερολόγιο Στοχασμού

- Τι ταΐζω τα μάτια μου που μπορεί να ταΐζει το σκοτάδι στη ζωή μου;
- Πότε έκλαψα τελευταία φορά για ό,τι ραγίζει την καρδιά του Θεού;
- Έχω δώσει στο Άγιο Πνεύμα τον πλήρη έλεγχο του χρόνου που περνάω μπροστά στην οθόνη;

Προσευχή Αγνότητας

Κύριε Ιησού, ζητώ το αίμα Σου να πλύνει τα μάτια μου. Συγχώρεσέ με για τα πράγματα που επέτρεψα να περάσουν μέσα από τις οθόνες, τα βιβλία και τη φαντασία μου. Σήμερα, δηλώνω ότι τα μάτια μου είναι για το φως, όχι για το σκοτάδι. Απορρίπτω κάθε εικόνα, λαγνεία και επιρροή που δεν προέρχεται από Εσένα. Καθάρισε την ψυχή μου. Φύλαξε το βλέμμα μου. Και άσε με να δω αυτό που βλέπεις Εσύ — με αγιότητα και αλήθεια. Αμήν.

ΗΜΕΡΑ 7: Η ΔΥΝΑΜΗ ΠΙΣΩ ΑΠΟ ΤΑ ΟΝΟΜΑΤΑ — ΑΠΟΚΡΟΥΣΗ ΑΝΙΕΡΩΝ ΤΑΥΤΟΤΗΤΩΝ

« Και ο Ιαβής επικαλέστηκε τον Θεό του Ισραήλ, λέγοντας: "Μακάρι να με ευλογούσες..." Και ο Θεός του έδωσε αυτό που ζήτησε.»
— Α΄ Χρονικών 4:10

«Δεν θα ονομάζεσαι πλέον Άβραμ, αλλά Αβραάμ...» — Γένεση 17:5

Τα ονόματα δεν είναι απλώς ετικέτες — είναι πνευματικές δηλώσεις. Στις γραφές, τα ονόματα συχνά αντανακλούσαν το πεπρωμένο, την προσωπικότητα ή ακόμα και τη δουλεία. Το να ονομάσεις κάτι σημαίνει να του δώσεις ταυτότητα και κατεύθυνση. Ο εχθρός το καταλαβαίνει αυτό — γι' αυτό πολλοί άνθρωποι είναι άθελά τους παγιδευμένοι κάτω από ονόματα που τους δίνονται εν αγνοία, πόνο ή πνευματική δουλεία.

Όπως ακριβώς ο Θεός άλλαξε ονόματα (Άβραμ σε Αβραάμ, Ιακώβ σε Ισραήλ, Σάρα σε Σάρα), έτσι και τώρα αλλάζει τα πεπρωμένα μετονομάζοντας τον λαό Του.

Παγκόσμια Συμφραζόμενα της Δουλείας με Όνομα

- **Αφρική** – Παιδιά που ονομάζονται από νεκρούς προγόνους ή είδωλα («Ogbanje», «Dike», « Ifunanya » συνδεδεμένα με έννοιες).
- **Ασία** – Ονόματα μετενσάρκωσης που συνδέονται με καρμικούς κύκλους ή θεότητες.
- **Ευρώπη** – Ονόματα με ρίζες στην παγανιστική ή μαγική κληρονομιά (π.χ., Φρέγια, Θορ, Μέρλιν).
- **Λατινική Αμερική** – Ονόματα επηρεασμένα από τη Σαντερία, ειδικά μέσω πνευματικών βαπτισμάτων.
- **Βόρεια Αμερική** – Ονόματα παρμένα από την ποπ κουλτούρα, τα κινήματα επανάστασης ή τις προγονικές αφιερώσεις.

Τα ονόματα έχουν σημασία — και μπορούν να φέρουν δύναμη, ευλογία ή δουλεία.

Ιστορία: «Γιατί έπρεπε να μετονομάσω την κόρη μου»

Στο "Greater Exploits 14", ένα ζευγάρι από τη Νιγηρία ονόμασε την κόρη τους "Amaka", που σημαίνει "όμορφη", αλλά εκείνη έπασχε από μια σπάνια ασθένεια που μπέρδεψε τους γιατρούς. Κατά τη διάρκεια μιας προφητικής συνάντησης, η μητέρα έλαβε αποκάλυψη: το όνομα χρησιμοποιήθηκε κάποτε από τη γιαγιά της, μια μάγισσα γιατρό, το πνεύμα της οποίας τώρα διεκδικούσε το παιδί.

Άλλαξαν το όνομά της σε «Ολουβαταμίλορ» (Ο Θεός με ευλόγησε) και ακολούθησε νηστεία και προσευχές. Το παιδί ανάρρωσε πλήρως.

Μια άλλη περίπτωση από την Ινδία αφορούσε έναν άνδρα ονόματι «Κάρμα», ο οποίος πάλευε με γενεαλογικές κατάρες. Αφού αποκήρυξε τους ινδουιστικούς δεσμούς και άλλαξε το όνομά του σε «Τζόναθαν», άρχισε να βιώνει σημαντικές εξελίξεις στα οικονομικά και την υγεία του.

Σχέδιο Δράσης – Διερεύνηση του Ονόματός σας

1. Ερευνήστε την πλήρη σημασία των ονομάτων σας — όνομα, μεσαίο όνομα, επώνυμο.
2. Ρωτήστε τους γονείς ή τους μεγαλύτερους γιατί σας δόθηκαν αυτά τα ονόματα.
3. Αποκηρύξτε αρνητικές πνευματικές έννοιες ή αφιερώσεις στην προσευχή.
4. Δηλώστε τη θεϊκή σας ταυτότητα εν Χριστώ:

«Ονομάζομαι με το όνομα του Θεού· το νέο μου όνομα είναι γραμμένο στον ουρανό» (Αποκάλυψη 2:17).

ΟΜΑΔΙΚΗ ΣΥΜΜΕΤΟΧΗ

- Ρωτήστε τα μέλη: Τι σημαίνει το όνομά σας; Έχετε δει όνειρα που το αφορούν;
- Κάντε μια «προσευχή ονοματοδοσίας» — δηλώνοντας προφητικά την ταυτότητα κάθε ατόμου.
- Άπλωσε τα χέρια σου πάνω σε εκείνους που χρειάζεται να ξεφύγουν από ονόματα συνδεδεμένα με διαθήκες ή προγονική δουλεία.

Εργαλεία: Εκτυπώστε κάρτες με τη σημασία των ονομάτων, φέρτε λάδι χρίσματος, χρησιμοποιήστε γραφές με αλλαγές ονομάτων.

Βασική γνώση

Δεν μπορείς να πορεύεσαι με την πραγματική σου ταυτότητα ενώ παράλληλα απαντάς σε μια ψεύτικη.

Ημερολόγιο Στοχασμού

- Τι σημαίνει το όνομά μου — πνευματικά και πολιτισμικά;
- Νιώθω ότι ευθυγραμμίζομαι με το όνομά μου ή ότι έρχομαι σε σύγκρουση με αυτό;
- Ποιο όνομα με φωνάζει ο παράδεισος;

Προσευχή Μετονομασίας

Πατέρα, στο όνομα του Ιησού, Σε ευχαριστώ που μου έδωσες μια νέα ταυτότητα εν Χριστώ. Σπάω κάθε κατάρα, διαθήκη ή δαιμονικό δεσμό που συνδέεται με τα ονόματά μου. Αποκηρύσσω κάθε όνομα που δεν ευθυγραμμίζεται με το θέλημά Σου. Λαμβάνω το όνομα και την ταυτότητα που μου έχει δώσει ο ουρανός — γεμάτο δύναμη, σκοπό και αγνότητα. Στο όνομα του Ιησού, Αμήν.

ΗΜΕΡΑ 8: ΑΠΟΚΑΛΥΨΗ ΤΟΥ ΨΕΥΤΙΚΟΥ ΦΩΤΟΣ — ΠΑΓΙΔΕΣ ΤΗΣ ΝΕΑΣ ΕΠΟΧΗΣ ΚΑΙ ΑΓΓΕΛΙΚΕΣ ΑΠΑΤΕΣ

> *Και δεν είναι περίεργο! Διότι ο ίδιος ο Σατανάς μεταμορφώνεται σε άγγελο φωτός.»* — Β΄ Κορινθίους 11:14
>
> *«Αγαπητοί, μην πιστεύετε σε κάθε πνεύμα, αλλά δοκιμάζετε τα πνεύματα για να δείτε αν είναι από τον Θεό...»* — Α΄ Ιωάννη 4:1

Δεν λάμπει μόνο ο Θεός.

Στον σημερινό κόσμο, ολοένα και περισσότεροι άνθρωποι αναζητούν «φως», «ίαση» και «ενέργεια» έξω από τον Λόγο του Θεού. Στρέφονται στον διαλογισμό, τους βωμούς της γιόγκα, τις ενεργοποιήσεις του τρίτου ματιού, την επίκληση προγόνων, τις αναγνώσεις ταρώ, τις τελετουργίες της σελήνης, την αγγελική επικοινωνία, ακόμη και τον μυστικισμό που ακούγεται χριστιανικός. Η απάτη είναι ισχυρή επειδή συχνά συνοδεύεται από ηρεμία, ομορφιά και δύναμη — στην αρχή.

Αλλά πίσω από αυτές τις κινήσεις κρύβονται πνεύματα μαντείας, ψευδοπροφητείες και αρχαίες θεότητες που φορούν τη μάσκα του φωτός για να αποκτήσουν νόμιμη πρόσβαση στις ψυχές των ανθρώπων.

Παγκόσμια εμβέλεια του ψεύδους φωτός

- **Βόρεια Αμερική** – Κρύσταλλοι, καθαρισμός με φασκόμηλο, νόμος της έλξης, μέντιουμ, εξωγήινοι κώδικες φωτός.
- **Ευρώπη** – Ανανεωμένος παγανισμός, λατρεία θεών, λευκή μαγεία, πνευματικά φεστιβάλ.
- **Λατινική Αμερική** – Σαντερία αναμεμειγμένη με Καθολικούς αγίους, πνευματιστές θεραπευτές (curanderos).
- **Αφρική** – Προφητικές παραποιήσεις που χρησιμοποιούν αγγελικά

βωμούς και τελετουργικό νερό.
- **Ασία** – Τσάκρα, «φώτιση» γιόγκα, συμβουλευτική μετενσάρκωσης, πνεύματα ναού.

Αυτές οι πρακτικές μπορεί να προσφέρουν προσωρινό «φως», αλλά με την πάροδο του χρόνου σκοτεινιάζουν την ψυχή.

Μαρτυρία: Απελευθέρωση από το Φως που Απατούσε

Από το *14ο Greater Exploits*, η Mercy (Ηνωμένο Βασίλειο) παρακολουθούσε εργαστήρια αγγέλων και ασκούσε «χριστιανικό» διαλογισμό με θυμίαμα, κρυστάλλους και κάρτες αγγέλων. Πίστευε ότι είχε πρόσβαση στο φως του Θεού, αλλά σύντομα άρχισε να ακούει φωνές κατά τη διάρκεια του ύπνου της και να νιώθει ανεξήγητο φόβο τη νύχτα.

Η απελευθέρωσή της ξεκίνησε όταν κάποιος της έκανε δώρο το βιβλίο *The Jameses Exchange* και συνειδητοποίησε τις ομοιότητες μεταξύ των εμπειριών της και εκείνων ενός πρώην σατανιστή που μιλούσε για αγγελικές απάτες. Μετανόησε, κατέστρεψε όλα τα απόκρυφα αντικείμενα και υποτάχθηκε σε προσευχές για πλήρη απελευθέρωση.

Σήμερα, καταθέτει με θάρρος κατά της απάτης της Νέας Εποχής στις εκκλησίες και έχει βοηθήσει άλλους να αποκηρύξουν παρόμοια μονοπάτια.

Σχέδιο Δράσης – Δοκιμάζοντας τα Πνεύματα

1. **Καταγράψτε τις πρακτικές και τις πεποιθήσεις σας** — Συμφωνούν με την Αγία Γραφή ή απλώς σας φαίνονται πνευματικές;
2. **Αποκηρύξτε και καταστρέψτε** όλα τα υλικά ψευδούς φωτός: κρυστάλλους, εγχειρίδια γιόγκα, κάρτες αγγέλων, ονειροπαγίδες, κ.λπ.
3. **Προσευχηθείτε Ψαλμός 119:105** — ζητήστε από τον Θεό να κάνει τον Λόγο Του το μόνο σας φως.
4. **Κηρύξτε πόλεμο στη σύγχυση** — δέστε οικεία πνεύματα και ψευδείς αποκαλύψεις.

ΟΜΑΔΙΚΗ ΑΙΤΗΣΗ

- **Συζήτηση**: Έχετε εσείς ή κάποιος που γνωρίζετε παρασυρθεί από

«πνευματικές» πρακτικές που δεν επικεντρώνονταν στον Ιησού;
- **Διάκριση σε παιχνίδι ρόλων** : Διαβάστε αποσπάσματα από «πνευματικές» ρήσεις (π.χ., «Να εμπιστεύεσαι το σύμπαν») και αντιπαραβάλετέ τα με τις Γραφές.
- **Συνεδρία Χρίσματος και Απελευθέρωσης** : Σπάστε τα θυσιαστήρια προς το ψευδές φως και αντικαταστήστε τα με διαθήκη προς το *Φως του Κόσμου* (Ιωάννης 8:12).

Εργαλεία Υπουργείου :

- Φέρτε πραγματικά αντικείμενα της Νέας Εποχής (ή φωτογραφίες τους) για διδασκαλία με χρήση αντικειμένων.
- Προσφέρετε προσευχή για απελευθέρωση από οικεία πνεύματα (βλέπε Πράξεις 16:16–18).

Βασική γνώση

Το πιο επικίνδυνο όπλο του Σατανά δεν είναι το σκοτάδι — είναι το ψεύτικο φως.

Ημερολόγιο Στοχασμού

- Έχω ανοίξει πνευματικές πόρτες μέσα από «φωτεινές» διδασκαλίες που δεν έχουν τις ρίζες τους στην Αγία Γραφή;
- Εμπιστεύομαι το Άγιο Πνεύμα ή τη διαίσθηση και την ενέργεια;
- Είμαι πρόθυμος να εγκαταλείψω όλες τις μορφές ψεύτικης πνευματικότητας για την αλήθεια του Θεού;

ΠΡΟΣΕΥΧΗ ΤΗΣ ΑΠΟΚΗΡΥΞΗΣ

Πατέρα , μετανοώ για κάθε τρόπο που έχω διασκεδάσει ή ασχοληθεί με το ψεύτικο φως. Αποκηρύσσω κάθε μορφή Νέας Εποχής, μαγείας και παραπλανητικής πνευματικότητας. Σπάω κάθε δεσμό ψυχής με αγγελικούς απατεώνες, πνευματικούς οδηγούς και ψευδείς αποκαλύψεις. Δέχομαι τον Ιησού, το αληθινό Φως του κόσμου. Δηλώνω ότι δεν θα ακολουθήσω καμία φωνή παρά μόνο τη Δική Σου, στο όνομα του Ιησού. Αμήν.

ΗΜΕΡΑ 9: ΤΟ ΒΩΜΙΟ ΤΟΥ ΑΙΜΑΤΟΣ — ΔΙΑΘΗΚΕΣ ΠΟΥ ΑΠΑΙΤΟΥΝ ΖΩΗ

> *Και έχτισαν τους υψηλούς τόπους του Βάαλ... για να περάσουν τους γιους τους και τις κόρες τους μέσα από τη φωτιά προς τον Μολόχ.»* — Ιερεμίας 32:35
> *«Και τον νίκησαν με το αίμα του Αρνίου και με τον λόγο της μαρτυρίας τους...»* — Αποκάλυψη 12:11

Υπάρχουν βωμοί που δεν ζητούν απλώς την προσοχή σου — απαιτούν το αίμα σου.

Από την αρχαιότητα μέχρι σήμερα, οι διαθήκες αίματος αποτελούν βασική πρακτική του βασιλείου του σκότους. Μερικές συνάπτονται εν γνώσει τους μέσω μαγείας, αμβλώσεων, τελετουργικών δολοφονιών ή αποκρυφιστικών μυήσεων. Άλλες κληρονομούνται μέσω προγονικών πρακτικών ή εντάσσονται εν αγνοία τους μέσω πνευματικής άγνοιας.

Όπου χύνεται αθώο αίμα — είτε σε ιερά, είτε σε υπνοδωμάτια, είτε σε αίθουσες συνεδριάσεων — μιλάει ένα δαιμονικό βωμό.

Αυτά τα βωμοί αφαιρούν ζωές, συντομεύουν τις τύχες και δημιουργούν νομικό έδαφος για δαιμονική θλίψη.

Παγκόσμιοι Βωμοί Αίματος

- **Αφρική** – Τελετουργικές δολοφονίες, χρηματικές τελετουργίες, θυσίες παιδιών, συμφωνίες αίματος κατά τη γέννηση.
- **Ασία** – Προσφορές αίματος σε ναούς, οικογενειακές κατάρες μέσω αμβλώσεων ή πολεμικοί όρκοι.
- **Λατινική Αμερική** – Θυσίες ζώων Σαντερία, προσφορές αίματος σε πνεύματα νεκρών.
- **Βόρεια Αμερική** – Ιδεολογία της έκτρωσης ως μυστηρίου, δαιμονικές αδελφότητες όρκου αίματος.
- **Ευρώπη** – Αρχαίες τελετές Δρυίδων και Τεκτόνων, βωμοί αιματοχυσίας

της εποχής του Β' Παγκοσμίου Πολέμου που εξακολουθούν να μην έχουν μετανοήσει.

Αυτές οι διαθήκες, εκτός αν παραβιαστούν, συνεχίζουν να αφαιρούν ζωές, συχνά σε κύκλους.

Αληθινή Ιστορία: Η Θυσία ενός Πατέρα

Στο βιβλίο «*Ελευθερωμένη από τη Δύναμη του Σκότους*», μια γυναίκα από την Κεντρική Αφρική ανακάλυψε κατά τη διάρκεια μιας συνεδρίας απελευθέρωσης ότι οι συχνές επαφές της με τον θάνατο συνδέονταν με έναν όρκο αίματος που είχε δώσει ο πατέρας της. Της είχε υποσχεθεί τη ζωή σε αντάλλαγμα για πλούτο μετά από χρόνια υπογονιμότητας.

Μετά τον θάνατο του πατέρα της, άρχισε να βλέπει σκιές και να βιώνει σχεδόν θανατηφόρα ατυχήματα κάθε χρόνο στα γενέθλιά της. Η ανακάλυψή της ήρθε όταν οδηγήθηκε να διακηρύττει καθημερινά στον εαυτό της το εδάφιο Ψαλμός 118:17 — «*Δεν θα πεθάνω αλλά θα ζήσω...*» — ακολουθούμενο από μια σειρά προσευχών αποκήρυξης και νηστείας. Σήμερα, ηγείται μιας ισχυρής μεσιτικής διακονίας.

Μια άλλη αφήγηση από το "*Greater Exploits 14*" περιγράφει έναν άνδρα στη Λατινική Αμερική που συμμετείχε σε μια συμμορία μύησης που περιελάμβανε αιματοχυσία. Χρόνια αργότερα, ακόμη και μετά την αποδοχή του Χριστού, η ζωή του βρισκόταν σε συνεχή αναταραχή - μέχρι που έσπασε τη διαθήκη του αίματος μέσω μιας εκτεταμένης νηστείας, δημόσιας εξομολόγησης και βαπτίσματος στο νερό. Το μαρτύριο σταμάτησε.

Σχέδιο Δράσης – Φίμωση των Βωμών του Αίματος

1. **Μετανοήστε** για οποιαδήποτε έκτρωση, συμφωνίες απόκρυφου αίματος ή κληρονομική αιματοχυσία.
2. **Αποκηρύξτε** όλες τις γνωστές και άγνωστες διαθήκες αίματος δυνατά ονομαστικά.
3. **Νηστεύστε για 3 ημέρες** με καθημερινή κοινωνία, δηλώνοντας το αίμα του Ιησού ως το νόμιμο κάλυμμά σας.
4. **Δηλώστε φωναχτά** :

«*Με το αίμα του Ιησού, παραβιάζω κάθε διαθήκη αίματος που έχει γίνει για λογαριασμό μου. Είμαι λυτρωμένος!*»

ΟΜΑΔΙΚΗ ΑΙΤΗΣΗ

- Συζητήστε τη διαφορά μεταξύ των φυσικών δεσμών αίματος και των δαιμονικών διαθηκών αίματος.
- Χρησιμοποιήστε κόκκινη κορδέλα/νήμα για να αναπαραστήσετε τους βωμούς του αίματος και ψαλίδι για να τους κόψετε προφητικά.
- Ζητήστε μια μαρτυρία από κάποιον που έχει απελευθερωθεί από τα δεσμά αίματος.

Εργαλεία Υπουργείου :

- Στοιχεία Κοινωνίας
- Λάδι χρίσματος
- Δηλώσεις παράδοσης
- Οπτικό σπάσιμο του βωμού υπό το φως των κεριών, αν είναι δυνατόν

Βασική γνώση

Ο Σατανάς εμπορεύεται αίμα. Ο Ιησούς πλήρωσε υπερβολικά για την ελευθερία σου με τη Δική Του.

Ημερολόγιο Στοχασμού

- Έχω συμμετάσχει εγώ ή η οικογένειά μου σε κάτι που περιελάμβανε αιματοχυσία ή όρκους;
- Υπάρχουν επαναλαμβανόμενοι θάνατοι, αποβολές ή βίαια μοτίβα στην γενεαλογία μου;
- Έχω εμπιστευτεί πλήρως το αίμα του Ιησού για να μιλήσει πιο δυνατά στη ζωή μου;

Προσευχή της Απελευθέρωσης

Κύριε Ιησού , σε ευχαριστώ για το πολύτιμο αίμα Σου που μιλάει καλύτερα από το αίμα του Άβελ. Μετανοώ για κάθε διαθήκη αίματος που έκανα εγώ ή οι πρόγονοί μου, εν γνώσει ή εν αγνοία τους. Την αποκηρύσσω τώρα. Δηλώνω ότι είμαι καλυμμένος από το αίμα του Αρνίου. Ας σιωπήσει και ας συντριβεί κάθε δαιμονικό θυσιαστήριο που απαιτεί τη ζωή μου. Ζω επειδή πέθανες για μένα. Στο όνομα του Ιησού, Αμήν.

ΗΜΕΡΑ 10: ΣΤΕΙΡΟΤΗΤΑ & ΣΠΑΣΜΑ — ΟΤΑΝ Η ΜΗΤΡΑ ΓΙΝΕΤΑΙ ΠΕΔΙΟ ΜΑΧΗΣ

> *Καμία δεν θα αποβάλει ούτε θα είναι στείρα στη γη σου· θα συμπληρώσω τον αριθμό των ημερών σου.»* — Έξοδος 23:26
> *«Δίνει στην άτεκνη γυναίκα οικογένεια, κάνοντάς την ευτυχισμένη μητέρα. Αινείτε τον Κύριο!»* — Ψαλμός 113:9

Η υπογονιμότητα είναι κάτι περισσότερο από ένα ιατρικό ζήτημα. Μπορεί να αποτελέσει ένα πνευματικό οχυρό που έχει τις ρίζες του σε βαθιές συναισθηματικές, προγονικές, ακόμη και εδαφικές μάχες.

Σε όλα τα έθνη, η στειρότητα χρησιμοποιείται από τον εχθρό για να ντροπιάσει, να απομονώσει και να καταστρέψει γυναίκες και οικογένειες. Ενώ ορισμένες αιτίες είναι φυσιολογικές, πολλές είναι βαθιά πνευματικές — συνδέονται με γενεαλογικούς βωμούς, κατάρες, πνευματικούς συζύγους, αποτυχημένες μοίρες ή ψυχικά τραύματα.

Πίσω από κάθε άκαρπη μήτρα, ο παράδεισος έχει μια υπόσχεση. Αλλά συχνά υπάρχει ένας πόλεμος που πρέπει να διεξαχθεί πριν από τη σύλληψη - στη μήτρα και στο πνεύμα.

Παγκόσμια Πρότυπα Στερότητας

- **Αφρική** – Συνδέεται με την πολυγαμία, τις προγονικές κατάρες, τις συμφωνίες με τα ιερά και τα πνευματικά παιδιά.
- **Ασία** – Πεποιθήσεις για το Κάρμα, όρκοι προηγούμενων ζωών, γενεαλογικές κατάρες, κουλτούρα ντροπής.
- **Λατινική Αμερική** – Κλείσιμο μήτρας που προκαλείται από μαγεία, ξόρκια φθόνου.
- **Ευρώπη** – Υπερβολική εξάρτηση από την εξωσωματική γονιμοποίηση, θυσίες παιδιών από τον Τεκτονισμό, ενοχή για την άμβλωση.

- **Βόρεια Αμερική** – Συναισθηματικό τραύμα, ψυχικά τραύματα, κύκλοι αποβολών, φάρμακα που αλλοιώνουν τις ορμόνες.

ΑΛΗΘΙΝΕΣ ΙΣΤΟΡΙΕΣ – Από Δάκρυα σε Μαρτυρίες

Μαρία από τη Βολιβία (Λατινική Αμερική)

Η Μαρία είχε υποστεί 5 αποβολές. Κάθε φορά, ονειρευόταν να κρατάει ένα μωρό που έκλαιγε και το επόμενο πρωί έβλεπε αίμα. Οι γιατροί δεν μπορούσαν να εξηγήσουν την κατάστασή της. Αφού διάβασε μια μαρτυρία στο *Greater Exploits*, συνειδητοποίησε ότι είχε κληρονομήσει έναν οικογενειακό βωμό στειρότητας από μια γιαγιά που είχε αφιερώσει όλες τις γυναικείες μήτρες σε μια τοπική θεότητα.

Νήστεψε και απήγγειλε τον Ψαλμό 113 για 14 ημέρες. Ο πάστοράς της την οδήγησε να παραβιάσει τη διαθήκη χρησιμοποιώντας τη Θεία Κοινωνία. Εννέα μήνες αργότερα, γέννησε δίδυμα.

Η Νγκόζι από τη Νιγηρία (Αφρική).

Η Νγκόζι ήταν παντρεμένη για 10 χρόνια χωρίς παιδί. Κατά τη διάρκεια των προσευχών απελευθέρωσης, αποκαλύφθηκε ότι είχε παντρευτεί στο πνευματικό βασίλειο έναν θαλάσσιο σύζυγο. Σε κάθε κύκλο ωορρηξίας, έβλεπε σεξουαλικά όνειρα. Μετά από μια σειρά προσευχών πολέμου τα μεσάνυχτα και μια προφητική πράξη καύσης της βέρας της από μια προηγούμενη αποκρυφιστική μύηση, η μήτρα της άνοιξε.

Σχέδιο Δράσης – Άνοιγμα της Μήτρας

1. **Προσδιορίστε τη ρίζα** – προγονική, συναισθηματική, συζυγική ή ιατρική.
2. **Μετανοήστε για προηγούμενες αμβλώσεις**, δεσμούς ψυχής, σεξουαλικές αμαρτίες και αποκρυφιστικές αφιερώσεις.
3. **Να χρίζεις την μήτρα σου καθημερινά,** ενώ παράλληλα διακηρύττεις την Έξοδο 23:26 και τον Ψαλμό 113.
4. **Νηστεύστε για 3 ημέρες** και κοινωνήστε καθημερινά, απορρίπτοντας όλα τα θυσιαστήρια που είναι δεμένα με τη μήτρα σας.
5. **Μίλα δυνατά :**

Ευλογημένη είναι η μήτρα μου. Απορρίπτω κάθε διαθήκη στειρότητας. Θα συλλάβω και θα γεννήσω μέχρι το τέλος με τη δύναμη του Αγίου Πνεύματος!

Ομαδική Αίτηση

- Προσκαλέστε τις γυναίκες (και τα ζευγάρια) να μοιραστούν τα βάρη της καθυστέρησης σε έναν ασφαλή, προσευχητικό χώρο.
- Χρησιμοποιήστε κόκκινα κασκόλ ή υφάσματα δεμένα γύρω από τη μέση — και στη συνέχεια προφητικά λυμένα ως ένδειξη ελευθερίας.
- Ηγηθείτε μιας προφητικής τελετής «ονοματοδοσίας» — ανακηρύξτε τα παιδιά που δεν έχουν γεννηθεί ακόμη με πίστη.
- Σπάστε τις λεκτικές κατάρες, την πολιτισμική ντροπή και το αυτομίσος στους κύκλους προσευχής.

Εργαλεία Διακονίας:

- Ελαιόλαδο (αλείψτε τις μήτρες)
- Κοινωνία
- Μανδύες/σάλια (που συμβολίζουν την κάλυψη και την καινοτομία)

Βασική γνώση

Η στειρότητα δεν είναι το τέλος — είναι ένα κάλεσμα για πόλεμο, για πίστη και για αποκατάσταση. Η καθυστέρηση του Θεού δεν είναι άρνηση.

Ημερολόγιο Στοχασμού

- Ποιες συναισθηματικές ή πνευματικές πληγές είναι δεμένες με τη μήτρα μου;
- Έχω επιτρέψει στην ντροπή ή την πικρία να αντικαταστήσουν την ελπίδα μου;
- Είμαι πρόθυμος να αντιμετωπίσω τις βαθύτερες αιτίες με πίστη και δράση;

Προσευχή Θεραπείας & Σύλληψης

Πατέρα, στηρίζομαι στον Λόγο Σου που λέει ότι κανένας δεν θα είναι άγονος στη γη. Απορρίπτω κάθε ψέμα, βωμό και πνεύμα που έχει ανατεθεί για να εμποδίσει την καρποφορία μου. Συγχωρώ τον εαυτό μου και άλλους που έχουν μιλήσει άσχημα για το σώμα μου. Λαμβάνω θεραπεία, αποκατάσταση και ζωή. Δηλώνω ότι η μήτρα μου είναι καρποφόρα και η χαρά μου πλήρης. Στο όνομα του Ιησού. Αμήν.

ΗΜΕΡΑ 11: ΑΥΤΟΑΝΟΣΕΣ ΔΙΑΤΑΡΑΧΕΣ & ΧΡΟΝΙΑ ΚΟΠΩΣΗ — Ο ΑΟΡΑΤΟΣ ΠΟΛΕΜΟΣ ΕΣΩΤΕΡΙΚΑ

« *Οίκος διαιρεμένος εναντίον εαυτού δεν θα σταθεί.»* — Ματθαίος 12:25
«*Δίνει δύναμη στους αδύναμους, και σε εκείνους που δεν έχουν δύναμη αυξάνει τη δύναμή του.*» — Ησαΐας 40:29

Τα αυτοάνοσα νοσήματα είναι εκείνα όπου το σώμα επιτίθεται στον εαυτό του — εκλαμβάνοντας τα ίδια του τα κύτταρα ως εχθρούς. Ο λύκος, η ρευματοειδής αρθρίτιδα, η σκλήρυνση κατά πλάκας, η νόσος του Χασιμότο και άλλες εμπίπτουν σε αυτήν την ομάδα.

Το σύνδρομο χρόνιας κόπωσης (CFS), η ινομυαλγία και άλλες ανεξήγητες διαταραχές εξάντλησης συχνά επικαλύπτονται με αυτοάνοσα προβλήματα. Αλλά πέρα από τα βιολογικά, πολλοί που υποφέρουν κουβαλούν συναισθηματικό τραύμα, ψυχικά τραύματα και πνευματικά βάρη.

Το σώμα φωνάζει — όχι μόνο για φάρμακα, αλλά και για ειρήνη. Πολλοί βρίσκονται σε πόλεμο εσωτερικά.

Παγκόσμια ματιά

- **Αφρική** – Αύξηση των αυτοάνοσων διαγνώσεων που συνδέονται με τραύμα, ρύπανση και άγχος.
- **Ασία** – Υψηλά ποσοστά διαταραχών του θυρεοειδούς συνδέονται με την καταστολή των προγόνων και την κουλτούρα ντροπής.
- **Ευρώπη & Αμερική** – Επιδημία χρόνιας κόπωσης και επαγγελματικής εξουθένωσης από την κουλτούρα που βασίζεται στην απόδοση.
- **Λατινική Αμερική** – Οι πάσχοντες συχνά λαμβάνουν λανθασμένη διάγνωση· στιγματίζονται και υφίστανται πνευματικές επιθέσεις μέσω κατακερματισμού της ψυχής ή κατάρων.

Κρυμμένες Πνευματικές Ρίζες

- **Αυτομίσος ή ντροπή** — αίσθημα «όχι αρκετά καλός».
- **Ασυγχωρητικότητα απέναντι στον εαυτό ή τους άλλους** — το ανοσοποιητικό σύστημα μιμείται την πνευματική κατάσταση.
- **Η ανεπεξέργαστη θλίψη ή προδοσία** — ανοίγει την πόρτα στην κόπωση της ψυχής και τη σωματική κατάρρευση.
- **Βέλη που προκαλούν μαγεία ή ζήλια** — χρησιμοποιούνται για την αποστράγγιση της πνευματικής και σωματικής δύναμης.

Αληθινές Ιστορίες – Μάχες που Δόθηκαν στο Σκοτάδι
Έλενα από την Ισπανία

Η Έλενα διαγνώστηκε με λύκο μετά από μια μακρά κακοποιητική σχέση που την κατέστρεψε συναισθηματικά. Στη θεραπεία και την προσευχή, αποκαλύφθηκε ότι είχε εσωτερικεύσει το μίσος, πιστεύοντας ότι ήταν άχρηστη. Όταν άρχισε να συγχωρεί τον εαυτό της και να αντιμετωπίζει τις ψυχικές πληγές με την Αγία Γραφή, οι εξάρσεις της μειώθηκαν δραστικά. Μαρτυρεί για τη θεραπευτική δύναμη του Λόγου και τον καθαρισμό της ψυχής.

Τζέιμς από τις ΗΠΑ

Ο Τζέιμς, ένα δραστήριο στέλεχος εταιρείας, κατέρρευσε από Σύνδρομο Χρόνιας Κόπωσης (CFS) μετά από 20 χρόνια συνεχούς στρες. Κατά τη διάρκεια της απελευθέρωσής του, αποκαλύφθηκε ότι μια γενεαλογική κατάρα αδιάκοπης προσπάθειας μάστιζε τους άνδρες στην οικογένειά του. Μπήκε σε μια περίοδο σαββάτου, προσευχής και εξομολόγησης και βρήκε αποκατάσταση όχι μόνο της υγείας του, αλλά και της ταυτότητάς του.

Σχέδιο Δράσης – Θεραπεία της Ψυχής και του Ανοσοποιητικού Συστήματος

1. **Προσευχηθείτε δυνατά κάθε πρωί για τον Ψαλμό 103:1-5** — ειδικά για τα εδάφια 3-5.
2. **Καταγράψτε τις εσωτερικές σας πεποιθήσεις** — τι λέτε στον εαυτό σας; Κόψτε τα ψέματα.
3. **Συγχωρήστε βαθιά** — ειδικά τον εαυτό σας.
4. **Λάβετε τη Θεία Κοινωνία** για να επαναφέρετε τη διαθήκη του σώματος — βλέπε Ησαΐας 53.

5. **Ανάπαυση εν Θεώ** — το Σάββατο δεν είναι προαιρετικό, είναι ένας πνευματικός πόλεμος ενάντια στην επαγγελματική εξουθένωση.

Δηλώνω ότι το σώμα μου δεν είναι εχθρός μου. Κάθε κύτταρο μέσα μου θα ευθυγραμμιστεί με τη θεϊκή τάξη και ειρήνη. Λαμβάνω τη δύναμη και τη θεραπεία του Θεού.

Ομαδική Αίτηση

- Ζητήστε από τα μέλη να μοιραστούν μοτίβα κόπωσης ή συναισθηματικής εξάντλησης που κρύβουν.
- Κάντε μια άσκηση «εκκένωσης ψυχής» — καταγράψτε τα βάρη και στη συνέχεια κάψτε τα ή θάψτε τα συμβολικά.
- Βάλτε τα χέρια σας πάνω σε όσους υποφέρουν από αυτοάνοσα συμπτώματα· επιβάλετε ισορροπία και ηρεμία.
- Ενθαρρύνετε την καταγραφή συναισθηματικών ερεθισμάτων και θεραπευτικών κειμένων σε ημερολόγιο 7 ημερών.

Εργαλεία Διακονίας:

- Αιθέρια έλαια ή αρωματικό χρίσμα για αναζωογόνηση
- Ημερολόγια ή σημειωματάρια
- Μουσική υπόκρουση διαλογισμού Ψαλμός 23

Βασική γνώση

Αυτό που επιτίθεται στην ψυχή συχνά εκδηλώνεται στο σώμα. Η θεραπεία πρέπει να πηγάζει από μέσα προς τα έξω.

Ημερολόγιο Στοχασμού

- Νιώθω ασφαλής με το σώμα και τις σκέψεις μου;
- Μήπως τρέφω ντροπή ή ενοχές για παρελθούσες αποτυχίες ή τραύματα;
- Τι μπορώ να κάνω για να αρχίσω να τιμώ την ανάπαυση και την ειρήνη ως πνευματικές πρακτικές;

Προσευχή Αποκατάστασης

Κύριε Ιησού, Εσύ είσαι ο Θεραπευτής μου. Σήμερα απορρίπτω κάθε ψέμα ότι είμαι πληγωμένος, βρώμικος ή καταδικασμένος. Συγχωρώ τον εαυτό μου και τους άλλους. Ευλογώ κάθε κύτταρο στο σώμα μου. Λαμβάνω ειρήνη στην ψυχή μου και ευθυγράμμιση στο ανοσοποιητικό μου σύστημα. Με τις πληγές Σου, θεραπεύομαι. Αμήν.

ΗΜΕΡΑ 12: ΕΠΙΛΗΨΙΑ & ΨΥΧΙΚΟ ΒΑΣΑΝΙΣΜΑ — ΟΤΑΝ ΤΟ ΝΟΥΣ ΓΙΝΕΤΑΙ ΠΕΔΙΟ ΜΑΧΗΣ

«*Κύριε, ελέησον τον υιό μου· διότι είναι φαλακρός και ταλαιπωρείται σφόδρα· συχνά διότι εις πυρ πέφτει και συχνά εις ύδωρ.*» — Ματθαίος 17:15

«*Ο Θεός δεν ημίν έδωσεν πνεύμα δειλίας, αλλά δυνάμεως, αγάπης και σωφροσύνης.*» — Β΄ Τιμόθεον 1:7

Ορισμένες θλίψεις δεν είναι απλώς ιατρικές — είναι πνευματικά πεδία μαχών μεταμφιεσμένα σε ασθένειες.

Η επιληψία, οι κρίσεις, η σχιζοφρένεια, τα διπολικά επεισόδια και τα μοτίβα βασανιστηρίων στο μυαλό συχνά έχουν αθέατες ρίζες. Ενώ η φαρμακευτική αγωγή έχει τη θέση της, η διάκριση είναι κρίσιμη. Σε πολλές βιβλικές αφηγήσεις, οι κρίσεις και οι ψυχικές κρίσεις ήταν αποτέλεσμα δαιμονικής καταπίεσης.

Η σύγχρονη κοινωνία φαρμακεύει αυτό που ο Ιησούς συχνά *απέβαλε* .

Παγκόσμια Πραγματικότητα

- **Αφρική** – Επιληπτικές κρίσεις που συχνά αποδίδονται σε κατάρες ή σε πνεύματα των προγόνων.
- **Ασία** – Οι επιληπτικοί ασθενείς συχνά κρύβονται λόγω ντροπής και πνευματικού στιγματισμού.
- **Λατινική Αμερική** – Σχιζοφρένεια που συνδέεται με γενεαλογική μαγεία ή ματαιωμένες κλήσεις.
- **Ευρώπη και Βόρεια Αμερική** – Η υπερβολική διάγνωση και η υπερβολική φαρμακευτική αγωγή συχνά συγκαλύπτουν δαιμονικές βαθύτερες αιτίες.

Αληθινές Ιστορίες – Απελευθέρωση στη Φωτιά

Μούσα από τη Βόρεια Νιγηρία

Ο Μούσα είχε επιληπτικές κρίσεις από την παιδική του ηλικία. Η οικογένειά του δοκίμασε τα πάντα — από ντόπιους γιατρούς μέχρι προσευχές στην εκκλησία. Μια μέρα, κατά τη διάρκεια μιας τελετής απελευθέρωσης, το Πνεύμα αποκάλυψε ότι ο παππούς του Μούσα τον είχε προσφέρει σε μια ανταλλαγή μαγείας. Αφού έσπασε τη διαθήκη και τον έχρισε, δεν είχε ποτέ ξανά κρίση.

Ντάνιελ από το Περού

Διαγνωσμένος με διπολική διαταραχή, ο Ντάνιελ πάλευε με βίαια όνειρα και φωνές. Αργότερα ανακάλυψε ότι ο πατέρας του είχε εμπλακεί σε μυστικές σατανικές τελετουργίες στα βουνά. Οι προσευχές για την απελευθέρωση και μια τριήμερη νηστεία έφεραν διαύγεια. Οι φωνές σταμάτησαν. Σήμερα, ο Ντάνιελ είναι ήρεμος, αποκατεστημένος και προετοιμάζεται για τη διακονία.

Σημάδια που πρέπει να προσέξετε

- Επαναλαμβανόμενα επεισόδια επιληπτικών κρίσεων χωρίς γνωστή νευρολογική αιτία.
- Φωνές, παραισθήσεις, βίαιες ή αυτοκτονικές σκέψεις.
- Απώλεια χρόνου ή μνήμης, ανεξήγητος φόβος ή σωματικές κρίσεις κατά τη διάρκεια της προσευχής.
- Οικογενειακά πρότυπα τρέλας ή αυτοκτονίας.

Σχέδιο Δράσης – Ανάληψη Εξουσίας επί του Νου

1. **Μετανοήστε για όλους τους γνωστούς απόκρυφους δεσμούς, τραύματα ή κατάρες.**
2. **Να βάζετε τα χέρια σας στο κεφάλι σας καθημερινά, δηλώνοντας ότι έχετε σωφροσύνη (Β΄ Τιμόθεον 1:7).**
3. **Νηστεύετε και προσεύχεστε για πνεύματα που δεσμεύουν το νου.**
4. **Παραβείτε προγονικούς όρκους, αφιερώσεις ή κατάρες εξ αίματος.**
5. **Αν είναι δυνατόν, συνεργαστείτε με έναν ισχυρό σύντροφο προσευχής ή μια ομάδα απελευθέρωσης.**

Απορρίπτω κάθε πνεύμα βασανισμού, κατάσχεσης και σύγχυσης. Λαμβάνω σωφροσύνη και σταθερά συναισθήματα στο όνομα του Ιησού!

Ομαδική Διακονία & Εφαρμογή

- Προσδιορίστε τα οικογενειακά πρότυπα ψυχικών ασθενειών ή επιληπτικών κρίσεων.
- Προσευχηθείτε για όσους υποφέρουν — χρησιμοποιήστε λάδι χρίσματος στο μέτωπο.
- Βάλτε τους μεσίτες να περπατήσουν γύρω από το δωμάτιο φωνάζοντας «Ειρήνη, ησύχασε!» (Μάρκος 4:39)
- Προσκαλέστε όσους επηρεάζονται να σπάσουν τις προφορικές συμφωνίες: «Δεν είμαι τρελός. Είμαι θεραπευμένος και ολόκληρος».

Εργαλεία Διακονίας:

- Λάδι χρίσματος
- Κάρτες δήλωσης θεραπείας
- Λατρευτική μουσική που διακονεί την ειρήνη και την ταυτότητα

Βασική γνώση

Δεν είναι κάθε πάθηση μόνο σωματική. Κάποιες έχουν τις ρίζες τους σε αρχαίες διαθήκες και δαιμονικές νομικές βάσεις που πρέπει να αντιμετωπιστούν πνευματικά.

Ημερολόγιο Στοχασμού

- Έχω βασανιστεί ποτέ στις σκέψεις μου ή στον ύπνο μου;
- Υπάρχουν αθεράπευτα τραύματα ή πνευματικές πόρτες που πρέπει να κλείσω;
- Ποια αλήθεια μπορώ να διακηρύττω καθημερινά για να αγκυροβολώ το μυαλό μου στον Λόγο του Θεού;

Προσευχή για Υγεία

Κύριε Ιησού, Εσύ είσαι ο Αποκαταστάτης του νου μου. Αποκηρύσσω κάθε διαθήκη, τραύμα ή δαιμονικό πνεύμα που επιτίθεται στον εγκέφαλο, τα συναισθήματα και τη διαύγειά μου. Λαμβάνω θεραπεία και σωφροσύνη. Διατάζω ότι θα ζήσω και όχι θα πεθάνω. Θα λειτουργήσω με πλήρη δύναμη, στο όνομα του Ιησού. Αμήν.

ΗΜΕΡΑ 13: ΠΝΕΥΜΑ ΦΟΒΟΥ — ΣΠΑΣΙΜΟ ΤΟΥ ΚΛΟΥΒΙΟΥ ΤΩΝ ΑΟΡΑΤΩΝ ΒΑΣΑΝΙΣΜΩΝ

«*Διότι ο Θεός δεν μας έδωσε πνεύμα δειλίας, αλλά δύναμης και αγάπης και σωφροσύνης.*» — Β΄ Τιμόθεον 1:7

«*Ο φόβος βασανίζει...*» — Α΄ Ιωάννη 4:18

Ο φόβος δεν είναι απλώς ένα συναίσθημα — μπορεί να είναι και *πνεύμα*. Ψιθυρίζει την αποτυχία πριν ξεκινήσεις. Μεγεθύνει την απόρριψη. Παραλύει τον σκοπό. Παραλύει τα έθνη.

Πολλοί βρίσκονται σε αόρατες φυλακές που έχουν χτιστεί από τον φόβο: φόβος για τον θάνατο, την αποτυχία, τη φτώχεια, τους ανθρώπους, την ασθένεια, τον πνευματικό πόλεμο και το άγνωστο.

Πίσω από πολλές κρίσεις άγχους, διαταραχές πανικού και παράλογες φοβίες κρύβεται μια πνευματική αποστολή που έχει σταλεί για να **εξουδετερώσει τα πεπρωμένα**.

Παγκόσμιες Εκδηλώσεις

- **Αφρική** – Φόβος που έχει τις ρίζες του σε γενεαλογικές κατάρες, προγονικά αντίποινα ή αντιδράσεις μαγείας.
- **Ασία** – Πολιτισμική ντροπή, καρμικός φόβος, άγχος μετενσάρκωσης.
- **Λατινική Αμερική** – Φόβος από κατάρες, θρύλους του χωριού και πνευματικά αντίποινα.
- **Ευρώπη & Βόρεια Αμερική** – Κρυφό άγχος, διαγνωσμένες διαταραχές, φόβος αντιπαράθεσης, επιτυχίας ή απόρριψης — συχνά πνευματικό αλλά χαρακτηρισμένο ψυχολογικό.

Αληθινές Ιστορίες – Αποκαλύπτοντας το Πνεύμα
Σάρα από Καναδά

Για χρόνια, η Σάρα δεν μπορούσε να κοιμηθεί στο σκοτάδι. Πάντα ένιωθε μια παρουσία στο δωμάτιο. Οι γιατροί το διέγνωσαν ως άγχος, αλλά καμία θεραπεία δεν είχε αποτέλεσμα. Κατά τη διάρκεια μιας διαδικτυακής συνεδρίας απεξάρτησης, αποκαλύφθηκε ότι ένας παιδικός φόβος άνοιξε μια πόρτα σε ένα βασανιστικό πνεύμα μέσα από έναν εφιάλτη και μια ταινία τρόμου. Μετανόησε, απαρνήθηκε τον φόβο και το διέταξε να φύγει. Τώρα κοιμάται ειρηνικά.

Uche από τη Νιγηρία

Ο Ούτσε κλήθηκε να κηρύξει, αλλά κάθε φορά που στεκόταν μπροστά σε ανθρώπους, πάγωνε. Ο φόβος ήταν αφύσικος - πνιγόταν, τον παραλύει. Στην προσευχή του, ο Θεός του έδειξε μια λέξη κατάρα που είχε πει ένας δάσκαλος που χλεύαζε τη φωνή του ως παιδί. Αυτή η λέξη σχημάτιζε μια πνευματική αλυσίδα. Μόλις έσπασε, άρχισε να κηρύττει με τόλμη.

Σχέδιο Δράσης – Ξεπερνώντας τον Φόβο

1. **Ομολόγησε οποιονδήποτε φόβο ονομαστικά** : «Αρνούμαι τον φόβο του [_____] στο όνομα του Ιησού».
2. **Διαβάστε φωναχτά τον Ψαλμό 27 και τον Ησαΐα 41 καθημερινά.**
3. **Λατρεία μέχρι η ειρήνη να αντικαταστήσει τον πανικό.**
4. **Γρήγορα από τα μέσα ενημέρωσης που βασίζονται στον φόβο — ταινίες τρόμου, ειδήσεις, κουτσομπολιά.**
5. **Δηλώστε καθημερινά** : «Έχω σώας τας φρένας. Δεν είμαι σκλάβος του φόβου.»

Ομαδική Αίτηση – Κοινοτική Πρωτοπορία

- Ρωτήστε τα μέλη της ομάδας: Ποιος φόβος σας έχει παραλύσει περισσότερο;
- Χωριστείτε σε μικρές ομάδες και ηγηθείτε προσευχών **αποκήρυξης** και **αντικατάστασης** (π.χ., φόβος → τόλμη, άγχος → αυτοπεποίθηση).
- Βάλτε κάθε άτομο να γράψει έναν φόβο και να τον κάψει ως προφητική πράξη.
- Χρησιμοποιήστε *λάδι χρίσματος* και εξομολογήσεις από τις *Γραφές* το ένα πάνω από το άλλο.

Εργαλεία Διακονίας:

- Λάδι χρίσματος
- Κάρτες δηλώσεων από τις Γραφές
- Λατρευτικό τραγούδι: "No Longer Slaves" από τους Bethel

Βασική γνώση
Ο ανεκτός φόβος είναι **μολυσμένος από την πίστη**.
Δεν μπορείς να είσαι τολμηρός και φοβισμένος ταυτόχρονα — διάλεξε την τόλμη.

Ημερολόγιο Στοχασμού

- Ποιος φόβος με έχει συντροφεύσει από την παιδική μου ηλικία;
- Πώς έχει επηρεάσει ο φόβος τις αποφάσεις, την υγεία ή τις σχέσεις μου;
- Τι θα έκανα διαφορετικά αν ήμουν εντελώς ελεύθερος;

Προσευχή για την Απελευθέρωση από τον Φόβο
Πατέρα, αποκηρύσσω το πνεύμα του φόβου. Κλείνω κάθε πόρτα μέσω τραύματος, λόγων ή αμαρτίας που έδωσε πρόσβαση στον φόβο. Λαμβάνω το Πνεύμα της δύναμης, της αγάπης και της σωφροσύνης. Δηλώνω τόλμη, ειρήνη και νίκη στο όνομα του Ιησού. Ο φόβος δεν έχει πλέον θέση στη ζωή μου. Αμήν.

ΗΜΕΡΑ 14: ΣΑΤΑΝΙΚΑ ΣΗΜΑΔΙΑ — ΔΙΑΓΡΑΦΗ ΤΟΥ ΑΪΕΡΙΟΥ ΣΗΜΑΤΟΣ

«*Από τώρα και στο εξής ας μην με ενοχλεί κανείς· επειδή, εγώ φέρω στο σώμα μου τα σημάδια του Κυρίου Ιησού.*» — Γαλάτες 6:17

«*Θα βάλουν το όνομά μου πάνω στα παιδιά Ισραήλ· και θα τους ευλογήσω.*» — Αριθμοί 6:27

Πολλά πεπρωμένα σημαδεύονται σιωπηλά στο πνευματικό βασίλειο — όχι από τον Θεό, αλλά από τον εχθρό.

Αυτά τα σατανικά σημάδια μπορεί να εμφανιστούν με τη μορφή παράξενων σωματικών σημαδιών, ονείρων με τατουάζ ή στιγματισμό, τραυματικής κακοποίησης, τελετουργιών αίματος ή κληρονομημένων βωμών. Μερικά είναι αόρατα — διακρίνονται μόνο μέσω πνευματικής ευαισθησίας — ενώ άλλα εμφανίζονται ως φυσικά σημάδια, δαιμονικά τατουάζ, πνευματικό στιγματισμό ή επίμονες αδυναμίες.

Όταν ένα άτομο σημαδεύεται από τον εχθρό, μπορεί να βιώσει:

- Συνεχής απόρριψη και μίσος χωρίς αιτία.
- Επαναλαμβανόμενες πνευματικές επιθέσεις και μπλοκαρίσματα.
- Πρόωρος θάνατος ή κρίσεις υγείας σε ορισμένες ηλικίες.
- Παρακολουθούμενος στο πνεύμα — πάντα ορατός στο σκοτάδι.

Αυτά τα σημάδια λειτουργούν ως *νόμιμες ετικέτες* , δίνοντας στα σκοτεινά πνεύματα την άδεια να βασανίζουν, να καθυστερούν ή να παρακολουθούν.

Αλλά το αίμα του Ιησού **καθαρίζει** και **ανανεώνει την εικόνα** .

Καθολικές εκφράσεις

- **Αφρική** – Φυλετικά σημάδια, τελετουργικά κοψίματα, απόκρυφες ουλές μύησης.

- **Ασία** – Πνευματικές σφραγίδες, προγονικά σύμβολα, καρμικά σημάδια.
- **Λατινική Αμερική** – Σημάδια μύησης Brujeria (μαγεία), σημάδια γέννησης που χρησιμοποιούνται σε τελετουργίες.
- **Ευρώπη** – Εμβλήματα Τεκτονισμού, τατουάζ που επικαλούνται πνευματικούς οδηγούς.
- **Βόρεια Αμερική** – Σύμβολα της Νέας Εποχής, τελετουργικά τατουάζ κακοποίησης, δαιμονική στιγματοποίηση μέσω αποκρυφιστικών διαθηκών.

Πραγματικές Ιστορίες – Η Δύναμη του Rebranding
Ντέιβιντ από την Ουγκάντα

Ο Δαβίδ αντιμετώπιζε συνεχώς την απόρριψη. Κανείς δεν μπορούσε να εξηγήσει γιατί, παρά το ταλέντο του. Στην προσευχή του, ένας προφήτης είδε ένα «πνευματικό Χ» στο μέτωπό του - ένα σημάδι από μια παιδική τελετή που έκανε ένας ιερέας του χωριού. Κατά τη διάρκεια της απελευθέρωσης, το σημάδι σβήστηκε πνευματικά μέσω του χρίσματος με λάδι και των δηλώσεων του αίματος του Ιησού. Η ζωή του άλλαξε μέσα σε λίγες εβδομάδες - παντρεύτηκε, βρήκε δουλειά και έγινε ηγέτης νέων.

Σάντρα από τη Βραζιλία

Η Σάντρα είχε ένα τατουάζ δράκου από την εφηβική της επανάσταση. Αφού έδωσε τη ζωή της στον Χριστό, παρατηρούσε έντονες πνευματικές επιθέσεις κάθε φορά που νήστευε ή προσευχόταν. Ο πάστοράς της διέκρινε ότι το τατουάζ ήταν ένα δαιμονικό σύμβολο που συνδεόταν με την παρακολούθηση πνευμάτων. Μετά από μια συνεδρία μετάνοιας, προσευχής και εσωτερικής θεραπείας, αφαίρεσε το τατουάζ και έσπασε τον δεσμό της ψυχής της. Οι εφιάλτες της σταμάτησαν αμέσως.

Σχέδιο Δράσης – Διαγραφή του Σημαδιού

1. **Ζήτησε από το Άγιο Πνεύμα** να σου αποκαλύψει τυχόν πνευματικά ή σωματικά σημάδια στη ζωή σου.
2. **Να μετανοήσουν** για οποιαδήποτε προσωπική ή κληρονομική συμμετοχή στις τελετουργίες που τους επέτρεψαν.
3. **Εφαρμόστε το αίμα του Ιησού** στο σώμα σας - στο μέτωπο, στα χέρια, στα πόδια.
4. **Σπάστε την παρακολούθηση πνευμάτων, τους δεσμούς ψυχής και τα**

νόμιμα δικαιώματα που συνδέονται με τα σημάδια (βλ. γραφές παρακάτω).
5. **Αφαιρέστε φυσικά τατουάζ ή αντικείμενα** (όπως οδηγούνται) που συνδέονται με σκοτεινές διαθήκες.

Ομαδική Αίτηση – Επαναπροσδιορισμός της Εταιρικής Σχέσης εν Χριστώ

- Ρωτήστε τα μέλη της ομάδας: Είχατε ποτέ κάποιο σημάδι ή όνειρο να σας δοθεί κάποιο σήμα;
- Ηγηθείτε μιας προσευχής **καθαρισμού και αφιέρωσης** στον Χριστό.
- Αλείψτε τα μέτωπά σας με λάδι και δηλώστε: «*Τώρα φέρετε το σημάδι του Κυρίου Ιησού Χριστού*».
- Σταματήστε να παρακολουθείτε τα πνεύματα και επανασυνδέστε την ταυτότητά τους εν Χριστώ.

Εργαλεία Διακονίας:

- Ελαιόλαδο (ευλογημένο για χρίσμα)
- Καθρέφτης ή λευκό ύφασμα (συμβολική πράξη πλυσίματος)
- Κοινωνία (σφραγίζει τη νέα ταυτότητα)

Βασική γνώση

Αυτό που είναι σημαδεμένο στο πνεύμα **φαίνεται στο πνεύμα** — αφαιρέστε ό,τι χρησιμοποίησε ο εχθρός για να σας χαρακτηρίσει.

Ημερολόγιο Στοχασμού

- Έχω δει ποτέ παράξενα σημάδια, μώλωπες ή σύμβολα στο σώμα μου χωρίς εξήγηση;
- Υπάρχουν αντικείμενα, piercings ή τατουάζ που πρέπει να απαρνηθώ ή να αφαιρέσω;
- Έχω αφιερώσει πλήρως το σώμα μου ως ναό του Αγίου Πνεύματος;

Προσευχή για Αναμόρφωση

Κύριε Ιησού, αποκηρύσσω κάθε σημάδι, διαθήκη και αφιέρωση που έγινε στο σώμα ή το πνεύμα μου έξω από το θέλημά Σου. Με το αίμα Σου, σβήνω κάθε σατανικό στίγμα. Δηλώνω ότι είμαι σημαδεμένος μόνο για τον Χριστό. Ας είναι πάνω μου η σφραγίδα ιδιοκτησίας Σου και ας χάσει τώρα κάθε πνεύμα που παρακολουθεί τα ίχνη μου. Δεν είμαι πλέον ορατός στο σκοτάδι. Περπατώ ελεύθερος — στο όνομα του Ιησού, Αμήν.

ΗΜΕΡΑ 15: ΤΟ ΒΑΣΙΛΕΙΟ ΤΟΥ ΚΑΘΡΕΦΤΗ — ΔΡΑΠΕΙΑ ΑΠΟ ΤΗ ΦΥΛΑΚΗ ΤΩΝ ΣΤΟΧΑΣΜΩΝ

«*Τώρα βλέπουμε μέσα από ένα καθρέφτη, σκοτεινά· τότε όμως πρόσωπο με πρόσωπο...*» — Α΄ Κορινθίους 13:12

«*Έχουν μάτια, αλλά δεν βλέπουν, αυτιά, αλλά δεν ακούν...*» — Ψαλμός 115:5–6

Υπάρχει ένα **βασίλειο-καθρέφτη** στον πνευματικό κόσμο — ένας τόπος πλαστών ταυτοτήτων, πνευματικής χειραγώγησης και σκοτεινών αντανακλάσεων. Αυτό που πολλοί βλέπουν σε όνειρα ή οράματα μπορεί να είναι καθρέφτες όχι από τον Θεό, αλλά εργαλεία εξαπάτησης από το σκοτεινό βασίλειο.

Στον αποκρυφισμό, οι καθρέφτες χρησιμοποιούνται για **να παγιδεύουν ψυχές**, **να παρακολουθούν ζωές** ή **να μεταφέρουν προσωπικότητες**. Σε ορισμένες συνεδρίες απελευθέρωσης, οι άνθρωποι αναφέρουν ότι βλέπουν τους εαυτούς τους να «ζουν» σε άλλο μέρος - μέσα σε έναν καθρέφτη, σε μια οθόνη ή πίσω από ένα πνευματικό πέπλο. Αυτές δεν είναι παραισθήσεις. Συχνά είναι σατανικές φυλακές σχεδιασμένες για να:

- Θρυμμάτισε την ψυχή
- Καθυστέρηση πεπρωμένου
- Μπερδεύω την ταυτότητα
- Φιλοξενήστε εναλλακτικά πνευματικά χρονοδιαγράμματα

Ο στόχος; Να δημιουργήσεις μια *ψεύτικη εκδοχή* του εαυτού σου που ζει υπό δαιμονικό έλεγχο, ενώ ο πραγματικός σου εαυτός ζει σε σύγχυση ή ήττα.

Καθολικές εκφράσεις

- **Αφρική** – Μαγεία-καθρέφτης που χρησιμοποιείται από μάγους για παρακολούθηση, παγίδευση ή επίθεση.

- **Ασία** – Οι σαμάνοι χρησιμοποιούν μπολ με νερό ή γυαλισμένες πέτρες για να «δουν» και να καλέσουν πνεύματα.
- **Ευρώπη** – Τελετουργίες μαύρου καθρέφτη, νεκρομαντεία μέσω ανακλάσεων.
- **Λατινική Αμερική** – Ψάχνοντας μέσα από καθρέφτες από οψιδιανό στις παραδόσεις των Αζτέκων.
- **Βόρεια Αμερική** – Πύλες-καθρέφτες Νέας Εποχής, κατοπτρική παρατήρηση για αστρικά ταξίδια.

Μαρτυρία — «Το Κορίτσι στον Καθρέφτη»
Μαρία από τις Φιλιππίνες

Η Μαρία ονειρευόταν ότι ήταν παγιδευμένη σε ένα δωμάτιο γεμάτο καθρέφτες. Κάθε φορά που σημείωνε πρόοδο στη ζωή της, έβλεπε μια εκδοχή του εαυτού της στον καθρέφτη να την τραβάει προς τα πίσω. Ένα βράδυ κατά τη διάρκεια της απελευθέρωσής της, ούρλιαξε και περιέγραψε ότι είδε τον εαυτό της να «βγαίνει από έναν καθρέφτη» προς την ελευθερία. Ο πάστοράς της άλειψε τα μάτια της και την οδήγησε στην αποκήρυξη της χειραγώγησης του καθρέφτη. Από τότε, η πνευματική της διαύγεια, η επαγγελματική και η οικογενειακή της ζωή έχουν μεταμορφωθεί.

Ο Ντέιβιντ από τη Σκωτία

Ο Ντέιβιντ, κάποτε βυθισμένος στον διαλογισμό της νέας εποχής, ασκούσε την «εργασία της σκιάς του καθρέφτη». Με την πάροδο του χρόνου, άρχισε να ακούει φωνές και να βλέπει τον εαυτό του να κάνει πράγματα που ποτέ δεν σκόπευε. Αφού δέχτηκε τον Χριστό, ένας λειτουργός απελευθέρωσης έσπασε τους δεσμούς της ψυχής του καθρέφτη και προσευχήθηκε για το μυαλό του. Ο Ντέιβιντ ανέφερε ότι ένιωσε σαν να «έφυγε μια ομίχλη» για πρώτη φορά μετά από χρόνια.

Σχέδιο Δράσης – Σπάστε το Ξόρκι του Καθρέφτη

1. **Αποκηρύξτε** κάθε γνωστή ή άγνωστη ενασχόληση με καθρέφτες που χρησιμοποιούνται πνευματικά.
2. **Καλύψτε όλους τους καθρέφτες στο σπίτι σας** με ύφασμα κατά τη διάρκεια της προσευχής ή της νηστείας (αν τηρείται).
3. **Αλείφετε τα μάτια και το μέτωπό σας** — δηλώστε ότι τώρα βλέπετε

μόνο ό,τι βλέπει ο Θεός.
4. **Χρησιμοποιήστε την Αγία Γραφή** για να δηλώσετε την ταυτότητά σας εν Χριστώ, όχι με ψευδή αντανάκλαση:
    - *Ησαΐας 43:1*
    - *Β΄ Κορινθίους 5:17*
    - *Ιωάννης 8:36*

ΟΜΑΔΙΚΗ ΑΙΤΗΣΗ – ΑΠΟΚΑΤΑΣΤΑΣΗ Ταυτότητας

- Ρωτήστε: Έχετε δει ποτέ όνειρα που περιλαμβάνουν καθρέφτες, διπλά ή ότι σας παρακολουθούν;
- Ηγηθείτε μιας προσευχής για την ανάκτηση της ταυτότητάς σας — διακηρύσσοντας την ελευθερία από ψευδείς εκδοχές του εαυτού σας.
- Βάλτε τα χέρια σας στα μάτια (συμβολικά ή σε προσευχή) και προσευχηθείτε για καθαρότητα όρασης.
- Χρησιμοποιήστε έναν καθρέφτη σε ομάδα για να δηλώσετε προφητικά: «*Είμαι αυτός που λέει ο Θεός ότι είμαι. Τίποτα άλλο*».

Εργαλεία Διακονίας:

- Λευκό ύφασμα (σύμβολα κάλυψης)
- Ελαιόλαδο για χρίσμα
- Οδηγός διακήρυξης προφητικού καθρέφτη

Βασική γνώση

Ο εχθρός λατρεύει να διαστρεβλώνει τον τρόπο που βλέπεις τον εαυτό σου — επειδή η ταυτότητά σου είναι το σημείο πρόσβασής σου στο πεπρωμένο.

Ημερολόγιο Στοχασμού

- Έχω πιστέψει ψέματα για το ποιος είμαι;
- Έχω συμμετάσχει ποτέ σε τελετουργίες με καθρέφτες ή έχω επιτρέψει εν αγνοία μου τη μαγεία μέσω καθρέφτη;
- Τι λέει ο Θεός για το ποιος είμαι;

Προσευχή για Ελευθερία από το Βασίλειο του Καθρέφτη

Πατέρα εν τοις Ουρανοίς, παραβιάζω κάθε διαθήκη με το βασίλειο του καθρέφτη — κάθε σκοτεινή αντανάκλαση, πνευματικό διπλό και πλαστό χρονοδιάγραμμα. Αποκηρύσσω όλες τις ψεύτικες ταυτότητες. Δηλώνω ότι είμαι αυτός που λες ότι είμαι. Με το αίμα του Ιησού, βγαίνω από τη φυλακή των στοχασμών και μπαίνω στην πληρότητα του σκοπού μου. Από σήμερα, βλέπω με τα μάτια του Πνεύματος — με αλήθεια και διαύγεια. Στο όνομα του Ιησού, Αμήν.

ΗΜΕΡΑ 16: ΣΠΑΣΙΜΟ ΤΩΝ ΔΕΣΜΩΝ ΤΩΝ ΛΕΞΙΚΩΝ ΚΑΤΑΡΑΚΤΩΝ — ΑΝΑΚΤΗΣΗ ΤΟΥ ΟΝΟΜΑΤΟΣ ΣΟΥ, ΤΟΥ ΜΕΛΛΟΝΤΟΣ ΣΟΥ

« *Ο θάνατος και η ζωή είναι στη δύναμη της γλώσσας...»* — Παροιμίες 18:21
«*Κανένα όπλο που κατασκευάστηκε εναντίον σου δεν θα ευοδωθεί, και κάθε γλώσσα που θα σηκωθεί εναντίον σου σε κρίση θα την καταδικάσεις...»* — Ησαΐας 54:17

Οι λέξεις δεν είναι απλώς ήχοι — είναι **πνευματικά δοχεία**, που φέρουν τη δύναμη να ευλογούν ή να δεσμεύουν. Πολλοί άνθρωποι, άθελά τους, περπατούν κάτω από το **βάρος των κατάρων που εκστομίζονται** πάνω τους από γονείς, δασκάλους, πνευματικούς ηγέτες, πρώην εραστές ή ακόμα και από το ίδιο τους το στόμα.

Κάποιοι τα έχουν ξανακούσει αυτά:

- «Δεν θα καταφέρεις ποτέ τίποτα.»
- «Είσαι ακριβώς σαν τον πατέρα σου — άχρηστος.»
- «Ό,τι αγγίζεις αποτυγχάνει.»
- «Αν δεν μπορώ να σε έχω εγώ, κανείς δεν θα σε έχει.»
- «Είσαι καταραμένος... κοίτα και θα δεις.»

Λέξεις σαν κι αυτές, όταν ειπωθούν με θυμό, μίσος ή φόβο — ειδικά από κάποιον που κατέχει εξουσία — μπορούν να γίνουν πνευματική παγίδα. Ακόμα και αυτοπροφερόμενες κατάρες όπως «*Μακάρι να μην είχα γεννηθεί ποτέ*» ή «*Δεν θα παντρευτώ ποτέ*» μπορούν να δώσουν στον εχθρό νομικό έδαφος.

Καθολικές εκφράσεις

- **Αφρική** – Φυλετικές κατάρες, γονικές κατάρες για εξέγερση, κατάρες

αγοράς.
- **Ασία** – Λέξεις-δηλώσεις βασισμένες στο Κάρμα, προγονικοί όρκοι που λέγονται για παιδιά.
- **Λατινική Αμερική** – Brujeria (μαγεία) κατάρες που ενεργοποιούνται από τον προφορικό λόγο.
- **Ευρώπη** – Προφορικά μαγικά φαινόμενα, οικογενειακές «προφητείες» που αυτοεκπληρούνται.
- **Βόρεια Αμερική** – Λεκτική κακοποίηση, αποκρυφιστικά συνθήματα, δηλώσεις αυτομίσους.

Είτε ψιθυρίζονται είτε φωνάζονται, οι κατάρες που λέγονται με συναίσθημα και πίστη έχουν βάρος στο πνεύμα.

Μαρτυρία — «Όταν η μητέρα μου μίλησε για τον θάνατο»
Κέισα (Τζαμάικα)

Η Κέισα μεγάλωσε ακούγοντας τη μητέρα της να λέει: «*Εσύ είσαι ο λόγος που η ζωή μου καταστράφηκε*». Κάθε γενέθλια, κάτι κακό συνέβαινε. Στα 21 της, έκανε απόπειρα αυτοκτονίας, πεπεισμένη ότι η ζωή της δεν είχε καμία αξία. Κατά τη διάρκεια μιας τελετής απελευθέρωσης, ο ιερέας ρώτησε: «*Ποιος είπε θάνατο πάνω από τη ζωή σου;*» Κατέρρευσε. Αφού απαρνήθηκε τα λόγια και συγχώρεσε, τελικά βίωσε τη χαρά. Τώρα, διδάσκει σε νεαρά κορίτσια πώς να μιλάνε για τη ζωή πάνω από τον εαυτό τους.

Αντρέι (Ρουμανία)

Ο δάσκαλος του Αντρέι είπε κάποτε: «*Θα καταλήξεις στη φυλακή ή θα πεθάνεις πριν τα 25*». Αυτή η δήλωση τον στοίχειωνε. Έπεσε σε έγκλημα και στα 24 συνελήφθη. Στη φυλακή, συνάντησε τον Χριστό και συνειδητοποίησε την κατάρα με την οποία είχε συμφωνήσει. Έγραψε στον δάσκαλο μια επιστολή συγχώρεσης, έσκισε κάθε ψέμα που ειπώθηκε εναντίον του και άρχισε να μιλάει για τις υποσχέσεις του Θεού. Τώρα ηγείται μιας διακονίας κοινωνικής πρόνοιας στις φυλακές.

Σχέδιο Δράσης – Αντιστρέψτε την Κατάρα

1. Καταγράψτε αρνητικές δηλώσεις που έχουν ειπωθεί για εσάς — από άλλους ή από τον εαυτό σας.
2. Στην προσευχή, **απαρνηθείτε κάθε λέξη κατάρα** (πείτε την δυνατά).

3. **Δώστε συγχώρεση** στο άτομο που την είπε.
4. **Πείτε την αλήθεια του Θεού** στον εαυτό σας για να αντικαταστήσετε την κατάρα με ευλογία:
    - *Ιερεμίας 29:11*
    - *Δευτερονόμιο 28:13*
    - *Ρωμαίους 8:37*
    - *Ψαλμός 139:14*

Ομαδική Αίτηση – Η Δύναμη των Λέξεων

- Ρωτήστε: Ποιες δηλώσεις έχουν διαμορφώσει την ταυτότητά σας — καλές ή κακές;
- Σε ομάδες, διατυπώστε κατάρες δυνατά (με ευαισθησία) και πείτε ευλογίες σε αντικατάσταση.
- Χρησιμοποιήστε κάρτες με γραφές — κάθε άτομο διαβάζει δυνατά 3 αλήθειες για την ταυτότητά του.
- Ενθαρρύνετε τα μέλη να ξεκινήσουν ένα 7ήμερο *Διάταγμα Ευλογίας* για τον εαυτό τους.

Εργαλεία Διακονίας:

- Κάρτες flash με ταυτότητα από τις γραφές
- Ελαιόλαδο για να αλείψει κανείς στόματα (αγιασμός ομιλίας)
- Αντικατοπτρίστε τις δηλώσεις — πείτε την αλήθεια πάνω από την αντανάκλασή σας καθημερινά

Βασική γνώση

Αν ειπωθεί μια κατάρα, μπορεί να σπάσει — και ένας νέος λόγος ζωής μπορεί να ειπωθεί στη θέση της.

Ημερολόγιο Στοχασμού

- Τίνος τα λόγια έχουν διαμορφώσει την ταυτότητά μου;
- Έχω καταραστεί τον εαυτό μου από φόβο, θυμό ή ντροπή;
- Τι λέει ο Θεός για το μέλλον μου;

Προσευχή για να σπάσουμε τις κατάρες του Λόγου

Κύριε Ιησού , αποκηρύσσω κάθε κατάρα που έχει ειπωθεί στη ζωή μου — από την οικογένεια, τους φίλους, τους δασκάλους, τους εραστές, ακόμη και από τον εαυτό μου. Συγχωρώ κάθε φωνή που δήλωνε αποτυχία, απόρριψη ή θάνατο. Σπάω τη δύναμη αυτών των λόγων τώρα, στο όνομα του Ιησού. Εκφράζω ευλογία, εύνοια και πεπρωμένο στη ζωή μου. Είμαι αυτός που λες ότι είμαι — αγαπημένος, εκλεκτός, θεραπευμένος και ελεύθερος. Στο όνομα του Ιησού. Αμήν.

ΗΜΕΡΑ 17: ΑΠΕΛΕΥΘΕΡΩΣΗ ΑΠΟ ΤΟΝ ΕΛΕΓΧΟ ΚΑΙ ΤΗ ΧΕΙΡΟΥΡΓΙΑ

«*Η μαγεία δεν είναι πάντα ρόμπες και καζάνια — μερικές φορές είναι λόγια, συναισθήματα και αόρατα λουριά.*»

«*Διότι η ανταρσία είναι σαν την αμαρτία της μαγείας, και η πεισματάρα σαν την ανομία και την ειδωλολατρία.*»

— *Α΄ Σαμουήλ 15:23*

Η μαγεία δεν βρίσκεται μόνο σε ιερά. Συχνά φοράει ένα χαμόγελο και χειραγωγεί μέσω ενοχής, απειλών, κολακείας ή φόβου. Η Βίβλος εξισώνει την εξέγερση - ειδικά την εξέγερση που ασκεί ασεβή έλεγχο στους άλλους - με τη μαγεία. Κάθε φορά που χρησιμοποιούμε συναισθηματική, ψυχολογική ή πνευματική πίεση για να κυριαρχήσουμε στη θέληση κάποιου άλλου, βαδίζουμε σε ένα επικίνδυνο έδαφος.

Παγκόσμιες Εκδηλώσεις

- **Αφρική** – Μητέρες που καταριούνται τα παιδιά τους με θυμό, εραστές που δένουν τους άλλους μέσω «juju» ή φίλτρων αγάπης, πνευματικοί ηγέτες που εκφοβίζουν τους οπαδούς τους.
- **Ασία** – Έλεγχος του Γκουρού επί των μαθητών, γονικός εκβιασμός σε προξενημένους γάμους, χειραγώγηση των ενεργειακών κορδονιών.
- **Ευρώπη** – Οι όρκοι των Τεκτόνων ελέγχουν τη συμπεριφορά των γενεών, τη θρησκευτική ενοχή και την κυριαρχία.
- **Λατινική Αμερική** – Brujería (μαγεία) που χρησιμοποιείται για να κρατάει τους συντρόφους, ο συναισθηματικός εκβιασμός βασίζεται σε οικογενειακές κατάρες.
- **Βόρεια Αμερική** – Ναρκισσιστική γονική μέριμνα, χειριστική ηγεσία μεταμφιεσμένη ως «πνευματικό κάλυμμα», προφητεία βασισμένη στον φόβο.

Η φωνή της μαγείας συχνά ψιθυρίζει: «*Αν δεν το κάνεις αυτό, θα με χάσεις, θα χάσεις την εύνοια του Θεού ή θα υποφέρεις*».

Αλλά η αληθινή αγάπη δεν χειραγωγεί ποτέ. Η φωνή του Θεού φέρνει πάντα ειρήνη, διαύγεια και ελευθερία επιλογής.

Πραγματική Ιστορία — Σπάζοντας το Αόρατο Λουρί

Η Γκρέις από τον Καναδά ήταν βαθιά εμπλεκόμενη σε μια προφητική διακονία όπου ο ηγέτης άρχισε να υπαγορεύει με ποιον μπορούσε να βγαίνει ραντεβού, πού μπορούσε να ζήσει, ακόμη και πώς να προσεύχεται. Στην αρχή, της φάνηκε πνευματικό, αλλά με την πάροδο του χρόνου, ένιωθε σαν φυλακισμένη στις απόψεις του. Κάθε φορά που προσπαθούσε να πάρει μια ανεξάρτητη απόφαση, της έλεγαν ότι «επαναστατούσε ενάντια στον Θεό». Μετά από ένα νευρικό κλονισμό και διαβάζοντας το «*Μεγάλα Κατορθώματα 14*», συνειδητοποίησε ότι επρόκειτο για χαρισματική μαγεία - έλεγχο που μεταμφιέζεται σε προφητεία.

Η Γκρέις απαρνήθηκε τον δεσμό της ψυχής με τον πνευματικό της ηγέτη, μετανόησε για τη συμφωνία της με τη χειραγώγηση και εντάχθηκε σε μια τοπική κοινότητα για θεραπεία. Σήμερα, είναι ολοκληρωμένη και βοηθά άλλους να ξεπεράσουν τη θρησκευτική κακοποίηση.

Σχέδιο Δράσης — Διάκριση Μαγείας στις Σχέσεις

1. Ρωτήστε τον εαυτό σας: *Νιώθω ελεύθερος κοντά σε αυτό το άτομο ή φοβάμαι να τον απογοητεύσω;*
2. Καταγράψτε σχέσεις όπου η ενοχή, οι απειλές ή η κολακεία χρησιμοποιούνται ως εργαλεία ελέγχου.
3. Αποκηρύξτε κάθε συναισθηματικό, πνευματικό ή ψυχικό δεσμό που σας κάνει να νιώθετε κυριαρχούμενοι ή άφωνοι.
4. Προσευχηθείτε δυνατά για να σπάσετε κάθε λουρί χειραγώγησης στη ζωή σας.

Εργαλεία Γραφής

- **Α΄ Σαμουήλ 15:23** – Επανάσταση και μαγεία
- **Γαλάτες 5:1** – «Μείνετε σταθεροί... μην επιβαρύνεστε ξανά με ζυγό δουλείας».
- **Β΄ Κορινθίους 3:17** – «Όπου είναι το Πνεύμα του Κυρίου, εκεί ελευθερία».

- **Μιχαίας 3:5-7** – Ψευδοπροφήτες που χρησιμοποιούν εκφοβισμό και δωροδοκία

Ομαδική Συζήτηση & Αίτηση

- Μοιραστείτε (ανώνυμα, αν χρειάζεται) μια φορά που νιώσατε να χειραγωγείστε πνευματικά ή συναισθηματικά.
- Αναπαραστήστε μια προσευχή που «λέει την αλήθεια» — απελευθερώνοντας τον έλεγχο πάνω στους άλλους και ανακτώντας τη θέλησή σας.
- Ζητήστε από τα μέλη να γράψουν επιστολές (πραγματικές ή συμβολικές) σπάζοντας τους δεσμούς με τα πρόσωπα που ελέγχουν και διακηρύσσοντας την ελευθερία εν Χριστώ.

Εργαλεία Διακονίας:

- Ζευγάρωσε τους συνεργάτες απελευθέρωσης.
- Χρησιμοποιήστε λάδι χρίσματος για να δηλώσετε ελευθερία πάνω στο νου και τη θέληση.
- Χρησιμοποιήστε την κοινωνία για να αποκαταστήσετε τη διαθήκη με τον Χριστό ως το *μόνο αληθινό κάλυμμα* .

Βασική γνώση

Όπου ζει η χειραγώγηση, ακμάζει η μαγεία. Αλλά όπου είναι το Πνεύμα του Θεού, εκεί υπάρχει ελευθερία.

Ημερολόγιο Στοχασμού

- Σε ποιον ή σε τι έχω επιτρέψει να ελέγχει τη φωνή, τη θέληση ή την κατεύθυνσή μου;
- Έχω χρησιμοποιήσει ποτέ φόβο ή κολακεία για να πετύχω τον στόχο μου;
- Ποια βήματα θα κάνω σήμερα για να περπατήσω στην ελευθερία του Χριστού;

Προσευχή της Απελευθέρωσης

Ουράνιε Πατέρα, αποκηρύσσω κάθε μορφή συναισθηματικής, πνευματικής και ψυχολογικής χειραγώγησης που λειτουργεί μέσα μου ή γύρω μου. Αποκόπτω κάθε δεσμό ψυχής που έχει τις ρίζες του στον φόβο, την ενοχή και τον έλεγχο. Απελευθερώνομαι από την εξέγερση, την κυριαρχία και τον εκφοβισμό. Δηλώνω ότι οδηγούμαι μόνο από το Πνεύμα Σου. Λαμβάνω χάρη να περπατήσω στην αγάπη, την αλήθεια και την ελευθερία. Στο όνομα του Ιησού. Αμήν.

ΗΜΕΡΑ 18: ΣΠΑΣΙΜΟ ΤΗΣ ΔΥΝΑΜΗΣ ΤΗΣ ΑΣΥΓΧΩΡΕΙΑΣ ΚΑΙ ΤΗΣ ΠΙΚΡΙΑΣ

> *Η ασυγχώρεση είναι σαν να πίνεις δηλητήριο και να περιμένεις ότι ο άλλος θα πεθάνει».*
>
> «Προσέξτε... μήπως φυτρώσει πικρή ρίζα που να προκαλεί προβλήματα και να μολύνει πολλούς.»
> — *Εβραίους 12:15*

Η πικρία είναι ένας σιωπηλός καταστροφέας. Μπορεί να ξεκινήσει με πόνο — μια προδοσία, ένα ψέμα, μια απώλεια — αλλά όταν αφεθεί ανεξέλεγκτη, μετατρέπεται σε ασυγχώρετο και τελικά, σε μια ρίζα που δηλητηριάζει τα πάντα.

Η ασυγχώρητη ανοιγει την πόρτα για τα βασανιστικά πνεύματα (Ματθαίος 18:34). Θολώνει τη διάκριση, εμποδίζει την θεραπεία, πνίγει τις προσευχές σας και μπλοκάρει τη ροή της δύναμης του Θεού.

Η απελευθέρωση δεν αφορά μόνο την εκδίωξη δαιμόνων — αφορά την απελευθέρωση όσων κρατάς μέσα σου.

ΠΑΓΚΟΣΜΙΕΣ ΕΚΦΡΑΣΕΙΣ Πικρίας

- **Αφρική** – Οι φυλετικοί πόλεμοι, η πολιτική βία και οι οικογενειακές προδοσίες μεταδίδονται από γενιά σε γενιά.
- **Ασία** – Ατιμία μεταξύ γονέων και παιδιών, τραύματα που βασίζονται σε κάστα, θρησκευτικές προδοσίες.
- **Ευρώπη** – Σιωπή γενεών για την κακοποίηση, πικρία για το διαζύγιο ή την απιστία.
- **Λατινική Αμερική** – Πληγές από διεφθαρμένους θεσμούς, οικογενειακές απορρίψεις, πνευματική χειραγώγηση.
- **Βόρεια Αμερική** – Πληγή εκκλησίας, φυλετικό τραύμα, απόντες

πατέρες, αδικία στον χώρο εργασίας.

Η πικρία δεν φωνάζει πάντα. Μερικές φορές, ψιθυρίζει, «Δεν θα ξεχάσω ποτέ τι έκαναν».

Αλλά ο Θεός λέει: *Άφησέ το να περάσει — όχι επειδή το αξίζουν αυτοί, αλλά επειδή το αξίζετε* **εσείς**.

Αληθινή Ιστορία — Η Γυναίκα που Δεν Συγχωρούσε

Η Μαρία από τη Βραζιλία ήταν 45 ετών όταν ήρθε για πρώτη φορά για απελευθέρωση. Κάθε βράδυ, ονειρευόταν ότι την στραγγάλιζαν. Είχε έλκος, υψηλή αρτηριακή πίεση και κατάθλιψη. Κατά τη διάρκεια της συνεδρίας, αποκαλύφθηκε ότι έτρεφε μίσος για τον πατέρα της, ο οποίος την κακοποιούσε ως παιδί - και αργότερα εγκατέλειψε την οικογένεια.

Είχε γίνει Χριστιανή, αλλά δεν τον είχε συγχωρέσει ποτέ.

Καθώς έκλαιγε και τον άφηνε ενώπιον του Θεού, το σώμα της έσπασε — κάτι έσπασε. Εκείνο το βράδυ, κοιμήθηκε ειρηνικά για πρώτη φορά μετά από 20 χρόνια. Δύο μήνες αργότερα, η υγεία της άρχισε να βελτιώνεται δραστικά. Τώρα μοιράζεται την ιστορία της ως θεραπευτική σύμβουλος για γυναίκες.

Σχέδιο Δράσης — Βγάζοντας την Πικρή Ρίζα

1. **Ονομάστε το** – Γράψτε τα ονόματα εκείνων που σας πλήγωσαν — ακόμα και τον εαυτό σας ή τον Θεό (αν έχετε θυμώσει κρυφά μαζί Του).
2. **Απελευθερώσου** – Πείτε δυνατά: «*Επιλέγω να συγχωρήσω [όνομα] για [συγκεκριμένη παράβαση]. Την απελευθερώνω και απελευθερώνω τον εαυτό μου.*»
3. **Κάψτε το** – Εάν είναι ασφαλές να το κάνετε, κάψτε ή θρυμματίστε το χαρτί ως προφητική πράξη απελευθέρωσης.
4. **Προσευχηθείτε να ευλογήσετε** όσους σας αδίκησαν — ακόμα κι αν τα συναισθήματά σας αντιστέκονται. Αυτός είναι πνευματικός πόλεμος.

Εργαλεία Γραφής

- *Ματθαίος 18:21–35* – Η παραβολή του αδίστακτου δούλου
- *Εβραίους 12:15* – Οι πικρές ρίζες μολύνουν πολλούς
- *Μάρκος 11:25* – Συγχωρείτε, για να μην εμποδίζονται οι προσευχές σας
- *Ρωμαίους 12:19–21* – Αφήστε την εκδίκηση στον Θεό

ΟΜΑΔΙΚΗ ΑΙΤΗΣΗ & ΔΙΑΚΟΝΙΑ

- Ζητήστε από κάθε άτομο (κατ' ιδίαν ή γραπτώς) να κατονομάσει κάποιον που δυσκολεύεται να συγχωρήσει.
- Χωριστείτε σε ομάδες προσευχής για να ακολουθήσετε τη διαδικασία της συγχώρεσης χρησιμοποιώντας την παρακάτω προσευχή.
- Ηγηθείτε μιας προφητικής «τελετής καύσης» όπου οι γραπτές αδικίες καταστρέφονται και αντικαθίστανται με δηλώσεις θεραπείας.

Εργαλεία Διακονίας:

- Κάρτες δήλωσης συγχώρεσης
- Απαλή ορχηστρική μουσική ή λατρεία που σε καθηλώνει
- Έλαιο αγαλλίασης (για χρίσμα μετά την απελευθέρωση)

Βασική γνώση

Η ασυγχώρεση είναι μια πύλη που εκμεταλλεύεται ο εχθρός. Η συγχώρεση είναι ένα σπαθί που κόβει το σχοινί της δουλείας.

Ημερολόγιο Στοχασμού

- Ποιον πρέπει να συγχωρήσω σήμερα;
- Έχω συγχωρέσει τον εαυτό μου ή μήπως τιμωρώ τον εαυτό μου για λάθη του παρελθόντος;
- Πιστεύω ότι ο Θεός μπορεί να αποκαταστήσει ό,τι έχασα μέσω προδοσίας ή προσβολής;

Προσευχή Απελευθέρωσης

Κύριε Ιησού, έρχομαι ενώπιόν Σου με τον πόνο, τον θυμό και τις αναμνήσεις μου. Επιλέγω σήμερα — με πίστη — να συγχωρήσω όλους όσους με έχουν πληγώσει, κακοποιήσει, προδόσει ή απορρίψει. Τους αφήνω να φύγουν. Τους απελευθερώνω από την κρίση και απελευθερώνω τον εαυτό μου από την πικρία. Σου ζητώ να γιατρέψεις κάθε πληγή και να με γεμίσεις με την ειρήνη Σου. Στο όνομα του Ιησού. Αμήν.

ΗΜΕΡΑ 19: ΘΕΡΑΠΕΙΑ ΑΠΟ ΤΗΝ ΝΤΡΟΠΗ ΚΑΙ ΤΗΝ ΚΑΤΑΔΙΚΑΣΗ

« *Η ντροπή λέει, "Είμαι κακός". Η καταδίκη λέει, "Δεν θα είμαι ποτέ ελεύθερος". Αλλά ο Ιησούς λέει, "Είσαι δικός μου, και σε έχω ανακαινίσει "* .»

«Όσοι τον κοιτούν λάμπουν· τα πρόσωπά τους δεν καλύπτονται ποτέ από ντροπή.»

— Ψαλμός 34:5

Η ντροπή δεν είναι απλώς ένα συναίσθημα — είναι μια στρατηγική του εχθρού. Είναι ο μανδύας που τυλίγει γύρω από όσους έχουν πέσει, έχουν αποτύχει ή έχουν βιαστεί. Λέει: «Δεν μπορείς να πλησιάσεις τον Θεό. Είσαι πολύ βρώμικος. Πολύ κατεστραμμένος. Πολύ ένοχος».

Αλλά η καταδίκη είναι **ψέμα** — επειδή εν Χριστώ **δεν υπάρχει καταδίκη** (Ρωμαίους 8:1).

Πολλοί άνθρωποι που αναζητούν απελευθέρωση παραμένουν εγκλωβισμένοι επειδή πιστεύουν ότι **δεν είναι άξιοι της ελευθερίας**. Κουβαλούν την ενοχή σαν παράσημο και επαναλαμβάνουν τα χειρότερα λάθη τους σαν χαλασμένο δίσκο.

Ο Ιησούς δεν πλήρωσε μόνο για τις αμαρτίες σου — πλήρωσε για την ντροπή σου.

Παγκόσμια Πρόσωπα Ντροπής

- **Αφρική** – Πολιτισμικά ταμπού γύρω από τον βιασμό, την υπογονιμότητα, την ατεκνία ή την αποτυχία γάμου.
- **Ασία** – Ντροπή που βασίζεται στην ατιμία λόγω οικογενειακών προσδοκιών ή θρησκευτικής αποστασίας.
- **Λατινική Αμερική** – Ενοχή από αμβλώσεις, εμπλοκή σε αποκρυφιστικές δραστηριότητες ή οικογενειακή ντροπή.
- **Ευρώπη** – Κρυμμένη ντροπή από κρυφές αμαρτίες, κακοποίηση ή

προβλήματα ψυχικής υγείας.
- **Βόρεια Αμερική** – Ντροπή από εθισμό, διαζύγιο, πορνογραφία ή σύγχυση ταυτότητας.

Η ντροπή ευδοκιμεί στη σιωπή — αλλά πεθαίνει στο φως της αγάπης του Θεού.

Αληθινή Ιστορία — Ένα Νέο Όνομα Μετά την Έκτρωση

Η Τζάσμιν από τις ΗΠΑ είχε κάνει τρεις αμβλώσεις πριν έρθει στον Χριστό. Αν και σώθηκε, δεν μπορούσε να συγχωρήσει τον εαυτό της. Κάθε Γιορτή της Μητέρας έμοιαζε με κατάρα. Όταν οι άνθρωποι μιλούσαν για παιδιά ή για την ανατροφή των παιδιών, ένιωθε αόρατη — και, ακόμα χειρότερα, ανάξια.

Κατά τη διάρκεια μιας γυναικείας συγκέντρωσης, άκουσε ένα μήνυμα στο Ησαΐας 61 — «αντί ντροπής, διπλή μερίδα». Έκλαψε. Εκείνο το βράδυ, έγραψε επιστολές στα αγέννητα παιδιά της, μετανόησε ξανά ενώπιον του Κυρίου και είδε ένα όραμα του Ιησού να της δίνει τα νέα της ονόματα: «*Αγαπημένη*», «*Μητέρα*», «*Αποκατεστημένη*».

Τώρα διακονεί γυναίκες μετά από έκτρωση και τις βοηθά να ανακτήσουν την ταυτότητά τους εν Χριστώ.

Σχέδιο Δράσης — Βγείτε από τις Σκιές

1. **Ονομάστε την Ντροπή** – Καταγράψτε τι κρύβετε ή για τι νιώθετε ενοχές.
2. **Ομολόγησε το ψέμα** – Γράψε τις κατηγορίες που έχεις πιστέψει (π.χ. «Είμαι βρώμικος», «Είμαι αποκλεισμένος»).
3. **Αντικαταστήστε με την Αλήθεια** – Δηλώστε δυνατά τον Λόγο του Θεού στον εαυτό σας (βλ. Γραφές παρακάτω).
4. **Προφητική Δράση** – Γράψτε τη λέξη «ΝΤΡΟΠΗ» σε ένα κομμάτι χαρτί και μετά σκίστε το ή κάψτε το. Δηλώστε: «*Δεν είμαι πλέον δεσμευμένος από αυτό!*»

Εργαλεία Γραφής

- *Ρωμαίους 8:1-2* – Καμία καταδίκη εν Χριστώ
- *Ησαΐας 61:7* – Διπλή μερίδα για την ντροπή
- *Ψαλμός 34:5* – Λάμψη στην παρουσία Του

- *Εβραίους 4:16* – Τολμηρή πρόσβαση στον θρόνο του Θεού
- *Σοφονίας 3:19-20* – Ο Θεός αφαιρεί την ντροπή από τα έθνη

Ομαδική Αίτηση & Διακονία

- Προσκαλέστε τους συμμετέχοντες να γράψουν ανώνυμες δηλώσεις ντροπής (π.χ. «Έκανα έκτρωση», «Με κακοποίησαν», «Διάπραξα απάτη») και να τις τοποθετήσουν σε ένα σφραγισμένο κουτί.
- Διαβάστε δυνατά το Ησαΐας 61 και στη συνέχεια ξεκινήστε μια προσευχή για αντάλλαγμα — πένθος για χαρά, στάχτη για ομορφιά, ντροπή για τιμή.
- Παίξτε μουσική λατρείας που δίνει έμφαση στην ταυτότητα εν Χριστώ.
- Πείτε προφητικά λόγια για άτομα που είναι έτοιμα να τα παρατήσουν.

Εργαλεία Διακονίας:

- Δελτία δήλωσης ταυτότητας
- Λάδι χρίσματος
- Λίστα αναπαραγωγής λατρείας με τραγούδια όπως το "You Say" (Lauren Daigle), το "No Longer Slaves" ή το "Who You Say I Am"

Βασική γνώση

Η ντροπή είναι κλέφτης. Κλέβει τη φωνή σου, τη χαρά σου και την εξουσία σου. Ο Ιησούς δεν συγχώρεσε απλώς τις αμαρτίες σου — απογύμνωσε την ντροπή από τη δύναμή της.

Ημερολόγιο Στοχασμού

- Ποια είναι η πιο πρώιμη ανάμνηση ντροπής που μπορώ να θυμηθώ;
- Ποιο ψέμα έχω πιστέψει για τον εαυτό μου;
- Είμαι έτοιμος/η να δω τον εαυτό μου όπως με βλέπει ο Θεός — καθαρός/ή, λαμπερός/ή και εκλεκτός/ή;

Προσευχή Θεραπείας

Κύριε Ιησού, Σου φέρνω την ντροπή μου, τον κρυμμένο πόνο μου και κάθε φωνή καταδίκης. Μετανοώ που συμφωνώ με τα ψέματα του εχθρού για το ποιος είμαι. Επιλέγω να πιστέψω σε αυτά που λες — ότι είμαι συγχωρεμένος, αγαπημένος και ανανεωμένος. Λαμβάνω το ένδυμα της δικαιοσύνης Σου και βαδίζω προς την ελευθερία. Περπατώ έξω από την ντροπή και προς τη δόξα Σου. Στο όνομα του Ιησού, Αμήν.

ΗΜΕΡΑ 20: ΟΙΚΙΑΚΗ ΜΑΓΕΙΑ — ΟΤΑΝ ΤΟ ΣΚΟΤΑΔΙ ΖΕΙ ΚΑΤΩ ΑΠΟ ΤΗΝ ΙΔΙΑ ΣΤΕΓΗ

« *Δεν είναι όλοι οι εχθροί απ' έξω. Κάποιοι έχουν γνώριμα πρόσωπα.»*
«Εχθροί του ανθρώπου θα είναι τα μέλη του ίδιου του του σπιτιού.»
— *Ματθαίος 10:36*

Μερικές από τις πιο σκληρές πνευματικές μάχες δεν δίνονται σε δάση ή ιερά — αλλά σε υπνοδωμάτια, κουζίνες και οικογενειακά βωμούς.

Η οικιακή μαγεία αναφέρεται σε δαιμονικές ενέργειες που προέρχονται από την οικογένεια κάποιου — γονείς, συζύγους, αδέλφια, προσωπικό του σπιτιού ή ευρύτερους συγγενείς — μέσω φθόνου, αποκρυφιστικής πρακτικής, προγονικών βωμών ή άμεσης πνευματικής χειραγώγησης.

Η απελευθέρωση γίνεται περίπλοκη όταν οι άνθρωποι που εμπλέκονται είναι **αυτοί που αγαπάμε ή ζούμε μαζί τους.**

Παγκόσμια Παραδείγματα Οικιακής Μαγείας

- **Αφρική** — Μια ζηλιάρα μητριά στέλνει κατάρες μέσα από το φαγητό. Ένα αδέρφιο επικαλείται πνεύματα εναντίον ενός πιο επιτυχημένου αδελφού.
- **Ινδία και Νεπάλ** — Οι μητέρες αφιερώνουν τα παιδιά τους σε θεότητες κατά τη γέννησή τους· οι βωμοί των σπιτιών χρησιμοποιούνται για τον έλεγχο της μοίρας.
- **Λατινική Αμερική** — Brujeria ή Santeria που ασκείται κρυφά από συγγενείς για να χειραγωγήσουν συζύγους ή παιδιά.
- **Ευρώπη** — Κρυφός Τεκτονισμός ή απόκρυφοι όρκοι σε οικογενειακές γραμμές· μεταδιδόμενες ψυχικές ή πνευματιστικές παραδόσεις.
- **Βόρεια Αμερική** — Γονείς Wiccan ή new age «ευλογούν» τα παιδιά τους με κρυστάλλους, ενεργειακό καθαρισμό ή ταρώ.

Αυτές οι δυνάμεις μπορεί να κρύβονται πίσω από την οικογενειακή στοργή, αλλά ο στόχος τους είναι ο έλεγχος, η στασιμότητα, η ασθένεια και η πνευματική δουλεία.

Αληθινή Ιστορία — Ο Πατέρας μου, ο Προφήτης του Χωριού

Μια γυναίκα από τη Δυτική Αφρική μεγάλωσε σε ένα σπίτι όπου ο πατέρας της ήταν ένας ιδιαίτερα σεβαστός προφήτης του χωριού. Για τους ξένους, ήταν ένας πνευματικός οδηγός. Πίσω από κλειστές πόρτες, έθαβε φυλαχτά στο συγκρότημα και έκανε θυσίες για λογαριασμό οικογενειών που αναζητούσαν εύνοια ή εκδίκηση.

Παράξενα μοτίβα εμφανίστηκαν στη ζωή της: επαναλαμβανόμενοι εφιάλτες, αποτυχημένες σχέσεις και ανεξήγητες ασθένειες. Όταν έδωσε τη ζωή της στον Χριστό, ο πατέρας της στράφηκε εναντίον της, δηλώνοντας ότι δεν θα τα κατάφερνε ποτέ χωρίς τη βοήθειά του. Η ζωή της άλλαζε συνεχώς για χρόνια.

Μετά από μήνες προσευχών τα μεσάνυχτα και νηστείας, το Άγιο Πνεύμα την οδήγησε να απαρνηθεί κάθε δεσμό ψυχής με τον αποκρυφιστικό μανδύα του πατέρα της. Έθαψε τις γραφές στους τοίχους της, έκαιγε παλιά σύμβολα και άλειφε το κατώφλι της καθημερινά. Σιγά σιγά, άρχισαν οι σημαντικές ανακαλύψεις: η υγεία της αποκαταστάθηκε, τα όνειρά της καθαρίστηκαν και τελικά παντρεύτηκε. Τώρα βοηθάει άλλες γυναίκες που αντιμετωπίζουν βωμούς στο σπίτι.

Σχέδιο Δράσης — Αντιμετώπιση του Οικείου Πνεύματος

1. **Διακρίνετε χωρίς ατιμία** – Ζητήστε από τον Θεό να αποκαλύψει κρυμμένες δυνάμεις χωρίς μίσος.
2. **Σπάστε τις πνευματικές συμφωνίες** – Αποκηρύξτε κάθε πνευματικό δεσμό που έχετε κάνει μέσω τελετουργιών, βωμών ή προφορικών όρκων.
3. **Πνευματικά διαχωρισμένοι** – Ακόμα κι αν ζείτε στο ίδιο σπίτι, μπορείτε **να αποσυνδεθείτε πνευματικά** μέσω της προσευχής.
4. **Αγιάστε τον χώρο σας** – Χρίστε κάθε δωμάτιο, αντικείμενο και κατώφλι με λάδι και γραφές.

Εργαλεία Γραφής

- *Μιχαίας 7:5–7* – Μην εμπιστεύεσαι τον πλησίον
- *Ψαλμός 27:10* – «Και αν ο πατέρας μου και η μητέρα μου με εγκαταλείψουν...»
- *Λουκάς 14:26* – Αγαπώντας τον Χριστό περισσότερο από την οικογένεια

- Β΄ Βασιλέων 11:1–3 – Κρυφή απελευθέρωση από μια δολοφονική βασιλομήτορα
- Ησαΐας 54:17 – Κανένα όπλο που κατασκευάζεται δεν θα ευοδωθεί

Ομαδική Αίτηση

- Μοιραστείτε εμπειρίες όπου η εναντίωση προήλθε από την οικογένεια.
- Προσευχηθείτε για σοφία, τόλμη και αγάπη απέναντι στην αντίσταση του σπιτιού.
- Ηγηθείτε μιας προσευχής αποκήρυξης από κάθε δεσμό ψυχής ή προφορική κατάρα που κάνουν συγγενείς.

Εργαλεία Διακονίας:

- Λάδι χρίσματος
- Δηλώσεις συγχώρεσης
- Προσευχές για την απελευθέρωση της διαθήκης
- Ψαλμός 91, κάλυμμα προσευχής

Βασική γνώση

Η γενεαλογία μπορεί να είναι ευλογία ή πεδίο μάχης. Καλείσαι να την αποκαταστήσεις, όχι να σε κυβερνά.

Ημερολόγιο Στοχασμού

- Έχω ποτέ αντιμετωπίσει πνευματική αντίσταση από κάποιον κοντινό μου;
- Υπάρχει κάποιος που πρέπει να συγχωρήσω — ακόμα κι αν εξακολουθεί να ασχολείται με τη μαγεία;
- Είμαι πρόθυμος/η να ξεχωρίσω, ακόμα κι αν αυτό κοστίσει σχέσεις;

Προσευχή Αποχωρισμού και Προστασίας

Πατέρα, αναγνωρίζω ότι η μεγαλύτερη αντίθεση μπορεί να προέλθει από εκείνους που είναι πιο κοντά μου. Συγχωρώ κάθε μέλος του νοικοκυριού που, εν γνώσει ή εν αγνοία του, εργάζεται ενάντια στο πεπρωμένο μου. Σπάω κάθε δεσμό ψυχής, κατάρα και διαθήκη που έχει γίνει μέσω της οικογενειακής μου γραμμής και δεν ευθυγραμμίζεται με τη Βασιλεία Σου. Με το αίμα του Ιησού, αγιάζω το σπίτι μου και δηλώνω: όσο για εμένα και το σπίτι μου, θα υπηρετούμε τον Κύριο. Αμήν.

ΗΜΕΡΑ 21: ΤΟ ΠΝΕΥΜΑ ΤΗΣ ΙΕΖΑΒΕΛ — ΑΠΟΛΗΨΗ, ΕΛΕΓΧΟΣ ΚΑΙ ΘΡΗΣΚΕΥΤΙΚΗ ΧΕΙΡΙΣΜΟΣ

« *Έχω όμως εναντίον σου κάτι εναντίον σου: Ανέχεσαι την Ιεζάβελ, η οποία αυτοαποκαλείται προφήτισσα· με τη διδασκαλία της πλανάει...»* — Αποκάλυψη 2:20

«*Το τέλος της θα έρθει ξαφνικά, χωρίς θεραπεία.*» — Παροιμίες 6:15

Κάποια πνεύματα φωνάζουν απ' έξω.

Η Ιεζάβελ ψιθυρίζει από μέσα.

Δεν βάζει απλώς σε πειρασμό — **σφετερίζεται, χειραγωγεί και διαφθείρει**, αφήνοντας διακονίες κατεστραμμένες, γάμους ασφυκτικά κατεστραμμένους και έθνη παρασυρμένα από την επανάσταση.

Τι είναι το Πνεύμα της Ιεζάβελ;

Το πνεύμα της Ιεζάβελ:

- Μιμείται την προφητεία για να παραπλανήσει
- Χρησιμοποιεί γοητεία και αποπλάνηση για έλεγχο
- Μισεί την αληθινή εξουσία και φιμώνει τους προφήτες
- Μάσκες υπερηφάνειας πίσω από ψεύτικη ταπεινότητα
- Συχνά προσκολλάται στην ηγεσία ή σε άτομα που βρίσκονται κοντά σε αυτήν

Αυτό το πνεύμα μπορεί να λειτουργήσει μέσω **ανδρών ή γυναικών** και ευδοκιμεί εκεί όπου η ανεξέλεγκτη δύναμη, η φιλοδοξία ή η απόρριψη μένουν αθεράπευτες.

Παγκόσμιες Εκδηλώσεις

- **Αφρική** – Ψευδοπροφήτισσες που χειραγωγούν βωμούς και απαιτούν

πίστη με φόβο.
- **Ασία** – Θρησκευτικοί μυστικιστές που αναμειγνύουν την αποπλάνηση με οράματα για να κυριαρχήσουν στους πνευματικούς κύκλους.
- **Ευρώπη** – Οι αρχαίες λατρείες θεών αναβίωσαν σε πρακτικές της Νέας Εποχής με το όνομα της ενδυνάμωσης.
- **Λατινική Αμερική** – Ιέρειες της Σαντερίας ασκούν έλεγχο στις οικογένειες μέσω «πνευματικών συμβουλών».
- **Βόρεια Αμερική** – Influencers των μέσων κοινωνικής δικτύωσης προωθούν τη «θεϊκή θηλυκότητα», ενώ χλευάζουν την βιβλική υποταγή, την εξουσία ή την αγνότητα.

Πραγματική Ιστορία: *Η Ιεζάβελ που Κάθισε στο Βωμό*

Σε ένα έθνος της Καραϊβικής, μια εκκλησία που φλεγόταν για τον Θεό άρχισε να σβήνει — αργά, ανεπαίσθητα. Η μεσολαβητική ομάδα που κάποτε συναντιόταν για προσευχές τα μεσάνυχτα άρχισε να διαλύεται. Η διακονία των νέων έπεσε σε σκάνδαλο. Οι γάμοι στην εκκλησία άρχισαν να αποτυγχάνουν και ο κάποτε φλογερός πάστορας έγινε αναποφάσιστος και πνευματικά κουρασμένος.

Στο επίκεντρο όλων αυτών βρισκόταν μια γυναίκα — **η Αδελφή Ρ.** Όμορφη, χαρισματική και γενναιόδωρη, θαυμαζόταν από πολλούς. Είχε πάντα έναν «λόγο από τον Κύριο» και ένα όνειρο για το πεπρωμένο όλων των άλλων. Έδωσε γενναιόδωρα σε εκκλησιαστικά έργα και κέρδισε μια θέση κοντά στον πάστορα.

Στο παρασκήνιο, **συκοφάντησε ύπουλα άλλες γυναίκες**, αποπλάνησε έναν κατώτερο πάστορα και έσπειρε σπόρους διχασμού. Τοποθέτησε τον εαυτό της ως πνευματική αυθεντία, ενώ υπονόμευε σιωπηλά την πραγματική ηγεσία.

Ένα βράδυ, μια έφηβη κοπέλα στην εκκλησία είδε ένα έντονο όνειρο — είδε ένα φίδι κουλουριασμένο κάτω από τον άμβωνα, να ψιθυρίζει στο μικρόφωνο. Τρομοκρατημένη, το μοιράστηκε με τη μητέρα της, η οποία το έφερε στον πάστορα.

Η ηγεσία αποφάσισε να κάνει **τριήμερη νηστεία** για να ζητήσει την καθοδήγηση του Θεού. Την τρίτη ημέρα, κατά τη διάρκεια μιας συνεδρίας προσευχής, η Αδελφή Ρ άρχισε να εκδηλώνεται βίαια. Σφύριξε, ούρλιαξε και κατηγόρησε άλλους για μαγεία. Ακολούθησε μια ισχυρή απελευθέρωση και ομολόγησε: είχε μυηθεί σε ένα πνευματικό τάγμα στα τέλη της εφηβείας της, με την αποστολή **να διεισδύει σε εκκλησίες για να «κλέψει τη φωτιά τους»**.

Είχε ήδη πάει σε **πέντε εκκλησίες** πριν από αυτή. Το όπλο της δεν ήταν η δυνατή φωνή — ήταν **η κολακεία, η αποπλάνηση, ο συναισθηματικός έλεγχος** και η προφητική χειραγώγηση.

Σήμερα, η εκκλησία έχει ξαναχτίσει το ιερό της. Ο άμβωνας έχει αφιερωθεί ξανά. Και αυτή η νεαρή έφηβη; Είναι πλέον μια φλογερή ευαγγελίστρια που ηγείται ενός γυναικείου κινήματος προσευχής.

Σχέδιο Δράσης — Πώς να Αντιμετωπίσετε την Ιεζάβελ

1. **Μετανοήστε** για οποιονδήποτε τρόπο με τον οποίο έχετε συνεργαστεί με χειραγώγηση, σεξουαλικό έλεγχο ή πνευματική υπερηφάνεια.
2. **Διακρίνετε** τα χαρακτηριστικά της Ιεζάβελ — κολακεία, ανταρσία, αποπλάνηση, ψευδοπροφητεία.
3. **Σπάστε τους δεσμούς της ψυχής** και τις ανίερες συμμαχίες στην προσευχή — ειδικά με όποιον σας απομακρύνει από τη φωνή του Θεού.
4. **Διακήρυξε την εξουσία σου** εν Χριστώ. Η Ιεζάβελ φοβάται εκείνους που γνωρίζουν ποιοι είναι.

Οπλοστάσιο της Αγίας Γραφής:

- Α΄ Βασιλέων 18–21 – Ιεζάβελ εναντίον Ηλία
- Αποκάλυψη 2:18–29 – Η προειδοποίηση του Χριστού προς τα Θυάτειρα
- Παροιμίες 6:16–19 – Τι μισεί ο Θεός
- Γαλάτες 5:19–21 – Έργα της σάρκας

Ομαδική Αίτηση

- Συζητήστε: Έχετε ποτέ γίνει μάρτυρες πνευματικής χειραγώγησης; Πώς μεταμφιέστηκε;
- Ως ομάδα, διακηρύξτε μια πολιτική «καμίας ανοχής» για την Ιεζάβελ — στην εκκλησία, στο σπίτι ή στην ηγεσία.
- Αν χρειαστεί, κάνε μια **προσευχή απελευθέρωσης** ή νηστεύσε για να σπάσεις την επιρροή της.
- Αφιερώστε ξανά οποιαδήποτε διακονία ή βωμό που έχει παραβιαστεί.

Εργαλεία Διακονίας:
Χρησιμοποιήστε λάδι χρίσματος. Δημιουργήστε χώρο για εξομολόγηση και συγχώρεση. Τραγουδήστε ύμνους λατρείας που διακηρύττουν την **Κυριαρχία του Ιησού.**

Βασική γνώση
Η Ιεζάβελ ευδοκιμεί εκεί που **η διάκριση είναι χαμηλή** και **η ανοχή υψηλή**. Η βασιλεία της τελειώνει όταν αφυπνίζεται η πνευματική εξουσία.

Ημερολόγιο Στοχασμού

- Έχω επιτρέψει στη χειραγώγηση να με οδηγήσει;
- Υπάρχουν άνθρωποι ή επιρροές που έχω ανεβάσει πάνω από τη φωνή του Θεού;
- Μήπως έχω σωπάσει την προφητική μου φωνή από φόβο ή από έλεγχο;

Προσευχή της Απελευθέρωσης

Κύριε Ιησού, αποκηρύσσω κάθε συμμαχία με το πνεύμα της Ιεζάβελ. Απορρίπτω την αποπλάνηση, τον έλεγχο, την ψευδοπροφητεία και τη χειραγώγηση. Καθαρίζω την καρδιά μου από την υπερηφάνεια, τον φόβο και τον συμβιβασμό. Παίρνω πίσω την εξουσία μου. Ας κατεδαφιστεί κάθε βωμός που έχει χτίσει η Ιεζάβελ στη ζωή μου. Σε ενθρονίζω, Ιησού, ως Κύριο πάνω στις σχέσεις μου, το κάλεσμα και τη διακονία μου. Γέμισέ με με διάκριση και τόλμη. Στο όνομά Σου, Αμήν.

ΗΜΕΡΑ 22: ΠΥΘΩΝΕΣ ΚΑΙ ΠΡΟΣΕΥΧΕΣ — ΣΠΑΣΙΜΟ ΤΟΥ ΠΝΕΥΜΑΤΟΣ ΤΗΣ ΣΥΓΚΛΟΝΙΣΜΟΥ

«*Κάποτε, καθώς πηγαίναμε στον τόπο προσευχής, μας συνάντησε μια δούλη που είχε πνεύμα Πύθωνα...*» — Πράξεις 16:16

«*Θα πατήσεις πάνω στο λιοντάρι και την οχιά...*» — Ψαλμός 91:13

Υπάρχει ένα πνεύμα που δεν δαγκώνει - σε **σφίγγει**.

Πνίγει τη φωτιά σου. Στριφογυρίζει γύρω από την προσευχή σου, την αναπνοή σου, τη λατρεία σου, την πειθαρχία σου - μέχρι που αρχίζεις να εγκαταλείπεις αυτό που κάποτε σου έδινε δύναμη.

Αυτό είναι το πνεύμα του **Πύθωνα** — μια δαιμονική δύναμη που **περιορίζει την πνευματική ανάπτυξη, καθυστερεί το πεπρωμένο, στραγγαλίζει την προσευχή και παραποιεί την προφητεία**.

Παγκόσμιες Εκδηλώσεις

- **Αφρική** – Το πνεύμα του πύθωνα εμφανίζεται ως ψευδοπροφητική δύναμη, που λειτουργεί σε θαλάσσια και δασικά ιερά.
- **Ασία** – Πνεύματα φιδιών λατρεύονται ως θεότητες που πρέπει να τραφούν ή να κατευναστούν.
- **Λατινική Αμερική** – Ελικοειδή βωμοί Santeria που χρησιμοποιούνται για πλούτο, λαγνεία και δύναμη.
- **Ευρώπη** – Σύμβολα φιδιών στη μαγεία, την μαντεία και τους ψυχικούς κύκλους.
- **Βόρεια Αμερική** – Ψεύτικες «προφητικές» φωνές που έχουν τις ρίζες τους στην επανάσταση και την πνευματική σύγχυση.

Μαρτυρία: *Το κορίτσι που δεν μπορούσε να αναπνεύσει*

Η Μαρισόλ από την Κολομβία άρχισε να έχει δύσπνοια κάθε φορά που γονάτιζε για να προσευχηθεί. Το στήθος της σφιγόταν. Τα όνειρά της ήταν γεμάτα με εικόνες φιδιών, που κουλουριάζονταν γύρω από τον λαιμό της ή ακουμπούσαν κάτω από το κρεβάτι της. Οι γιατροί δεν βρήκαν κανένα ιατρικό πρόβλημα.

Μια μέρα, η γιαγιά της παραδέχτηκε ότι η Μαρισόλ είχε «αφιερωθεί» ως παιδί σε ένα πνεύμα του βουνού που ήταν γνωστό ότι εμφανιζόταν ως φίδι. Ήταν ένα **«πνεύμα προστάτη»**, αλλά είχε ένα κόστος.

Κατά τη διάρκεια μιας συνάντησης για την απελευθέρωση, η Μαρισόλ άρχισε να ουρλιάζει δυνατά καθώς την έβαλαν χέρια. Ένιωσε κάτι να κινείται στην κοιλιά της, στο στήθος της και μετά να βγαίνει από το στόμα της σαν αέρας που αποβάλλεται.

Μετά από εκείνη τη συνάντηση, η δύσπνοια σταμάτησε. Τα όνειρά της άλλαξαν. Άρχισε να ηγείται συναντήσεων προσευχής — ακριβώς αυτό που ο εχθρός κάποτε προσπαθούσε να της καταπνίξει.

Σημάδια ότι μπορεί να βρίσκεστε υπό την επιρροή του Πυθώνα

- Κόπωση και βάρος κάθε φορά που προσπαθείτε να προσευχηθείτε ή να λατρέψετε
- Προφητική σύγχυση ή απατηλά όνειρα
- Συνεχή αίσθηση πνιγμού, μπλοκαρίσματος ή δέσμευσης
- Κατάθλιψη ή απελπισία χωρίς σαφή αιτία
- Απώλεια πνευματικής επιθυμίας ή κινήτρου

Σχέδιο Δράσης – Σπάσιμο της Σύσφιξης

1. **Μετανοήστε** για οποιαδήποτε απόκρυφη, ψυχική ή προγονική εμπλοκή.
2. **Διακήρυξε το σώμα και το πνεύμα σου ως αποκλειστικά του Θεού.**
3. **Νηστεία και πόλεμος** χρησιμοποιώντας τα εδάφια Ησαΐας 27:1 και Ψαλμός 91:13.
4. **Αλείψτε τον λαιμό, το στήθος και τα πόδια σας** — διεκδικώντας την ελευθερία να μιλάτε, να αναπνέετε και να περπατάτε στην αλήθεια.

Γραφές για την Απελευθέρωση:

- Πράξεις 16:16–18 – Ο Παύλος εκβάλλει το πνεύμα του πύθωνα

- Ησαΐας 27:1 – Ο Θεός τιμωρεί τον Λεβιάθαν, το φίδι που φεύγει
- Ψαλμός 91 – Προστασία και εξουσία
- Λουκάς 10:19 – Δύναμη να πατάς φίδια και σκορπιούς

ΟΜΑΔΙΚΗ ΑΙΤΗΣΗ

- Ρωτήστε: Τι πνίγει την προσευχητική μας ζωή — σε προσωπικό και συλλογικό επίπεδο;
- Ηγηθείτε μιας ομαδικής προσευχής που αναπνέει — διακηρύσσοντας την **πνοή του Θεού** (Ρούαχ) πάνω σε κάθε μέλος.
- Σπάστε κάθε ψευδοπροφητική επιρροή ή πίεση που μοιάζει με φίδι στη λατρεία και τη μεσιτεία.

Εργαλεία Διακονίας: Λατρεία με φλάουτα ή αναπνευστικά όργανα, συμβολικό κόψιμο σχοινιών, μαντήλια προσευχής για ελευθερία αναπνοής.

Βασική γνώση
Το πνεύμα του Πύθωνα πνίγει αυτό που ο Θεός θέλει να γεννήσει. Πρέπει να το αντιμετωπίσεις για να ανακτήσεις την ανάσα και την τόλμη σου.

Ημερολόγιο Στοχασμού

- Πότε ένιωσα τελευταία φορά πλήρως ελεύθερος στην προσευχή;
- Υπάρχουν σημάδια πνευματικής κόπωσης που αγνοώ;
- Μήπως έχω δεχτεί άθελά μου «πνευματικές συμβουλές» που μου έφεραν περισσότερη σύγχυση;

Προσευχή της Απελευθέρωσης
Πατέρα, στο όνομα του Ιησού, σπάω κάθε πνεύμα που περιορίζει τον σκοπό μου. Αποκηρύσσω το πνεύμα του πύθωνα και όλες τις ψευδοπροφητικές φωνές. Λαμβάνω την πνοή του Πνεύματος Σου και δηλώνω: Θα αναπνεύσω ελεύθερα, θα προσευχηθώ με τόλμη και θα περπατήσω ευθεία. Κάθε φίδι που περιστρέφεται γύρω από τη ζωή μου αποκόπτεται και εκδιώκεται. Λαμβάνω τώρα απελευθέρωση. Αμήν.

ΗΜΕΡΑ 23: ΘΡΟΝΟΙ ΤΗΣ ΑΔΙΚΟΤΗΤΑΣ — ΚΑΤΑΡΡΕΣΗ ΕΔΑΦΙΚΩΝ ΟΧΥΡΩΝ

> *Θα έχει κοινωνία μαζί Σου ο θρόνος της ανομίας, που μηχανεύεται το κακό μέσω του νόμου;»* — Ψαλμός 94:20

«Δεν παλεύουμε ενάντια σε σάρκα και αίμα, αλλά ενάντια σε... άρχοντες του σκότους...» — Εφεσίους 6:12

Υπάρχουν αόρατοι **θρόνοι** — εγκατεστημένοι σε πόλεις, έθνη, οικογένειες και συστήματα — όπου δαιμονικές δυνάμεις **κυβερνούν νόμιμα** μέσω διαθηκών, νομοθεσίας, ειδωλολατρίας και παρατεταμένης ανταρσίας.

Αυτές δεν είναι τυχαίες επιθέσεις. Πρόκειται για **ενθρονισμένες αρχές**, βαθιά ριζωμένες σε δομές που διαιωνίζουν το κακό από γενιά σε γενιά.

Μέχρι να **διαλυθούν πνευματικά αυτοί οι θρόνοι**, οι κύκλοι του σκότους θα επιμένουν — ανεξάρτητα από το πόση προσευχή προσφέρεται σε επιφανειακό επίπεδο.

Παγκόσμια Οχυρά και Θρόνοι

- **Αφρική** – Θρόνοι μαγείας σε βασιλικές γραμμές αίματος και παραδοσιακά συμβούλια.
- **Ευρώπη** – Θρόνοι του κοσμικού κράτους, της τεκτονικής και της νομιμοποιημένης εξέγερσης.
- **Ασία** – Θρόνοι ειδωλολατρίας σε προγονικούς ναούς και πολιτικές δυναστείες.
- **Λατινική Αμερική** – Θρόνοι ναρκοτρομοκρατίας, λατρειών του θανάτου και διαφθοράς.
- **Βόρεια Αμερική** – Θρόνοι διαστροφής, αμβλώσεων και φυλετικής καταπίεσης.

Αυτοί οι θρόνοι επηρεάζουν τις αποφάσεις, καταστέλλουν την αλήθεια και **καταβροχθίζουν τα πεπρωμένα**.

Μαρτυρία: *Η απελευθέρωση ενός Δημοτικού Συμβούλου*

Σε μια πόλη στη Νότια Αφρική, ένας νεοεκλεγείς Χριστιανός δημοτικός σύμβουλος ανακάλυψε ότι όλοι οι αξιωματούχοι πριν από αυτόν είχαν είτε τρελαθεί, είτε είχαν πάρει διαζύγιο, είτε είχαν πεθάνει ξαφνικά.

Μετά από μέρες προσευχής, ο Κύριος αποκάλυψε έναν **θρόνο αιματηρής θυσίας** θαμμένο κάτω από το δημοτικό κτίριο. Ένας τοπικός μάντης είχε φυτέψει φυλαχτά πριν από πολύ καιρό ως μέρος μιας εδαφικής διεκδίκησης.

Ο σύμβουλος συγκέντρωσε τους ιεροκήρυκες, νήστεψε και τελούσε λατρεία τα μεσάνυχτα μέσα στις αίθουσες του συμβουλίου. Για τρεις νύχτες, μέλη του προσωπικού ανέφεραν παράξενες κραυγές στους τοίχους και το ρεύμα τρεμόπαιζε.

Μέσα σε μια εβδομάδα, άρχισαν οι ομολογίες. Αποκαλύφθηκαν διεφθαρμένες συμβάσεις και μέσα σε λίγους μήνες, οι δημόσιες υπηρεσίες βελτιώθηκαν. Ο θρόνος είχε πέσει.

Σχέδιο Δράσης – Εκθρονίζοντας το Σκοτάδι

1. **Προσδιορίστε τον θρόνο** — ζητήστε από τον Κύριο να σας δείξει εδαφικά οχυρά στην πόλη, το αξίωμά σας, την γενεαλογική σας γραμμή ή την περιοχή σας.
2. **Μετανοήστε για λογαριασμό της γης** (μεσιτεία τύπου Δανιήλ 9).
3. **Λατρεύστε με στρατηγικό τρόπο** — οι θρόνοι καταρρέουν όταν η δόξα του Θεού υπερισχύει (βλ. Β΄ Χρονικών 20).
4. **Διακήρυξε το όνομα του Ιησού** ως τον μόνο αληθινό Βασιλιά σε εκείνη την επικράτεια.

Anchor Scriptures:

- Ψαλμός 94:20 – Θρόνοι ανομίας
- Εφεσίους 6:12 – Άρχοντες και εξουσίες
- Ησαΐας 28:6 – Πνεύμα δικαιοσύνης για εκείνους που ξεκινούν μάχη
- Β΄ Βασιλέων 23 – Ο Ιωσίας καταστρέφει ειδωλολατρικά θυσιαστήρια και θρόνους

ΟΜΑΔΙΚΗ ΣΥΜΜΕΤΟΧΗ

- Διεξάγετε μια συνεδρία «πνευματικού χάρτη» της γειτονιάς ή της πόλης σας.
- Ρωτήστε: Ποιοι είναι οι κύκλοι της αμαρτίας, του πόνου ή της καταπίεσης εδώ;
- Διορίστε «φρουρούς» για να προσεύχονται εβδομαδιαίως σε βασικές πύλες: σχολεία, δικαστήρια, αγορές.
- Η επικεφαλής ομάδα εκδίδει διατάγματα κατά των πνευματικών ηγεμόνων χρησιμοποιώντας τον Ψαλμό 149:5-9.

Εργαλεία Διακονίας: Σοφάρ, χάρτες πόλεων, ελαιόλαδο για καθαγιασμό εδάφους, οδηγοί για περπάτημα προσευχής.

Βασική γνώση

Αν θέλετε να δείτε μεταμόρφωση στην πόλη σας, **πρέπει να αμφισβητήσετε τον θρόνο πίσω από το σύστημα** — όχι μόνο το πρόσωπο μπροστά του.

Ημερολόγιο Στοχασμού

- Υπάρχουν επαναλαμβανόμενες μάχες στην πόλη ή την οικογένειά μου που μου φαίνονται μεγαλύτερες από εμένα;
- Μήπως κληρονόμησα μια μάχη ενάντια σε έναν θρόνο που δεν ενθρόνισα;
- Ποιοι «άρχοντες» χρειάζεται να εκθρονιστούν στην προσευχή;

Προσευχή του Πολέμου

Κύριε, ξεσκέπασε κάθε θρόνο ανομίας που κυβερνά την επικράτειά μου. Δηλώνω το όνομα του Ιησού ως τον μόνο Βασιλιά! Ας διασκορπιστεί με φωτιά κάθε κρυφό θυσιαστήριο, νόμος, συμφωνία ή δύναμη που επιβάλλει το σκοτάδι. Παίρνω τη θέση μου ως μεσίτης. Με το αίμα του Αρνίου και τον λόγο της μαρτυρίας μου, γκρεμίζω θρόνους και ενθρονίζω τον Χριστό πάνω στο σπίτι, την πόλη και το έθνος μου. Στο όνομα του Ιησού. Αμήν.

ΗΜΕΡΑ 24: ΘΡΑΥΜΑΤΑ ΨΥΧΗΣ — ΟΤΑΝ ΛΕΙΠΟΥΝ ΜΕΡΗ ΤΟΥ ΕΑΥΤΟΥ ΣΟΥ

«*Αυτός αναπλάθει την ψυχή μου...*» — Ψαλμός 23:3

«*Θα γιατρέψω τις πληγές σου, λέει ο Κύριος, επειδή σε αποκάλεσαν απόκληρο...*» — Ιερεμίας 30:17

Το τραύμα έχει τον τρόπο του να συντρίβει την ψυχή. Κακοποίηση. Απόρριψη. Προδοσία. Ξαφνικός φόβος. Παρατεταμένη θλίψη. Αυτές οι εμπειρίες δεν αφήνουν απλώς αναμνήσεις - **θρυμματίζουν τον εσωτερικό σου άνθρωπο**.

Πολλοί άνθρωποι περπατούν τριγύρω φαινομενικά ολόκληροι, αλλά ζουν **χωρίς κομμάτια του εαυτού τους**. Η χαρά τους είναι θρυμματισμένη. Η ταυτότητά τους είναι διασκορπισμένη. Είναι παγιδευμένοι σε συναισθηματικές χρονικές ζώνες - ένα μέρος τους έχει κολλήσει σε ένα οδυνηρό παρελθόν, ενώ το σώμα συνεχίζει να γερνάει.

Αυτά είναι **θραύσματα ψυχής** — μέρη του συναισθηματικού, ψυχολογικού και πνευματικού σας εαυτού που έχουν αποκοπεί λόγω τραύματος, δαιμονικής παρέμβασης ή χειραγώγησης από μαγεία.

Μέχρι να συγκεντρωθούν, να θεραπευτούν και να επανενωθούν αυτά τα κομμάτια μέσω του Ιησού, **η αληθινή ελευθερία παραμένει άπιαστη**.

Παγκόσμιες πρακτικές κλοπής ψυχών

- **Αφρική** – Μάγοι-γιατροί αιχμαλωτίζουν την «ουσία» των ανθρώπων σε βάζα ή καθρέφτες.
- **Ασία** – Τελετουργίες παγίδευσης ψυχής από γκουρού ή ταντρικούς ασκούμενους.
- **Λατινική Αμερική** – Σαμανικός διαχωρισμός ψυχών για έλεγχο ή κατάρες.
- **Ευρώπη** – Η μαγεία του απόκρυφου καθρέφτη χρησιμοποιείται για να

διασπάσει την ταυτότητα ή να κλέψει την εύνοια.
- **Βόρεια Αμερική** – Το τραύμα από σεξουαλική κακοποίηση, έκτρωση ή σύγχυση ταυτότητας συχνά δημιουργεί βαθιές ψυχικές πληγές και κατακερματισμό.

Ιστορία: *Το κορίτσι που δεν μπορούσε να νιώσει*

Η Άντρεα, μια 25χρονη από την Ισπανία, είχε υποστεί χρόνια κακοποίησης από ένα μέλος της οικογένειάς της. Αν και είχε απcδεχτεί τον Ιησού, παρέμενε συναισθηματικά μουδιασμένη. Δεν μπορούσε να κλάψει, να αγαπήσει ή να νιώσει ενσυναίσθηση.

Ένας επισκέπτης ιερέας τής έκανε μια παράξενη ερώτηση: «Πού άφησες τη χαρά σου;» Καθώς η Άντρεα έκλεισε τα μάτια της, θυμήθηκε ότι ήταν 9 ετών, κουλουριασμένη σε μια ντουλάπα, λέγοντας στον εαυτό της: «Δεν θα νιώσω ποτέ ξανά».

Προσευχήθηκαν μαζί. Η Άντρεα συγχώρεσε, απαρνήθηκε τους εσωτερικούς όρκους και κάλεσε τον Ιησού σε αυτή τη συγκεκριμένη ανάμνηση. Έκλαψε ανεξέλεγκτα για πρώτη φορά μετά από χρόνια. Εκείνη την ημέρα, **η ψυχή της αποκαταστάθηκε**.

Σχέδιο Δράσης – Ανάκτηση Ψυχής & Θεραπεία

1. Ρώτα το Άγιο Πνεύμα: *Πού έχασα ένα μέρος του εαυτού μου;*
2. Συγχωρήστε όποιον εμπλέκεται σε εκείνη τη στιγμή και **απαρνηθείτε εσωτερικούς όρκους** όπως «Δεν θα εμπιστευτώ ποτέ ξανά».
3. Προσκαλέστε τον Ιησού στη μνήμη και μιλήστε για θεραπεία σε εκείνη τη στιγμή.
4. Προσευχήσου: «*Κύριε, αποκατέστησε την ψυχή μου. Καλώ κάθε κομμάτι μου να επιστρέψει και να γίνει ολόκληρο*».

Βασικά Γραφικά Αποσπάσματα:

- Ψαλμός 23:3 – Αυτός αποκαθιστά την ψυχή
- Λουκάς 4:18 – Θεραπεία των συντετριμμένων καρδιών
- Α΄ Θεσσαλονικείς 5:23 – Πνεύμα, ψυχή και σώμα διατηρούνται
- Ιερεμίας 30:17 – Θεραπεία για τους απόκληρους και τις πληγές

Ομαδική Αίτηση

- Καθοδηγήστε τα μέλη σε μια καθοδηγούμενη **συνεδρία προσευχής εσωτερικής θεραπείας**.
- Ρωτήστε: *Υπάρχουν στιγμές στη ζωή σας που σταματήσατε να εμπιστεύεστε, να αισθάνεστε ή να ονειρεύεστε;*
- Παίξτε παιχνίδι ρόλων «επιστροφή σε εκείνο το δωμάτιο» με τον Ιησού και παρακολουθήστε Τον να θεραπεύει την πληγή.
- Ζητήστε από έμπιστους ηγέτες να επιθέσουν απαλά τα χέρια τους στα κεφάλια και να διακηρύξουν την αποκατάσταση της ψυχής.

Εργαλεία Διακονίας: Μουσική λατρείας, απαλό φωτισμό, χαρτομάντιλα, υποδείξεις για ημερολόγιο.

Βασική γνώση

Η λύτρωση δεν είναι απλώς η εκδίωξη δαιμόνων. Είναι **η συγκέντρωση των σπασμένων κομματιών και η αποκατάσταση της ταυτότητας**.

Ημερολόγιο Στοχασμού

- Ποια τραυματικά γεγονότα εξακολουθούν να ελέγχουν τον τρόπο που σκέφτομαι ή αισθάνομαι σήμερα;
- Είπα ποτέ «Δεν θα αγαπήσω ποτέ ξανά» ή «Δεν μπορώ να εμπιστευτώ κανέναν πια»;
- Πώς μου φαίνεται η «ολότητα» — και είμαι έτοιμος/η γι' αυτήν;

ΠΡΟΣΕΥΧΗ ΑΠΟΚΑΤΑΣΤΑΣΗΣ

Ιησού, Εσύ είσαι ο Ποιμένας της ψυχής μου. Σε φέρνω παντού όπου έχω συντριβεί — από φόβο, ντροπή, πόνο ή προδοσία. Παραβιάζω κάθε εσωτερικό όρκο και κατάρα που ειπώθηκε με τραύμα. Συγχωρώ όσους με πλήγωσαν. Τώρα, καλώ κάθε κομμάτι της ψυχής μου να επιστρέψει. Αποκατέστησέ με πλήρως — πνεύμα, ψυχή και σώμα. Δεν είμαι συντετριμμένος για πάντα. Είμαι ολόκληρος σε Εσένα. Στο όνομα του Ιησού. Αμήν.

ΗΜΕΡΑ 25: Η ΚΑΤΑΡΑ ΤΩΝ ΠΑΡΑΞΕΝΩΝ ΠΑΙΔΙΩΝ — ΟΤΑΝ ΤΑ ΜΟΙΡΑ ΑΝΤΑΛΛΑΖΟΝΤΑΙ ΚΑΤΑ ΤΗ ΓΕΝΝΗΣΗ

> *Τα παιδιά τους είναι ξένα παιδιά· τώρα ένας μήνας θα τους καταβροχθίσει μαζί με τα μερίδιά τους».* — Ωσηέ 5:7
>
> *«Πριν σε πλάσω στην κοιλιά, σε γνώριζα...»* — Ιερεμίας 1:5

Δεν είναι κάθε παιδί που γεννιέται σε ένα σπίτι προορισμένο για αυτό το σπίτι. Δεν είναι κάθε παιδί που φέρει το DNA σας φέρει την κληρονομιά σας.

Ο εχθρός χρησιμοποιεί εδώ και καιρό **τη γέννηση ως πεδίο μάχης** — ανταλλάσσοντας πεπρωμένα, φυτεύοντας πλαστά παιδιά, μυώντας μωρά σε σκοτεινές διαθήκες και παραβιάζοντας τις μήτρες πριν καν ξεκινήσει η σύλληψη.

Αυτό δεν είναι απλώς ένα φυσικό ζήτημα. Είναι **μια πνευματική συναλλαγή** — που περιλαμβάνει βωμούς, θυσίες και δαιμονικές νομιμότητες.

Τι είναι τα παράξενα παιδιά;

Τα «Παράξενα παιδιά» είναι:

- Παιδιά που γεννιούνται μέσω αποκρυφιστικής αφοσίωσης, τελετουργιών ή σεξουαλικών συμφωνιών.
- Οι απόγονοι αλλάζουν κατά τη γέννηση (είτε πνευματικά είτε σωματικά).
- Παιδιά που μεταφέρουν σκοτεινές αποστολές σε μια οικογένεια ή γενεαλογική γραμμή.
- Ψυχές που αιχμαλωτίζονται στη μήτρα μέσω μαγείας, νεκρομαντείας ή γενεαλογικών βωμών.

Πολλά παιδιά μεγαλώνουν μέσα στην επανάσταση, τον εθισμό, το μίσος για τους γονείς ή τον εαυτό τους — όχι μόνο λόγω κακής ανατροφής των παιδιών, αλλά και εξαιτίας αυτού **που τα διεκδίκησε πνευματικά κατά τη γέννησή τους**.

ΚΑΘΟΛΙΚΕΣ ΕΚΦΡΑΣΕΙΣ

- **Αφρική** – Πνευματικές ανταλλαγές σε νοσοκομεία, μόλυνση της μήτρας από θαλάσσια πνεύματα ή τελετουργικό σεξ.
- **Ινδία** – Τα παιδιά μυούνται σε ναούς ή σε πεπρωμένα που βασίζονται στο κάρμα πριν από τη γέννηση.
- **Αϊτή και Λατινική Αμερική** – Αφιερώσεις στη Σαντερία, παιδιά που συλλαμβάνονται σε βωμούς ή μετά από ξόρκια.
- **Δυτικά Έθνη** – Οι πρακτικές εξωσωματικής γονιμοποίησης και παρένθετης μητρότητας συνδέονται μερικές φορές με απόκρυφα συμβόλαια ή γενεαλογικές γραμμές δωρητών· αμβλώσεις που αφήνουν ανοιχτές πνευματικές πόρτες.
- **Αυτόχθονες Πολιτισμοί Παγκοσμίως** – Τελετές ονοματοδοσίας πνευμάτων ή τοτεμικές μεταφορές ταυτότητας.

Ιστορία: *Το μωρό με το λάθος πνεύμα*
Η Κλάρα, μια νοσοκόμα από την Ουγκάντα, περιέγραψε πώς μια γυναίκα έφερε το νεογέννητό της σε μια συνάντηση προσευχής. Το παιδί ούρλιαζε συνεχώς, απέρριπτε το γάλα και αντιδρούσε βίαια στην προσευχή.

Ένας προφητικός λόγος αποκάλυψε ότι το μωρό είχε «ανταλλαγεί» με το πνεύμα κατά τη γέννηση. Η μητέρα ομολόγησε ότι ένας μάγος-γιατρός είχε προσευχηθεί για την κοιλιά της ενώ εκείνη ήθελε απεγνωσμένα ένα παιδί.

Μέσα από μετάνοια και έντονες προσευχές για απελευθέρωση, το μωρό έγινε άτονο και μετά γαλήνιο. Αργότερα, το παιδί άνθισε — δείχνοντας σημάδια αποκατεστημένης ειρήνης και ανάπτυξης.

Δεν είναι όλες οι παθήσεις στα παιδιά φυσικές. Μερικές είναι **κληρονομικές από τη σύλληψη**.

Σχέδιο Δράσης – Ανακτώντας το Πεπρωμένο της Μήτρας

1. Αν είστε γονέας, **αφιερώστε ξανά το παιδί σας στον Ιησού Χριστό**.
2. Αποκηρύξτε οποιεσδήποτε προγεννητικές κατάρες, αφιερώσεις ή διαθήκες — ακόμα και αυτές που έγιναν εν αγνοία τους από προγόνους.
3. Μιλήστε απευθείας στο πνεύμα του παιδιού σας μέσω προσευχής: *«Ανήκεις στον Θεό. Το πεπρωμένο σου έχει αποκατασταθεί».*
4. Αν δεν έχετε παιδιά, προσευχηθείτε πάνω από τη μήτρα σας, απορρίπτοντας κάθε μορφή πνευματικής χειραγώγησης ή παραποίησης.

Βασικά Γραφικά Αποσπάσματα:

- Ωσηέ 9:11–16 – Κρίση για τον ξένο σπόρο
- Ησαΐας 49:25 – Αγωνιζόμενοι για τα παιδιά σας
- Λουκάς 1:41 – Παιδιά γεμάτα με Πνεύμα από την κοιλιά
- Ψαλμός 139:13–16 – Το σκόπιμο σχέδιο του Θεού στη μήτρα

Ομαδική Συμμετοχή

- Ζητήστε από τους γονείς να φέρουν ονόματα ή φωτογραφίες των παιδιών τους.
- Δηλώστε πάνω από κάθε όνομα: «Η ταυτότητα του παιδιού σας αποκαταστάθηκε. Κάθε ξένο χέρι κόπηκε».
- Προσευχηθείτε για τον πνευματικό καθαρισμό της μήτρας για όλες τις γυναίκες (και τους άνδρες ως πνευματικούς φορείς σπέρματος).
- Χρησιμοποιήστε την κοινωνία για να συμβολίσετε την ανάκτηση του πεπρωμένου της γραμμής αίματος.

Εργαλεία Διακονίας: Θεία Κοινωνία, λάδι χρίσματος, τυπωμένα ονόματα ή είδη για μωρά (προαιρετικά).

Βασική γνώση

Ο Σατανάς στοχεύει τη μήτρα επειδή **εκεί διαμορφώνονται οι προφήτες, οι πολεμιστές και τα πεπρωμένα**. Αλλά κάθε παιδί μπορεί να ανακτηθεί μέσω του Χριστού.

Ημερολόγιο Στοχασμού

- Έχω δει ποτέ παράξενα όνειρα κατά τη διάρκεια της εγκυμοσύνης ή μετά

τον τοκετό;
- Δυσκολεύονται τα παιδιά μου με τρόπους που φαίνονται αφύσικοι;
- Είμαι έτοιμος/η να αντιμετωπίσω τις πνευματικές ρίζες της γενεαλογικής εξέγερσης ή καθυστέρησης;

Προσευχή της Αποκατάστασης

Πατέρα, φέρνω την μήτρα μου, το σπέρμα μου και τα παιδιά μου στο βωμό Σου. Μετανοώ για κάθε πόρτα - γνωστή ή άγνωστη - που έδωσε στον εχθρό πρόσβαση. Σπάω κάθε κατάρα, αφοσίωση και δαιμονική αποστολή που συνδέεται με τα παιδιά μου. Μιλώ γι' αυτά: Είσαι άγιος, εκλεκτός και σφραγισμένος για τη δόξα του Θεού. Το πεπρωμένο σου λυτρώνεται. Στο όνομα του Ιησού. Αμήν.

ΗΜΕΡΑ 26: ΚΡΥΜΜΕΝΟΙ ΒΩΜΟΙ ΤΗΣ ΔΥΝΑΜΗΣ — ΑΠΕΛΕΥΘΕΡΩΣΗ ΑΠΟ ΤΙΣ ΑΠΟΚΡΥΦΙΚΕΣ ΣΥΝΘΗΚΕΣ ΤΗΣ ΕΛΙΤ

> *Πάλι, ο διάβολος τον οδήγησε σε ένα πολύ ψηλό βουνό και του έδειξε όλα τα βασίλεια του κόσμου και τη δόξα τους. «Όλα αυτά θα σου τα δώσω», είπε, «αν προσκυνήσεις και με προσκυνήσεις».* — Ματθαίος 4:8-9

Πολλοί πιστεύουν ότι η σατανική δύναμη βρίσκεται μόνο σε παρασκηνιακές τελετουργίες ή σε σκοτεινά χωριά. Αλλά μερικές από τις πιο επικίνδυνες συμφωνίες κρύβονται πίσω από γυαλισμένα κοστούμια, ελίτ κλαμπ και επιρροή πολλών γενεών.

Αυτά είναι **βωμοί εξουσίας** — που σχηματίζονται από όρκους αίματος, μυήσεις, μυστικά σύμβολα και προφορικές δεσμεύσεις που συνδέουν άτομα, οικογένειες, ακόμη και ολόκληρα έθνη με την κυριαρχία του Εωσφόρου. Από τον Τεκτονισμό μέχρι τις Καμπαλιστικές τελετές, από τις μυήσεις των Ανατολικών αστεριών μέχρι τις αρχαίες αιγυπτιακές και βαβυλωνιακές σχολές μυστηρίου — υπόσχονται φώτιση αλλά προσφέρουν δουλεία.

Παγκόσμιες Συνδέσεις

- **Ευρώπη & Βόρεια Αμερική** – Τεκτονισμός, Ροδοσταυρισμός, Τάγμα της Χρυσής Αυγής, Κρανίο & Οστά, Βοημικό Άλσος, Μυήσεις Καμπάλα.
- **Αφρική** – Πολιτικές συμφωνίες αίματος, συμφωνίες με προγονικά πνεύματα για διακυβέρνηση, συμμαχίες μαγείας υψηλού επιπέδου.
- **Ασία** – Φωτισμένες κοινωνίες, συμφωνίες πνευμάτων δράκων, δυναστείες εξ αίματος συνδεδεμένες με την αρχαία μαγεία.
- **Λατινική Αμερική** – Πολιτική Σαντερία, τελετουργική προστασία

συνδεδεμένη με καρτέλ, συμφωνίες που συνάπτονται για επιτυχία και ασυλία.
- **Μέση Ανατολή** – Αρχαίες βαβυλωνιακές και ασσυριακές τελετουργίες μεταβιβάστηκαν με θρησκευτικό ή βασιλικό πρόσχημα.

Μαρτυρία – Ο εγγονός ενός Τέκτονα βρίσκει την ελευθερία του

Ο Κάρλος, που μεγάλωσε σε μια ισχυρή οικογένεια στην Αργεντινή, δεν γνώριζε ποτέ ότι ο παππούς του είχε φτάσει στον 33ο βαθμό του Τεκτονισμού. Παράξενες εκδηλώσεις είχαν βασανίσει τη ζωή του - παράλυση ύπνου, σαμποτάζ στις σχέσεις και μια συνεχής αδυναμία να σημειώσει πρόοδο, όσο σκληρά κι αν προσπαθούσε.

Αφού παρακολούθησε μια διδασκαλία απελευθέρωσης που αποκάλυψε τους δεσμούς της ελίτ με τον αποκρυφισμό, αντιμετώπισε την οικογενειακή του ιστορία και ανακάλυψε τεκτονικά εμβλήματα και κρυφά ημερολόγια. Κατά τη διάρκεια μιας νηστείας μεσονυχτίου, αποκήρυξε κάθε διαθήκη αίματος και διακήρυξε την ελευθερία εν Χριστώ. Την ίδια εβδομάδα, έλαβε την επαγγελματική ανακάλυψη που περίμενε χρόνια.

Τα υψηλού επιπέδου θυσιαστήρια δημιουργούν αντίθεση υψηλού επιπέδου — αλλά το **αίμα του Ιησού** μιλάει πιο δυνατά από οποιονδήποτε όρκο ή τελετουργία.

Σχέδιο Δράσης – Αποκάλυψη της Κρυμμένης Στοάς

1. **Διερεύνηση** : Υπάρχουν τεκτονικές, εσωτερικές ή μυστικές σχέσεις στην γενεαλογία σας;
2. **Αποκηρύξτε** κάθε γνωστή και άγνωστη διαθήκη χρησιμοποιώντας δηλώσεις βασισμένες στο Κατά Ματθαίον 10:26-28.
3. **Κάψτε ή αφαιρέστε** τυχόν απόκρυφα σύμβολα: πυραμίδες, παντογνώστες οφθαλμούς, πυξίδες, οβελίσκους, δαχτυλίδια ή ρόμπες.
4. **Προσευχηθείτε δυνατά** :

«*Σπάζω κάθε κρυφή συμφωνία με μυστικές εταιρείες, φωτεινές λατρείες και ψεύτικες αδελφότητες. Υπηρετώ μόνο τον Κύριο Ιησού Χριστό.*»

Ομαδική Αίτηση

- Ζητήστε από τα μέλη να καταγράψουν τυχόν γνωστούς ή ύποπτους δεσμούς με την ελίτ.

- Ηγηθείτε μιας **συμβολικής πράξης κοπής δεσμών** — σκίζοντας χαρτιά, καίγοντας εικόνες ή αλείφοντας τα μέτωπά τους ως σφραγίδα χωρισμού.
- Χρησιμοποιήστε **τον Ψαλμό 2** για να διακηρύξετε την αποτροπή εθνικών και οικογενειακών συνωμοσιών εναντίον του χρισμένου του Κυρίου.

Βασική γνώση

Η μεγαλύτερη λαβή του Σατανά συχνά καλύπτεται από μυστικότητα και κύρος. Η αληθινή ελευθερία ξεκινά όταν εκθέτεις, απαρνείσαι και εκτοπίζεις αυτά τα θυσιαστήρια με λατρεία και αλήθεια.

Ημερολόγιο Στοχασμού

- Έχω κληρονομήσει πλούτο, δύναμη ή ευκαιρίες που μου φαίνονται πνευματικά «ανώμαλες»;
- Υπάρχουν μυστικές συνδέσεις στην καταγωγή μου που έχω αγνοήσει;
- Πόσο θα μου κοστίσει να κόψω την ασεβή πρόσβαση στην εξουσία — και είμαι πρόθυμος;

Προσευχή της Απελευθέρωσης

Πατέρα, προέρχομαι από κάθε κρυφή στοά, βωμό και συμφωνία — στο όνομά μου ή για λογαριασμό της γραμμής αίματός μου. Κόβω κάθε δεσμό ψυχής, κάθε δεσμό αίματος και κάθε όρκο που γίνεται εν γνώσει ή εν αγνοία μου. Ιησού, Εσύ είσαι το μόνο μου Φως, η μόνη μου Αλήθεια και το μόνο μου κάλυμμα. Άσε τη φωτιά Σου να καταναλώσει κάθε ασεβή σύνδεσμο με δύναμη, επιρροή ή εξαπάτηση. Λαμβάνω πλήρη ελευθερία, στο όνομα του Ιησού. Αμήν.

ΗΜΕΡΑ 27: ΑΝΙΕΡΕΣ ΣΥΜΜΑΧΙΕΣ — ΤΕΚΤΟΝΙΣΜΟΣ, ΙΛΟΥΜΙΝΑΤΙΣΜΟΙ & ΠΝΕΥΜΑΤΙΚΗ ΔΙΕΙΣΔΥΣΗ

» *Μη συμμετάσχετε στις άκαρπες πράξεις του σκότους, αλλά μάλλον να τις ξεσκεπάζετε».* — Εφεσίους 5:11

«Δεν μπορείτε να πιείτε και το ποτήριο του Κυρίου και το ποτήριο των δαιμονίων». — Α΄ Κορινθίους 10:21

Υπάρχουν μυστικές εταιρείες και παγκόσμια δίκτυα που παρουσιάζονται ως ακίνδυνες αδελφικές οργανώσεις — προσφέροντας φιλανθρωπία, σύνδεση ή φώτιση. Αλλά πίσω από την κουρτίνα κρύβονται βαθύτεροι όρκοι, τελετουργίες αίματος, δεσμοί ψυχής και στρώματα του Λουσιφεριανού δόγματος καλυμμένα με «φως».

Ο Τεκτονισμός, οι Ιλουμινάτι, το Eastern Star, το Skull and Bones και τα αδελφά τους δίκτυα δεν είναι απλώς κοινωνικές λέσχες. Είναι βωμοί πίστης -μερικοί από τους οποίους χρονολογούνται αιώνες πριν- σχεδιασμένοι να διεισδύουν πνευματικά σε οικογένειες, κυβερνήσεις, ακόμη και εκκλησίες.

Παγκόσμιο Αποτύπωμα

- **Βόρεια Αμερική και Ευρώπη** – Ναοί Τεκτονισμού, στοές Σκωτσέζικης Τυπολογίας, Κρανίο και Οστά του Γέιλ.
- **Αφρική** – Πολιτικές και βασιλικές μυήσεις με τεκτονικές τελετές, συμφωνίες αίματος για προστασία ή εξουσία.
- **Ασία** – Σχολές Καμπάλα μεταμφιεσμένες ως μυστικιστική φώτιση, μυστικές μοναστικές τελετουργίες.
- **Λατινική Αμερική** – Κρυφά τάγματα ελίτ, η Σαντερία συγχωνεύτηκε με την επιρροή της ελίτ και τις συμφωνίες αίματος.
- **Μέση Ανατολή** – Αρχαίες βαβυλωνιακές μυστικές κοινωνίες συνδεδεμένες με δομές εξουσίας και λατρεία ψευδούς φωτός.

ΑΥΤΑ ΤΑ ΔΙΚΤΥΑ ΣΥΧΝΑ:

- Απαιτείται αίμα ή προφορικοί όρκοι.
- Χρησιμοποιήστε απόκρυφα σύμβολα (πυξίδες, πυραμίδες, μάτια).
- Διεξαγωγή τελετών για την επίκληση ή την αφιέρωση της ψυχής κάποιου σε μια τάξη.
- Χορήγηση επιρροής ή πλούτου σε αντάλλαγμα για πνευματικό έλεγχο.

Μαρτυρία – Εξομολόγηση Επισκόπου

Ένας επίσκοπος στην Ανατολική Αφρική ομολόγησε ενώπιον της εκκλησίας του ότι κάποτε είχε ενταχθεί στον Τεκτονισμό σε χαμηλό επίπεδο κατά τη διάρκεια του πανεπιστημίου — απλώς για «συνδέσεις». Αλλά καθώς ανέβαινε στις τάξεις, άρχισε να βλέπει παράξενες απαιτήσεις: όρκο σιωπής, τελετές με μαντήλια και σύμβολα, και ένα «φως» που έκανε την προσευχητική του ζωή κρύα. Σταμάτησε να ονειρεύεται. Δεν μπορούσε να διαβάσει την Αγία Γραφή.

Αφού μετανόησε και κατήγγειλε δημόσια κάθε αξίωμα και όρκο, η πνευματική ομίχλη διαλύθηκε. Σήμερα, κηρύττει τον Χριστό με τόλμη, αποκαλύπτοντας σε τι κάποτε συμμετείχε. Οι αλυσίδες ήταν αόρατες - μέχρι να σπάσουν.

Σχέδιο Δράσης – Σπάζοντας την Επιρροή της Τεκτονικής και των Μυστικών Εταιρειών

1. **Προσδιορίστε** οποιαδήποτε προσωπική ή οικογενειακή εμπλοκή με τον Τεκτονισμό, τον Ροδοσταυρισμό, την Καμπάλα, το Κρανίο και τα Οστά ή παρόμοια μυστικά τάγματα.
2. **Αποκηρύξτε κάθε επίπεδο ή βαθμό μύησης**, από το 1ο έως το 33ο ή υψηλότερο, συμπεριλαμβανομένων όλων των τελετουργιών, των συμβόλων και των όρκων. (Μπορείτε να βρείτε οδηγίες για την αποκήρυξη της καθοδηγούμενης απελευθέρωσης στο διαδίκτυο.)
3. **Προσευχηθείτε με εξουσία**:

«Σπάζω κάθε δεσμό ψυχής, διαθήκη αίματος και όρκο που δίνεται σε μυστικές εταιρείες — από εμένα ή για λογαριασμό μου. Διεκδικώ την ψυχή μου για τον Ιησού Χριστό!»

1. **Καταστρέψτε συμβολικά αντικείμενα** : εμβλήματα, βιβλία, πιστοποιητικά, δαχτυλίδια ή πλαισιωμένες εικόνες.
2. **Δηλώστε** την ελευθερία χρησιμοποιώντας:
    - Γαλάτες 5:1
    - Ψαλμός 2:1–6
    - Ησαΐας 28:15–18

Ομαδική Αίτηση

- Ζητήστε από την ομάδα να κλείσει τα μάτια της και να ζητήσει από το Άγιο Πνεύμα να αποκαλύψει τυχόν μυστικές σχέσεις ή οικογενειακούς δεσμούς.
- Εταιρική αποκήρυξη: κάντε μια προσευχή για να καταγγείλετε κάθε γνωστό ή άγνωστο δεσμό με ελίτ.
- Χρησιμοποιήστε την κοινωνία για να σφραγίσετε τη ρήξη και να επανασυνδέσετε τις διαθήκες με τον Χριστό.
- Χρίστε κεφάλια και χέρια — αποκαθιστώντας τη διαύγεια του νου και τα ιερά έργα.

Βασική γνώση

Αυτό που ο κόσμος αποκαλεί «ελίτ», ο Θεός μπορεί να το ονομάσει βδέλυγμα. Δεν είναι κάθε επιρροή ιερή — και δεν είναι κάθε φως Φως. Δεν υπάρχει κάτι τέτοιο όπως ακίνδυνο μυστικό όταν αυτό περιλαμβάνει πνευματικούς όρκους.

Ημερολόγιο Στοχασμού

- Έχω συμμετάσχει σε μυστικά τάγματα ή ομάδες μυστικιστικής φώτισης ή έχω εκδηλώσει την περιέργειά μου για αυτά;
- Υπάρχουν ενδείξεις πνευματικής τύφλωσης, στασιμότητας ή ψυχρότητας στην πίστη μου;
- Χρειάζεται να αντιμετωπίσω την οικογενειακή εμπλοκή με θάρρος και χάρη;

Προσευχή της Ελευθερίας

Κύριε Ιησού, έρχομαι ενώπιόν Σου ως το μόνο αληθινό Φως. Αποκηρύσσω κάθε δεσμό, κάθε όρκο, κάθε ψεύτικο φως και κάθε κρυφή τάξη που με διεκδικεί. Αποκόπτω τον Τεκτονισμό, τις μυστικές εταιρείες, τις αρχαίες αδελφότητες και κάθε πνευματικό δεσμό που συνδέεται με το σκοτάδι. Δηλώνω ότι είμαι υπό το αίμα μόνο του Ιησού - σφραγισμένος, ελευθερωμένος και ελεύθερος. Αφήστε το Πνεύμα Σου να κάψει όλα τα υπολείμματα αυτών των διαθηκών. Στο όνομα του Ιησού, αμήν.

ΗΜΕΡΑ 28: ΚΑΜΠΑΛΑ, ΕΝΕΡΓΕΙΑΚΑ ΠΛΕΓΜΑΤΑ & Η ΔΕΛΦΗ ΤΟΥ ΜΥΣΤΙΚΟΥ «ΦΩΤΟΣ»

> *Διότι ο ίδιος ο Σατανάς μεταμφιέζεται σε άγγελο φωτός.»* — Β΄ Κορινθίους 11:14
>
> *«Το φως που είναι μέσα σου είναι σκοτάδι—πόσο βαθύ είναι αυτό το σκοτάδι!»* — Λουκάς 11:35

Σε μια εποχή που έχει εμμονή με την πνευματική φώτιση, πολλοί βουτούν άθελά τους σε αρχαίες Καμπαλιστικές πρακτικές, ενεργειακή θεραπεία και μυστικιστικές διδασκαλίες φωτός που έχουν τις ρίζες τους σε αποκρυφιστικά δόγματα. Αυτές οι διδασκαλίες συχνά μεταμφιέζονται σε «χριστιανικό μυστικισμό», «εβραϊκή σοφία» ή «επιστημονικά βασισμένη πνευματικότητα» — αλλά προέρχονται από τη Βαβυλώνα, όχι από τη Σιών.

Η Καμπάλα δεν είναι απλώς ένα εβραϊκό φιλοσοφικό σύστημα. Είναι ένα πνευματικό πλέγμα χτισμένο σε μυστικούς κώδικες, θεϊκές εκπορεύσεις (Σεφιρότ) και εσωτερικά μονοπάτια. Είναι η ίδια σαγηνευτική απάτη πίσω από τα ταρώ, την αριθμολογία, τις ζωδιακές πύλες και τα πλέγματα της Νέας Εποχής.

Πολλές διασημότητες, influencers και επιχειρηματίες φορούν κόκκινα κορδόνια, διαλογίζονται με κρυστάλλινη ενέργεια ή ακολουθούν το Ζοχάρ χωρίς να γνωρίζουν ότι συμμετέχουν σε ένα αόρατο σύστημα πνευματικής παγίδευσης.

Παγκόσμιες εμπλοκές

- **Βόρεια Αμερική** – Κέντρα Καμπάλα μεταμφιεσμένα σε χώρους ευεξίας. καθοδηγούμενοι ενεργειακοί διαλογισμοί.
- **Ευρώπη** – Δρυιδική Καμπάλα και εσωτερικός Χριστιανισμός που διδάσκονταν σε μυστικά τάγματα.
- **Αφρική** – Λατρείες ευημερίας που αναμειγνύουν τις γραφές με την αριθμολογία και τις ενεργειακές πύλες.

- **Ασία** – Η θεραπεία με τσάκρα μετονομάστηκε σε «ενεργοποίηση φωτός» ευθυγραμμισμένη με τους παγκόσμιους κώδικες.
- **Λατινική Αμερική** – Άγιοι αναμεμειγμένοι με Καμπαλιστές αρχαγγέλους στον μυστικιστικό Καθολικισμό.

Αυτή είναι η αποπλάνηση του ψευδούς φωτός — όπου η γνώση γίνεται θεός και η φώτιση γίνεται φυλακή.

Πραγματική Μαρτυρία – Ξεφεύγοντας από την «Παγίδα του Φωτός»

Η Μαρισόλ, μια νοτιοαμερικανίδα σύμβουλος επιχειρήσεων, πίστευε ότι είχε ανακαλύψει την αληθινή σοφία μέσω της αριθμολογίας και της «ροής θεϊκής ενέργειας» από έναν Καμπαλιστικό μέντορα. Τα όνειρά της έγιναν ζωντανά, τα οράματά της οξυδερκή. Αλλά η ηρεμία της; Χάθηκε. Οι σχέσεις της; Καταρρέουν. Βρέθηκε να βασανίζεται από σκιώδη όντα στον ύπνο της, παρά τις καθημερινές «ελαφριές προσευχές» της. Μια φίλη της έστειλε ένα βίντεο με μαρτυρία ενός πρώην μυστικιστή που συνάντησε τον Ιησού. Εκείνο το βράδυ, η Μαρισόλ φώναξε στον Ιησού. Είδε ένα εκτυφλωτικό λευκό φως - όχι μυστικιστικό, αλλά αγνό. Η ειρήνη επέστρεψε. Κατέστρεψε τα υλικά της και ξεκίνησε το ταξίδι της απελευθέρωσής της. Σήμερα, διευθύνει μια πλατφόρμα καθοδήγησης με επίκεντρο τον Χριστό για γυναίκες παγιδευμένες σε πνευματική απάτη.

Σχέδιο Δράσης – Αποκήρυξη του Ψευδούς Φωτισμού

1. **Ελέγξτε** την έκθεσή σας: Έχετε διαβάσει μυστικιστικά βιβλία, έχετε ασκήσει ενεργειακή θεραπεία, έχετε ακολουθήσει ωροσκόπια ή έχετε φορέσει κόκκινα κορδόνια;
2. **Μετανοήστε** που αναζητάτε φως έξω από τον Χριστό.
3. **Διακόψτε τους δεσμούς** με:
    - Διδασκαλίες Καμπάλα/Ζοχάρ
    - Ενεργειακή ιατρική ή ενεργοποίηση φωτός
    - Επικλήσεις Αγγέλων ή αποκωδικοποίηση ονομάτων
    - Ιερή γεωμετρία, αριθμολογία ή «κώδικες»
4. **Προσευχηθείτε δυνατά**:

«Ιησού, εσύ είσαι το Φως του κόσμου. Αποκηρύσσω κάθε ψεύτικο φως, κάθε απόκρυφη διδασκαλία και κάθε μυστικιστική παγίδα. Επιστρέφω σε Εσένα ως τη μόνη πηγή αλήθειας μου!»

1. **Γραφές προς Διακήρυξη** :
   - Ιωάννης 8:12
   - Δευτερονόμιο 18:10–12
   - Ησαΐας 2:6
   - Β' Κορινθίους 11:13–15

Ομαδική Αίτηση

- Ρωτήστε: Έχετε ποτέ συμμετάσχει εσείς (ή η οικογένειά σας) ή έχετε εκτεθεί σε διδασκαλίες της Νέας Εποχής, της αριθμολογίας, της Καμπάλα ή μυστικιστικές διδασκαλίες του «φωτός»;
- Ομαδική αποκήρυξη του ψευδούς φωτός και εκ νέου αφιέρωση στον Ιησού ως το μόνο Φως.
- Χρησιμοποιήστε εικόνες αλατιού και φωτός — δώστε σε κάθε συμμετέχοντα μια πρέζα αλάτι και ένα κερί για να δηλώσει: «Είμαι αλάτι και φως μόνο εν Χριστώ».

Βασική γνώση

Δεν είναι κάθε φως άγιο. Ό,τι φωτίζει έξω από τον Χριστό τελικά θα καταναλώσει.

Ημερολόγιο Στοχασμού

- Έχω αναζητήσει γνώση, δύναμη ή θεραπεία έξω από τον Λόγο του Θεού;
- Ποια πνευματικά εργαλεία ή διδασκαλίες χρειάζομαι να ξεφορτωθώ;
- Υπάρχει κάποιος που έχω εισαγάγει σε πρακτικές της Νέας Εποχής ή «ελαφρών» πρακτικών και πρέπει τώρα να τον καθοδηγήσω πίσω;

Προσευχή της Απελευθέρωσης

Πατέρα, συμφωνώ με κάθε πνεύμα ψευδούς φωτός, μυστικισμού και μυστικής γνώσης. Αποκηρύσσω την Καμπάλα, την αριθμολογία, την ιερή γεωμετρία και κάθε σκοτεινό κώδικα που παρουσιάζεται ως φως. Δηλώνω ότι ο Ιησούς είναι το Φως της ζωής μου. Απομακρύνομαι από το μονοπάτι της απάτης και βαδίζω στην αλήθεια. Καθάρισέ με με τη φωτιά Σου και γέμισε με με το Άγιο Πνεύμα. Στο όνομα του Ιησού. Αμήν.

ΗΜΕΡΑ 29: ΤΟ Πέπλο των Ιλουμινάτι — Αποκάλυψη των Ελίτ Αποκρυφιστικών Δικτύων

> *Οι βασιλιάδες της γης παρατάσσονται και οι άρχοντες συγκεντρώνονται εναντίον του Κυρίου και εναντίον του Χρισμένου Του».* — Ψαλμός 2:2
> *«Δεν υπάρχει κρυφό που να μην αποκαλυφθεί, ούτε κρυφό που να μην έρθει στο φως».* — Λουκάς 8:17

Υπάρχει ένας κόσμος μέσα στον κόσμο μας. Κρυμμένος σε κοινή θέα.

Από το Χόλιγουντ μέχρι τα υψηλά χρηματοπιστωτικά ιδρύματα, από τους πολιτικούς διαδρόμους μέχρι τις μουσικές αυτοκρατορίες, ένα δίκτυο σκοτεινών συμμαχιών και πνευματικών συμβολαίων διέπει συστήματα που διαμορφώνουν τον πολιτισμό, τη σκέψη και την εξουσία. Είναι κάτι περισσότερο από συνωμοσία - είναι μια αρχαία εξέγερση αναδιαμορφωμένη για τη σύγχρονη σκηνή.

Οι Ιλουμινάτι, στον πυρήνα τους, δεν είναι απλώς μια μυστική κοινωνία - είναι μια λουσιφεριανή ατζέντα. Μια πνευματική πυραμίδα όπου όσοι βρίσκονται στην κορυφή ορκίζονται πίστη μέσω αίματος, τελετουργιών και ανταλλαγής ψυχών, συχνά τυλιγμένα σε σύμβολα, μόδα και ποπ κουλτούρα για να επηρεάσουν τις μάζες.

Δεν πρόκειται για παράνοια. Πρόκειται για επίγνωση.

ΑΛΗΘΙΝΗ ΙΣΤΟΡΙΑ – ΕΝΑ Ταξίδι από τη Δόξα στην Πίστη

Ο Μάρκους ήταν ένας ανερχόμενος μουσικός παραγωγός στις ΗΠΑ. Όταν η τρίτη μεγάλη επιτυχία του ανέβηκε στα charts, τον σύστησαν σε μια αποκλειστική λέσχη - ισχυρούς άνδρες και γυναίκες, πνευματικούς «μέντορες», συμβόλαια βουτηγμένα στη μυστικότητα. Στην αρχή, φαινόταν σαν ελίτ καθοδήγηση. Έπειτα ήρθαν οι συνεδρίες «επίκλησης» - σκοτεινά δωμάτια, κόκκινα φώτα, ψαλμωδίες και τελετουργίες καθρέφτη. Άρχισε να βιώνει εξωσωματικά ταξίδια, φωνές να του ψιθυρίζουν τραγούδια τη νύχτα.

Ένα βράδυ, υπό την επήρεια και τα βασανιστήρια, προσπάθησε να αυτοκτονήσει. Αλλά ο Ιησούς παρενέβη. Η μεσολάβηση μιας προσευχόμενης γιαγιάς έσπασε. Έφυγε, αποκήρυξε το σύστημα και ξεκίνησε ένα μακρύ ταξίδι απελευθέρωσης. Σήμερα, εκθέτει το σκοτάδι της βιομηχανίας μέσα από μουσική που μαρτυρά το φως.

ΚΡΥΦΑ ΣΥΣΤΗΜΑΤΑ ΕΛΕΓΧΟΥ

- **Θυσίες με αίμα και σεξουαλικές τελετουργίες** – Η μύηση στην εξουσία απαιτεί ανταλλαγή: σώμα, αίμα ή αθωότητα.
- **Προγραμματισμός Νου (μοτίβα MK Ultra)** – Χρησιμοποιείται στα μέσα ενημέρωσης, τη μουσική, την πολιτική για τη δημιουργία κατακερματισμένων ταυτοτήτων και χειριστών.
- **Συμβολισμός** – Μάτια σε σχήμα πυραμίδας, φοίνικες, δάπεδα σε σχήμα σκακιέρας, κουκουβάγιες και ανεστραμμένα αστέρια – πύλες πίστης.
- **Λουσιφεριανό Δόγμα** – «Κάνε ό,τι θέλεις», «Γίνε ο δικός σου θεός», « Φώτιση Φωτοφόρου ».

Σχέδιο Δράσης – Απελευθέρωση από τους Elite Webs

1. **Μετανοήστε** για τη συμμετοχή σας σε οποιοδήποτε σύστημα που συνδέεται με αποκρυφιστική ενδυνάμωση, έστω και εν αγνοία σας (μουσική, μέσα ενημέρωσης, συμβόλαια).
2. **Απαρνηθείτε** τη φήμη με κάθε κόστος, τις κρυφές συμφωνίες ή τη γοητεία που σας ασκεί ο ελίτ στον τρόπο ζωής.
3. **Προσευχηθείτε για** κάθε συμβόλαιο, μάρκα ή δίκτυο στο οποίο συμμετέχετε . Ζητήστε από το Άγιο Πνεύμα να αποκαλύψει κρυφούς δεσμούς.
4. **Δηλώστε δυνατά** :

«Απορρίπτω κάθε σύστημα, όρκο και σύμβολο του σκότους. Ανήκω στο Βασίλειο του Φωτός. Η ψυχή μου δεν πωλείται!»

1. **Anchor Scriptures** :

- Ησαΐας 28:15-18 – Η διαθήκη με τον θάνατο δεν θα σταθεί
- Ψαλμός 2 – Ο Θεός γελάει με τις πονηρές συνωμοσίες
- Α' Κορινθίους 2:6–8 – Οι άρχοντες αυτού του αιώνα δεν κατανοούν τη σοφία του Θεού

ΟΜΑΔΙΚΗ ΑΙΤΗΣΗ

- Ηγηθείτε της ομάδας σε μια συνεδρία **καθαρισμού συμβόλων** — φέρτε εικόνες ή λογότυπα για τα οποία οι συμμετέχοντες έχουν ερωτήσεις.
- Ενθαρρύνετε τους ανθρώπους να μοιραστούν πού έχουν δει πινακίδες των Ιλλουμινάτι στην ποπ κουλτούρα και πώς αυτό διαμόρφωσε τις απόψεις τους.
- Προσκαλέστε τους συμμετέχοντες να **επαναδέσουν την επιρροή τους** (μουσική, μόδα, μέσα ενημέρωσης) στον σκοπό του Χριστού.

Βασική γνώση
Η πιο ισχυρή απάτη είναι αυτή που κρύβεται στην αίγλη. Αλλά όταν αφαιρεθεί η μάσκα, οι αλυσίδες σπάνε.

Ημερολόγιο Στοχασμού

- Με ελκύουν σύμβολα ή κινήσεις που δεν κατανοώ πλήρως;
- Έχω κάνει όρκους ή συμφωνίες επιδιώκοντας την επιρροή ή τη φήμη;
- Ποιο μέρος του ταλέντου ή της πλατφόρμας μου πρέπει να παραδώσω ξανά στον Θεό;

Προσευχή της Ελευθερίας
Πατέρα, απορρίπτω κάθε κρυφή δομή, όρκο και επιρροή των Ιλλουμινάτι και της ελίτ του αποκρυφισμού. Αποκηρύσσω τη φήμη χωρίς Εσένα, τη δύναμη χωρίς σκοπό και τη γνώση χωρίς το Άγιο Πνεύμα. Ακυρώνω κάθε διαθήκη αίματος ή λόγου που έγινε ποτέ πάνω μου, εν γνώσει ή εν αγνοία μου. Ιησού, σε ενθρονίζω ως Κύριο πάνω στο μυαλό μου, τα χαρίσματα και το πεπρωμένο μου. Αποκάλυψε και κατέστρεψε κάθε αόρατη αλυσίδα. Στο όνομά Σου ανασταίνομαι και περπατώ στο φως. Αμήν.

ΗΜΕΡΑ 30: ΤΑ ΣΧΟΛΕΙΑ ΜΥΣΤΗΡΙΟΥ — ΑΡΧΑΙΑ ΜΥΣΤΙΚΑ, ΣΥΓΧΡΟΝΗ ΔΕΣΜΕΥΣΗ

«*Οι λαιμοί τους είναι ανοιχτοί τάφοι· οι γλώσσες τους ασκούν απάτη· δηλητήριο εχιδνών είναι στα χείλη τους*». — Ρωμαίους 3:13

«*Μην ονομάζετε συνωμοσία όλα όσα αυτός ο λαός αποκαλεί συνωμοσία· μη φοβάστε αυτά που φοβούνται... Τον Κύριο τον Παντοδύναμο να θεωρείτε άγιο...*» — Ησαΐας 8:12–13

Πολύ πριν από τους Ιλλουμινάτι, υπήρχαν οι αρχαίες σχολές μυστηρίου - Αίγυπτος, Βαβυλώνα, Ελλάδα, Περσία - που είχαν σχεδιαστεί όχι μόνο για να μεταδίδουν «γνώση», αλλά και για να αφυπνίζουν υπερφυσικές δυνάμεις μέσω σκοτεινών τελετουργιών. Σήμερα, αυτές οι σχολές αναβιώνουν σε ελίτ πανεπιστήμια, πνευματικά καταφύγια, στρατόπεδα «ευαισθητοποίησης», ακόμη και μέσω διαδικτυακών μαθημάτων κατάρτισης που μεταμφιέζονται ως προσωπική ανάπτυξη ή αφύπνιση συνείδησης υψηλού επιπέδου.

Από τους κύκλους της Καμπάλα μέχρι τη Θεοσοφία, τα Ερμητικά Τάγματα και τον Ροδοσταυρισμό — ο στόχος είναι ο ίδιος: «να γίνουμε σαν θεοί», αφυπνίζοντας λανθάνουσα δύναμη χωρίς την παράδοση στον Θεό. Κρυμμένα άσματα, ιερή γεωμετρία, αστρική προβολή, ξεκλείδωμα επίφυσης και τελετουργικές τελετουργίες φέρνουν πολλούς σε πνευματική δουλεία υπό το πρόσχημα του «φωτός».

Αλλά κάθε «φως» που δεν έχει τις ρίζες του στον Ιησού είναι ένα ψεύτικο φως. Και κάθε κρυφός όρκος πρέπει να παραβιαστεί.

Πραγματική Ιστορία – Από τον Έμπειρο στον Εγκαταλελειμμένο

Η Σάντρα*, μια νοτιοαφρικανή προπονήτρια ευεξίας, μυήθηκε σε ένα αιγυπτιακό μυστήριο μέσω ενός προγράμματος καθοδήγησης. Η εκπαίδευση περιελάμβανε ευθυγραμμίσεις τσάκρα, διαλογισμούς με τον ήλιο, τελετουργίες σελήνης και αρχαίες σοφίες. Άρχισε να βιώνει «κατεβάσματα» και «αναλήψεις», αλλά σύντομα αυτά μετατράπηκαν σε κρίσεις πανικού, παράλυση ύπνου και αυτοκτονικά επεισόδια.

Όταν ένας ιερέας απελευθέρωσης αποκάλυψε την πηγή, η Σάντρα συνειδητοποίησε ότι η ψυχή της ήταν δεμένη μέσω όρκων και πνευματικών συμβολαίων. Η αποκήρυξη της τάξης σήμαινε απώλεια εισοδήματος και διασυνδέσεων — αλλά κέρδισε την ελευθερία της. Σήμερα, διευθύνει ένα κέντρο θεραπείας με επίκεντρο τον Χριστό, προειδοποιώντας τους άλλους για την απάτη της Νέας Εποχής.

Κοινά Θέματα των Σχολών Μυστηρίου Σήμερα

- **Κύκλοι της Καμπάλα** – Εβραϊκός μυστικισμός αναμεμειγμένος με αριθμολογία, αγγελική λατρεία και αστρικά επίπεδα.
- **Ερμητισμός** – Δόγμα «Όπως πάνω, έτσι και κάτω»· ενδυνάμωση της ψυχής να χειραγωγεί την πραγματικότητα.
- **Ροδοσταυρικοί** – Μυστικά τάγματα που συνδέονται με την αλχημική μεταμόρφωση και την πνευματική ανάληψη.
- **Ελευθεροτεκτονισμός & Εσωτερικές Αδελφότητες** – Πολυεπίπεδη πρόοδος στο κρυφό φως· κάθε βαθμός δεσμεύεται από όρκους και τελετουργίες.
- **Πνευματικά Καταφύγια** – Ψυχεδελικές τελετές «φώτισης» με σαμάνους ή «οδηγούς».

Σχέδιο Δράσης – Σπάζοντας τους Αρχαίους Ζυγούς

1. **Αποκηρύξτε** όλες τις διαθήκες που έγιναν μέσω μυήσεων, μαθημάτων ή πνευματικών συμβάσεων εκτός Χριστού.
2. **Ακυρώστε** τη δύναμη κάθε πηγής «φωτός» ή «ενέργειας» που δεν έχει τις ρίζες της στο Άγιο Πνεύμα.
3. **Καθαρίστε** το σπίτι σας από σύμβολα: άγκχ, το μάτι του Ώρου, την ιερή γεωμετρία, τους βωμούς, το θυμίαμα, τα αγάλματα ή τα τελετουργικά βιβλία.
4. **Δηλώστε φωναχτά**:

«Απορρίπτω κάθε αρχαίο και σύγχρονο μονοπάτι προς το ψεύτικο φως. Υποτάσσομαι στον Ιησού Χριστό, το αληθινό Φως. Κάθε μυστικός όρκος παραβιάζεται από το αίμα Του.»

ANCHOR SCRIPTURES

- Κολοσσαείς 2:8 – Καμία κούφια και απατηλή φιλοσοφία
- Ιωάννης 1:4-5 – Το αληθινό φως λάμπει στο σκοτάδι
- Α΄ Κορινθίους 1:19–20 – Ο Θεός καταστρέφει τη σοφία των σοφών

ΟΜΑΔΙΚΗ ΑΙΤΗΣΗ

- Διοργανώστε μια συμβολική βραδιά «καύσης ρόλων» (Πράξεις 19:19) — όπου τα μέλη της ομάδας φέρνουν και καταστρέφουν τυχόν απόκρυφα βιβλία, κοσμήματα ή αντικείμενα.
- Προσευχηθείτε για ανθρώπους που έχουν «κατεβάσει» παράξενη γνώση ή έχουν ανοίξει τα τσάκρα του τρίτου ματιού μέσω διαλογισμού.
- Καθοδηγήστε τους συμμετέχοντες σε μια προσευχή **μεταφοράς φωτός** — ζητώντας από το Άγιο Πνεύμα να αναλάβει κάθε περιοχή που είχε παραδοθεί προηγουμένως στο απόκρυφο φως.

ΒΑΣΙΚΗ ΓΝΩΣΗ

Ο Θεός δεν κρύβει την αλήθεια σε αινίγματα και τελετουργίες — την αποκαλύπτει μέσω του Υιού Του. Να προσέχετε το «φως» που σας παρασύρει στο σκοτάδι.

ΗΜΕΡΟΛΟΓΙΟ ΣΤΟΧΑΣΜΟΥ

- Έχω γραφτεί σε κάποια διαδικτυακή ή φυσική σχολή που υπόσχεται

αρχαία σοφία, ενεργοποίηση ή μυστηριώδεις δυνάμεις;
- Υπάρχουν βιβλία, σύμβολα ή τελετουργίες που κάποτε θεωρούσα ακίνδυνα, αλλά τώρα νιώθω ότι τα καταδικάζω;
- Πού έχω αναζητήσει πνευματική εμπειρία περισσότερο από τη σχέση με τον Θεό;

Προσευχή της Απελευθέρωσης

Κύριε Ιησού, Εσύ είσαι η Οδός, η Αλήθεια και το Φως. Μετανοώ για κάθε μονοπάτι που ακολούθησα και παρέκαμψε τον Λόγο Σου. Αποκηρύσσω όλες τις μυστηριώδεις σχολές, τις μυστικές τάξεις, τους όρκους και τις μυήσεις. Σπάω τους δεσμούς της ψυχής με όλους τους οδηγούς, τους δασκάλους, τα πνεύματα και τα συστήματα που έχουν τις ρίζες τους στην αρχαία απάτη. Λάμψε το φως Σου σε κάθε κρυφό μέρος της καρδιάς μου και γέμισε με με την αλήθεια του Πνεύματος Σου. Στο όνομα του Ιησού, περπατώ ελεύθερος. Αμήν.

ΗΜΕΡΑ 31: ΚΑΜΠΑΛΑ, ΙΕΡΗ ΓΕΩΜΕΤΡΙΑ & ΕΛΙΤ ΦΩΤΟΣ ΕΞΑΠΑΤΗΣΗ

«*Διότι ο ίδιος ο Σατανάς μεταμορφώνεται σε άγγελο φωτός.*» — Β΄ Κορινθίους 11:14

«*Τα κρυφά πράγματα ανήκουν στον Κύριο τον Θεό μας, τα όμως αποκαλυπτόμενα σε εμάς ανήκουν...*» — Δευτερονόμιο 29:29

Στην αναζήτησή μας για πνευματική γνώση, υπάρχει ένας κίνδυνος - η γοητεία της «κρυμμένης σοφίας» που υπόσχεται δύναμη, φως και θεϊκότητα ξεχωριστά από τον Χριστό. Από τους κύκλους των διασημοτήτων μέχρι τις μυστικές στοές, από την τέχνη μέχρι την αρχιτεκτονική, ένα μοτίβο απάτης υφαίνει τον δρόμο του σε όλο τον κόσμο, παρασύροντας τους αναζητητές στον εσωτερικό ιστό της **Καμπάλα**, **της ιερής γεωμετρίας** και **των μυστηριωδών διδασκαλιών**.

Αυτές δεν είναι ακίνδυνες διανοητικές εξερευνήσεις. Είναι είσοδοι σε πνευματικές διαθήκες με πεσμένους αγγέλους που μεταμφιέζονται σε φως.

ΠΑΓΚΟΣΜΙΕΣ ΕΚΔΗΛΩΣΕΙΣ

- **Χόλιγουντ και μουσική βιομηχανία** – Πολλές διασημότητες φορούν ανοιχτά βραχιόλια Καμπάλα ή κάνουν τατουάζ ιερά σύμβολα (όπως το Δέντρο της Ζωής) που ανάγονται στον αποκρυφιστικό εβραϊκό μυστικισμό.
- **Μόδα & Αρχιτεκτονική** – Τεκτονικά σχέδια και ιερά γεωμετρικά μοτίβα (το Λουλούδι της Ζωής, εξάγραμμα, το Μάτι του Ώρου) είναι ενσωματωμένα σε ρούχα, κτίρια και ψηφιακή τέχνη.
- **Μέση Ανατολή και Ευρώπη** – Τα κέντρα μελέτης της Καμπάλα

ευδοκιμούν στις ελίτ, συνδυάζοντας συχνά τον μυστικισμό με την αριθμολογία, την αστρολογία και τις αγγελικές επικλήσεις.
- **Διαδικτυακοί & Κύκλοι της Νέας Εποχής Παγκοσμίως** – Το YouTube, το TikTok και τα podcast κανονικοποιούν τους «κώδικες φωτός», τις «πύλες ενέργειας», τις «δονήσεις 3-6-9» και τις διδασκαλίες «θεϊκής μήτρας» που βασίζονται στην ιερή γεωμετρία και τα καμπαλιστικά πλαίσια.

Αληθινή Ιστορία — Όταν το Φως Γίνεται Ψέμα

Η Γιάνα, μια 27χρονη από τη Σουηδία, άρχισε να εξερευνά την Καμπάλα αφού ακολούθησε τον αγαπημένο της τραγουδιστή, ο οποίος την απέδωσε για το «δημιουργικό της ξύπνημα». Αγόρασε το κόκκινο βραχιόλι με κορδόνι, άρχισε να διαλογίζεται με γεωμετρικά μαντάλα και μελέτησε ονόματα αγγέλων από αρχαία εβραϊκά κείμενα.

Τα πράγματα άρχισαν να αλλάζουν. Τα όνειρά της γίνονταν παράξενα. Ένιωθε όντα δίπλα της στον ύπνο της, να ψιθυρίζουν σοφία — και μετά να απαιτούν αίμα. Σκιές την ακολουθούσαν, κι όμως λαχταρούσε περισσότερο φως.

Τελικά, έπεσε πάνω σε ένα βίντεο απελευθέρωσης στο διαδίκτυο και συνειδητοποίησε ότι το βασανιστήριό της δεν ήταν πνευματική ανάβαση, αλλά πνευματική απάτη. Μετά από έξι μήνες συνεδριών απελευθέρωσης, νηστείας και καύσης κάθε καμπαλιστικού αντικειμένου στο σπίτι της, η ειρήνη άρχισε να επιστρέφει. Τώρα προειδοποιεί τους άλλους μέσω του ιστολογίου της: «Το ψεύτικο φως παραλίγο να με καταστρέψει».

ΔΙΑΚΡΙΝΟΝΤΑΣ ΤΟ ΜΟΝΟΠΑΤΙ

Η Καμπάλα, ενώ μερικές φορές είναι ντυμένη με θρησκευτικά άμφια, απορρίπτει τον Ιησού Χριστό ως τον μόνο δρόμο προς τον Θεό. Συχνά εξυψώνει τον **«θείο εαυτό»**, προωθεί **την επικοινωνία** και **την ανάληψη στο δέντρο της ζωής** και χρησιμοποιεί **τον μαθηματικό μυστικισμό** για να επικαλεστεί δύναμη. Αυτές οι πρακτικές ανοίγουν **πνευματικές πύλες** — όχι προς τον παράδεισο, αλλά σε οντότητες που μεταμφιέζονται σε φωτοφόρες.

Πολλές Καμπαλιστικές διδασκαλίες τέμνονται με:

- Ελευθεροτεκτονισμός
- Ροδοσταυρισμός
- Γνωστικισμός
- Λουσιφεριανές λατρείες του διαφωτισμού

Ο κοινός παρονομαστής; Η επιδίωξη της θεότητας χωρίς τον Χριστό.
Σχέδιο Δράσης – Έκθεση & Απομάκρυνση Ψευδούς Φωτός

1. **Μετανοήστε** για κάθε ενασχόληση με την Καμπάλα, την αριθμολογία, την ιερή γεωμετρία ή τις διδασκαλίες «σχολείων μυστηρίου».
2. **Καταστρέψτε αντικείμενα** στο σπίτι σας που συνδέονται με αυτές τις πρακτικές — μαντάλα, βωμούς, κείμενα της Καμπάλα, κρυστάλλινα πλέγματα, κοσμήματα με ιερά σύμβολα.
3. **Αποκηρύξτε πνεύματα ψευδούς φωτός** (π.χ., Μετατρόν, Ραζιήλ, Σεκίνα σε μυστικιστική μορφή) και δώστε εντολή σε κάθε ψεύτικο άγγελο να φύγει.
4. **Βυθίσου** στην απλότητα και την επάρκεια του Χριστού (Β΄ Κορινθίους 11:3).
5. **Νηστεύστε και χρίστε** τον εαυτό σας — μάτια, μέτωπο, χέρια — αποκηρύσσοντας κάθε ψεύτικη σοφία και δηλώνοντας την αφοσίωσή σας μόνο στον Θεό.

Ομαδική Αίτηση

- Μοιραστείτε τυχόν συναντήσεις με «διδασκαλίες φωτός», αριθμολογία, μέσα ενημέρωσης της Καμπάλα ή ιερά σύμβολα.
- Ως ομάδα, απαριθμήστε φράσεις ή πεποιθήσεις που ακούγονται «πνευματικές» αλλά αντιτίθενται στον Χριστό (π.χ. «Είμαι θεϊκός», «το σύμπαν παρέχει», «συνείδηση του Χριστού»).
- Αλείψτε κάθε άτομο με λάδι ενώ παράλληλα διακηρύττετε το εδάφιο Ιωάννης 8:12 — «*Ο Ιησούς είναι το Φως του Κόσμου*».
- Κάψτε ή απορρίψτε οποιαδήποτε υλικά ή αντικείμενα που αναφέρονται στην ιερή γεωμετρία, τον μυστικισμό ή τους «θεϊκούς κώδικες».

ΒΑΣΙΚΗ ΓΝΩΣΗ

Ο Σατανάς δεν έρχεται πρώτος ως καταστροφέας. Συχνά έρχεται ως φωτιστής — προσφέροντας μυστική γνώση και ψευδές φως. Αλλά αυτό το φως οδηγεί μόνο σε βαθύτερο σκοτάδι.

Ημερολόγιο Στοχασμού

- Έχω ανοίξει το πνεύμα μου σε κάποιο «πνευματικό φως» που παρέκαμψε τον Χριστό;
- Υπάρχουν σύμβολα, φράσεις ή αντικείμενα που θεωρούσα ακίνδυνα αλλά τώρα αναγνωρίζω ως πύλες;
- Μήπως έχω υπερεκτιμήσει την προσωπική μου σοφία πάνω από την βιβλική αλήθεια;

Προσευχή της Απελευθέρωσης

Πατέρα, αποκηρύσσω κάθε ψεύτικο φως, μυστικιστική διδασκαλία και μυστική γνώση που έχει εμπλέξει την ψυχή μου. Ομολογώ ότι μόνο ο Ιησούς Χριστός είναι το αληθινό Φως του κόσμου. Απορρίπτω την Καμπάλα, την ιερή γεωμετρία, την αριθμολογία και όλες τις διδασκαλίες των δαιμόνων. Ας ξεριζωθεί τώρα κάθε ψεύτικο πνεύμα από τη ζωή μου. Καθάρισε τα μάτια μου, τις σκέψεις μου, τη φαντασία μου και το πνεύμα μου. Είμαι μόνο δικός Σου - πνεύμα, ψυχή και σώμα. Στο όνομα του Ιησού. Αμήν.

ΗΜΕΡΑ 3 2: ΤΟ ΠΝΕΥΜΑ ΤΟΥ ΦΙΔΙΟΥ ΕΣΩΤΕΡΙΚΑ — ΟΤΑΝ Η ΑΠΕΛΕΥΘΕΡΩΣΗ ΕΡΧΕΤΑΙ ΠΟΛΥ ΑΡΓΑ

«*Έχουν μάτια γεμάτα μοιχεία... δελεάζουν ασταθείς ψυχές... ακολούθησαν την οδό του Βαλαάμ... για τον οποίο φυλάσσεται το σκοτάδι του αιώνιου.*» — Β' Πέτρου 2:14–17

«*Μην πλανάστε· ο Θεός δεν εμπαίζεται· ο άνθρωπος ό,τι σπείρει, θερίζει.*» — Γαλάτες 6:7

Υπάρχει μια δαιμονική απάτη που παρελαύνει ως φώτιση. Θεραπεύει, ενεργοποιεί, ενδυναμώνει — αλλά μόνο για μια εποχή. Ψιθυρίζει θεϊκά μυστήρια, ανοίγει το «τρίτο μάτι» σας, απελευθερώνει δύναμη στη σπονδυλική στήλη — και μετά **σας υποδουλώνει σε βασανιστήρια**.

Είναι η **Κουνταλίνι**.

Το **πνεύμα του φιδιού**.

Το ψεύτικο «άγιο πνεύμα» της Νέας Εποχής.

Μόλις ενεργοποιηθεί — μέσω γιόγκα, διαλογισμού, ψυχεδελικών, τραύματος ή αποκρυφιστικών τελετουργιών — αυτή η δύναμη περιελίσσεται στη βάση της σπονδυλικής στήλης και ανεβαίνει σαν φωτιά μέσα από τα τσάκρα. Πολλοί πιστεύουν ότι πρόκειται για πνευματική αφύπνιση. Στην πραγματικότητα, πρόκειται για **δαιμονική κατοχή** μεταμφιεσμένη σε θεϊκή ενέργεια.

Τι γίνεται όμως όταν **δεν φεύγει**;

Αληθινή ιστορία – «Δεν μπορώ να το κλείσω»

Η Μαρίσα, μια νεαρή χριστιανή γυναίκα στον Καναδά, είχε ασχοληθεί με τη «χριστιανική γιόγκα» πριν δώσει τη ζωή της στον Χριστό. Αγαπούσε τα γαλήνια συναισθήματα, τις δονήσεις, τα φωτεινά οράματα. Αλλά μετά από μια έντονη συνεδρία όπου ένωσε τη σπονδυλική της στήλη να «αναφλέγεται», λιποθύμησε - και ξύπνησε ανίκανη να αναπνεύσει. Εκείνο το βράδυ, κάτι άρχισε **να βασανίζει** *τον ύπνο της*, στρίβοντας το σώμα της, εμφανιζόμενος ως «Ιησούς» στα όνειρά της - αλλά να την κοροϊδεύει.

Λάμβανε **λύτρωση** πέντε φορές. Τα πνεύματα έφευγαν - αλλά επέστρεφαν. Η σπονδυλική της στήλη εξακολουθούσε να δονείται. Τα μάτια της έβλεπαν συνεχώς στο πνευματικό βασίλειο. Το σώμα της κινούνταν ακούσια. Παρά τη σωτηρία, τώρα περπατούσε μέσα σε μια κόλαση που λίγοι Χριστιανοί καταλάβαιναν. Το πνεύμα της σώθηκε - αλλά η ψυχή της παραβιάστηκε, *ράγισε και θρυμματίστηκε*.

Οι Συνέπειες για τις οποίες Κανείς Δεν Μιλάει

- **Τα τρίτα μάτια παραμένουν ανοιχτά**: Συνεχή οράματα, παραισθήσεις, πνευματικός θόρυβος, «άγγελοι» που λένε ψέματα.
- **Το σώμα δεν σταματά να δονείται**: Ανεξέλεγκτη ενέργεια, πίεση στο κρανίο, αίσθημα παλμών της καρδιάς.
- **Αδιάκοπο μαρτύριο**: Ακόμα και μετά από 10+ συνεδρίες απελευθέρωσης.
- **Απομόνωση**: Οι πάστορες δεν καταλαβαίνουν. Οι εκκλησίες αγνοούν το πρόβλημα. Το άτομο χαρακτηρίζεται ως «ασταθές».
- **Φόβος της κόλασης**: Όχι λόγω της αμαρτίας, αλλά λόγω του βασανιστηρίου που αρνείται να τελειώσει.

Μπορούν οι Χριστιανοί να φτάσουν σε ένα σημείο χωρίς επιστροφή;

Ναι — σε αυτή τη ζωή. Μπορείτε να **σωθείτε**, αλλά τόσο κατακερματισμένοι που **η ψυχή σας βασανίζεται μέχρι θανάτου**.

Αυτό δεν είναι εκφοβισμός. Αυτή είναι μια **προφητική προειδοποίηση**.

Παγκόσμια παραδείγματα

- **Αφρική** – Ψευδοπροφήτες απελευθερώνουν φωτιά Κουνταλίνι κατά τη διάρκεια των λειτουργιών — οι άνθρωποι σπαράζουν, αφρίζουν, γελούν ή βρυχώνται.
- **Ασία** – Δάσκαλοι της γιόγκα ανέρχονται σε «σίντι» (δαιμονική κατοχή) και την αποκαλούν θεϊκή συνείδηση.
- **Ευρώπη/Βόρεια Αμερική** – Νεοχαρισματικά κινήματα που διοχετεύουν «βασίλεια δόξας», γαβγίζουν, γελούν, πέφτουν ανεξέλεγκτα — όχι από

τον Θεό.
- **Λατινική Αμερική** – Σαμανικές αφυπνίσεις που χρησιμοποιούν αγιαχουάσκα (φυτικά φάρμακα) για να ανοίξουν πνευματικές πόρτες που δεν μπορούν να κλείσουν.

ΣΧΕΔΙΟ ΔΡΑΣΗΣ — ΑΝ το Παρακάνετε

1. **Ομολογήστε την ακριβή πύλη** : Κουνταλίνι γιόγκα, διαλογισμοί τρίτου ματιού, εκκλησίες της νέας εποχής, ψυχεδελικά, κ.λπ.
2. **Σταματήστε κάθε κυνηγητό απελευθέρωσης** : Μερικά πνεύματα βασανίζονται περισσότερο όταν τα ενδυναμώνετε συνεχώς με φόβο.
3. **Να βασίζεστε στην Αγία Γραφή** ΚΑΘΗΜΕΡΙΝΑ — ειδικά στον Ψαλμό 119, τον Ησαΐα 61 και το Ιωάννη 1. Αυτά ανανεώνουν την ψυχή.
4. **Υποβολή στην κοινότητα** : Βρείτε τουλάχιστον έναν πιστό γεμάτο από Άγιο Πνεύμα για να πορευτείτε μαζί του. Η απομόνωση ενδυναμώνει τους δαίμονες.
5. **Απαρνηθείτε κάθε πνευματική «όραση», φωτιά, γνώση, ενέργεια** — ακόμα κι αν σας φαίνεται ιερή.
6. **Ζήτα από τον Θεό έλεος** — Όχι μία φορά. Καθημερινά. Κάθε ώρα. Επιμονή. Ο Θεός μπορεί να μην το αφαιρέσει αμέσως, αλλά θα σε φέρει κοντά Του.

ΟΜΑΔΙΚΗ ΑΙΤΗΣΗ

- Κρατήστε έναν χρόνο σιωπηλής περισυλλογής. Ρωτήστε: Έχω επιδιώξει την πνευματική δύναμη αντί για την πνευματική αγνότητα;
- Προσευχηθείτε για όσους έχουν αδυσώπητα βάσανα. ΜΗΝ υπόσχεστε άμεση ελευθερία — υποσχεθείτε **μαθητεία**.
- Διδάξτε τη διαφορά μεταξύ του **καρπού του Πνεύματος** (Γαλάτες 5:22-23) και των **ψυχικών εκδηλώσεων** (τρόμος, καύσωνας, οράματα).
- Κάψτε ή καταστρέψτε κάθε αντικείμενο της νέας εποχής: σύμβολα

τσάκρα, κρυστάλλους, χαλάκια γιόγκα, βιβλία, έλαια, «κάρτες του Ιησού».

Βασική γνώση

Υπάρχει ένα **όριο** που μπορεί να ξεπεραστεί — όταν η ψυχή γίνεται μια ανοιχτή πύλη και αρνείται να κλείσει. Το πνεύμα σας μπορεί να σωθεί… αλλά η ψυχή και το σώμα σας μπορεί να εξακολουθούν να ζουν σε βασανιστήρια αν έχετε μολυνθεί από το απόκρυφο φως.

Ημερολόγιο Στοχασμού

- Επιδίωξα ποτέ τη δύναμη, τη φωτιά ή την προφητική όραση περισσότερο από την αγιότητα και την αλήθεια;
- Έχω ανοίξει πόρτες μέσω «χριστιανοποιημένων» πρακτικών της νέας εποχής;
- Είμαι πρόθυμος να **περπατάω καθημερινά** με τον Θεό, ακόμα κι αν η πλήρης απελευθέρωση πάρει χρόνια;

Προσευχή Επιβίωσης

Πατέρα, κραυγάζω για έλεος. Αποκηρύσσω κάθε πνεύμα φιδιού, δύναμη Κουνταλίνι, άνοιγμα τρίτου ματιού, ψεύτικη φωτιά ή απομίμηση της νέας εποχής που έχω αγγίξει ποτέ. Παραδίδω την ψυχή μου - διαλυμένη όπως είναι - πίσω σε Σένα. Ιησού, σώσε με όχι μόνο από την αμαρτία, αλλά και από το μαρτύριο. Σφράγισε τις πύλες μου. Θεράπευσε το μυαλό μου. Κλείσε τα μάτια μου. Συνέτριψε το φίδι στη σπονδυλική μου στήλη. Σε περιμένω, ακόμα και στον πόνο. Και δεν θα τα παρατήσω. Στο όνομα του Ιησού. Αμήν.

ΗΜΕΡΑ 33: ΤΟ ΠΝΕΥΜΑ ΤΟΥ ΦΙΔΙΟΥ ΕΣΩΤΕΡΙΚΟΥ — ΟΤΑΝ Η ΑΠΕΛΕΥΘΕΡΩΣΗ ΕΡΧΕΤΑΙ ΠΟΛΥ ΑΡΓΑ

«*Έχουν μάτια γεμάτα μοιχεία... δελεάζουν ασταθείς ψυχές... ακολούθησαν την οδό του Βαλαάμ... για τον οποίο φυλάσσεται το σκοτάδι του αιώνιου.*» — Β' Πέτρου 2:14-17

«*Μην πλανάστε· ο Θεός δεν εμπαίζεται· ο άνθρωπος ό,τι σπείρει, θερίζει.*» — Γαλάτες 6:7

Υπάρχει μια δαιμονική απάτη που παρελαύνει ως φώτιση. Θεραπεύει, ενεργοποιεί, ενδυναμώνει — αλλά μόνο για μια εποχή. Ψιθυρίζει θεϊκά μυστήρια, ανοίγει το «τρίτο μάτι» σας, απελευθερώνει δύναμη στη σπονδυλική στήλη — και μετά **σας υποδουλώνει σε βασανιστήρια**.

Είναι η **Κουνταλίνι**.

Το **πνεύμα του φιδιού**.

Το ψεύτικο «άγιο πνεύμα» της Νέας Εποχής.

Μόλις ενεργοποιηθεί — μέσω γιόγκα, διαλογισμού, ψυχεδελικών, τραύματος ή αποκρυφιστικών τελετουργιών — αυτή η δύναμη περιελίσσεται στη βάση της σπονδυλικής στήλης και ανεβαίνει σαν φωτιά μέσα από τα τσάκρα. Πολλοί πιστεύουν ότι πρόκειται για πνευματική αφύπνιση. Στην πραγματικότητα, πρόκειται για **δαιμονική κατοχή** μεταμφιεσμένη σε θεϊκή ενέργεια.

Τι γίνεται όμως όταν **δεν φεύγει**;

Αληθινή ιστορία – «Δεν μπορώ να το κλείσω»

Η Μαρίσα, μια νεαρή χριστιανή γυναίκα στον Καναδά, είχε ασχοληθεί με τη «χριστιανική γιόγκα» πριν δώσει τη ζωή της στον Χριστό. Αγαπούσε τα γαλήνια συναισθήματα, τις δονήσεις, τα φωτεινά οράματα. Αλλά μετά από μια έντονη συνεδρία όπου ένιωσε τη σπονδυλική της στήλη να «αναφλέγεται», λιποθύμησε - και ξύπνησε ανίκανη να αναπνεύσει. Εκείνο το βράδυ, κάτι άρχισε **να βασανίζει**

τον ύπνο της, στρίβοντας το σώμα της, εμφανιζόμενος ως «Ιησούς» στα όνειρά της - αλλά να την κοροϊδεύει.

Λάμβανε **λύτρωση** πέντε φορές. Τα πνεύματα έφευγαν - αλλά επέστρεφαν. Η σπονδυλική της στήλη εξακολουθούσε να δονείται. Τα μάτια της έβλεπαν συνεχώς στο πνευματικό βασίλειο. Το σώμα της κινούνταν ακούσια. Παρά τη σωτηρία, τώρα περπατούσε μέσα σε μια κόλαση που λίγοι Χριστιανοί καταλάβαιναν. Το πνεύμα της σώθηκε - αλλά η ψυχή της παραβιάστηκε, **ράγισε και θρυμματίστηκε**.

Οι Συνέπειες για τις οποίες Κανείς Δεν Μιλάει

- **Τα τρίτα μάτια παραμένουν ανοιχτά**: Συνεχή οράματα, παραισθήσεις, πνευματικός θόρυβος, «άγγελοι» που λένε ψέματα.
- **Το σώμα δεν σταματά να δονείται**: Ανεξέλεγκτη ενέργεια, πίεση στο κρανίο, αίσθημα παλμών της καρδιάς.
- **Αδιάκοπο μαρτύριο**: Ακόμα και μετά από 10+ συνεδρίες απελευθέρωσης.
- **Απομόνωση**: Οι πάστορες δεν καταλαβαίνουν. Οι εκκλησίες αγνοούν το πρόβλημα. Το άτομο χαρακτηρίζεται ως «ασταθές».
- **Φόβος της κόλασης**: Όχι λόγω της αμαρτίας, αλλά λόγω του βασανιστηρίου που αρνείται να τελειώσει.

Μπορούν οι Χριστιανοί να φτάσουν σε ένα σημείο χωρίς επιστροφή;

Ναι — σε αυτή τη ζωή. Μπορείτε να **σωθείτε**, αλλά τόσο κατακερματισμένοι που **η ψυχή σας βασανίζεται μέχρι θανάτου**.

Αυτό δεν είναι εκφοβισμός. Αυτή είναι μια **προφητική προειδοποίηση**.

Παγκόσμια παραδείγματα

- **Αφρική** – Ψευδοπροφήτες απελευθερώνουν φωτιά Κουνταλίνι κατά τη διάρκεια των λειτουργιών — οι άνθρωποι σπαράζουν, αφρίζουν, γελούν ή βρυχώνται.
- **Ασία** – Δάσκαλοι της γιόγκα ανέρχονται σε «σίντι» (δαιμονική κατοχή) και την αποκαλούν θεϊκή συνείδηση.
- **Ευρώπη/Βόρεια Αμερική** – Νεοχαρισματικά κινήματα που διοχετεύουν «βασίλεια δόξας», γαβγίζουν, γελούν, πέφτουν ανεξέλεγκτα — όχι από

τον Θεό.
- **Λατινική Αμερική** – Σαμανικές αφυπνίσεις που χρησιμοποιούν αγιαχουάσκα (φυτικά φάρμακα) για να ανοίξουν πνευματικές πόρτες που δεν μπορούν να κλείσουν.

Σχέδιο Δράσης — Αν το Παρακάνετε

1. **Ομολογήστε την ακριβή πύλη** : Κουνταλίνι γιόγκα, διαλογισμοί τρίτου ματιού, εκκλησίες της νέας εποχής, ψυχεδελικά, κ.λπ.
2. **Σταματήστε κάθε κυνηγητό απελευθέρωσης** : Μερικά πνεύματα βασανίζονται περισσότερο όταν τα ενδυναμώνετε συνεχώς με φόβο.
3. **Να βασίζεστε στην Αγία Γραφή** ΚΑΘΗΜΕΡΙΝΑ — ειδικά στον Ψαλμό 119, τον Ησαΐα 61 και το Ιωάννη 1. Αυτά ανανεώνουν την ψυχή.
4. **Υποβολή στην κοινότητα** : Βρείτε τουλάχιστον έναν πιστό γεμάτο από Άγιο Πνεύμα για να πορευτείτε μαζί του. Η απομόνωση ενδυναμώνει τους δαίμονες.
5. **Απαρνηθείτε κάθε πνευματική «όραση», φωτιά, γνώση, ενέργεια** — ακόμα κι αν σας φαίνεται ιερή.
6. **Ζήτα από τον Θεό έλεος** — Όχι μία φορά. Καθημερινά. Κάθε ώρα. Επιμονή. Ο Θεός μπορεί να μην το αφαιρέσει αμέσως, αλλά θα σε φέρει κοντά Του.

Ομαδική Αίτηση

- Κρατήστε έναν χρόνο σιωπηλής περισυλλογής. Ρωτήστε: Έχω επιδιώξει την πνευματική δύναμη αντί για την πνευματική αγνότητα;
- Προσευχηθείτε για όσους έχουν αδυσώπητα βάσανα. ΜΗΝ υπόσχεστε άμεση ελευθερία — υποσχεθείτε **μαθητεία**.
- Διδάξτε τη διαφορά μεταξύ του **καρπού του Πνεύματος** (Γαλάτες 5:22-23) και των **ψυχικών εκδηλώσεων** (τρόμος, καύσωνας, οράματα).
- Κάψτε ή καταστρέψτε κάθε αντικείμενο της νέας εποχής: σύμβολα τσάκρα, κρυστάλλους, χαλάκια γιόγκα, βιβλία, έλαια, «κάρτες του Ιησού».

Βασική γνώση

Υπάρχει ένα **όριο** που μπορεί να ξεπεραστεί — όταν η ψυχή γίνεται μια ανοιχτή πύλη και αρνείται να κλείσει. Το πνεύμα σας μπορεί να σωθεί... αλλά η ψυχή και το σώμα σας μπορεί να εξακολουθούν να ζουν σε βασανιστήρια αν έχετε μολυνθεί από το απόκρυφο φως.

Ημερολόγιο Στοχασμού

- Επιδίωξα ποτέ τη δύναμη, τη φωτιά ή την προφητική όραση περισσότερο από την αγιότητα και την αλήθεια;
- Έχω ανοίξει πόρτες μέσω «χριστιανοποιημένων» πρακτικών της νέας εποχής;
- Είμαι πρόθυμος να **περπατάω καθημερινά** με τον Θεό, ακόμα κι αν η πλήρης απελευθέρωση πάρει χρόνια;

Προσευχή Επιβίωσης

Πατέρα, κραυγάζω για έλεος. Αποκηρύσσω κάθε πνεύμα φιδιού, δύναμη Κουνταλίνι, άνοιγμα τρίτου ματιού, ψεύτικη φωτιά ή απομίμηση της νέας εποχής που έχω αγγίξει ποτέ. Παραδίδω την ψυχή μου - διαλυμένη όπως είναι - πίσω σε Σένα. Ιησού, σώσε με όχι μόνο από την αμαρτία, αλλά και από το μαρτύριο. Σφράγισε τις πύλες μου. Θεράπευσε το μυαλό μου. Κλείσε τα μάτια μου. Συνέτριψε το φίδι στη σπονδυλική μου στήλη. Σε περιμένω, ακόμα και στον πόνο. Και δεν θα τα παρατήσω. Στο όνομα του Ιησού. Αμήν.

ΗΜΕΡΑ 34: ΤΕΚΤΟΝΟΙ, ΚΩΔΙΚΕΣ & ΚΑΤΑΡΑ — Όταν η Αδελφότητα Γίνεται Δουλεία

> *Μη συμμετέχετε στα άκαρπα έργα του σκότους, αλλά μάλλον να τα ξεσκεπάζετε.»* — Εφεσίους 5:11

«*Δεν θα κάνετε διαθήκη μαζί τους ούτε με τους θεούς τους.*» — Έξοδος 23:32

Οι μυστικές εταιρείες υπόσχονται επιτυχία, σύνδεση και αρχαία σοφία. Προσφέρουν **όρκους, πτυχία και μυστικά** που μεταδίδονται «για καλούς ανθρώπους». Αλλά αυτό που οι περισσότεροι δεν συνειδητοποιούν είναι ότι αυτές οι εταιρείες είναι **βωμοί διαθήκης**, συχνά χτισμένοι με αίμα, απάτη και δαιμονική αφοσίωση.

Από τον Τεκτονισμό μέχρι την Καμπάλα, από τους Ροδόσταυρους μέχρι τους Skull & Bones — αυτές οι οργανώσεις δεν είναι απλώς λέσχες. Είναι **πνευματικά συμβόλαια**, σφυρηλατημένα στο σκοτάδι και σφραγισμένα με τελετουργίες που **καταριούνται γενιές**.

Κάποιοι εντάχθηκαν οικειοθελώς. Άλλοι είχαν προγόνους που το έκαναν.

Όπως και να 'χει, η κατάρα παραμένει — μέχρι να σπάσει.

Μια Κρυμμένη Κληρονομιά — Η Ιστορία του Τζέισον

Ο Τζέισον, ένας επιτυχημένος τραπεζίτης στις ΗΠΑ, είχε τα πάντα για αυτόν - μια όμορφη οικογένεια, πλούτο και επιρροή. Αλλά τη νύχτα, ξυπνούσε πνιγμένος, βλέποντας φιγούρες με κουκούλες και ακούγοντας ξόρκια στα όνειρά του. Ο παππούς του ήταν Τέκτονας 33ου βαθμού και ο Τζέισον φορούσε ακόμα το δαχτυλίδι.

Κάποτε είπε αστειευόμενος τους τεκτονικούς όρκους σε μια εκδήλωση σε μια λέσχη — αλλά τη στιγμή που το έκανε, **κάτι τον μπήκε μέσα του**. Το μυαλό του άρχισε να καταρρέει. Άκουσε φωνές. Η γυναίκα του τον άφησε. Προσπάθησε να δώσει ένα τέλος σε όλα.

Σε μια ιεραποστολή, κάποιος διέκρινε τον τεκτονικό δεσμό. Ο Ιάσονας έκλαιγε καθώς **απαρνούνταν κάθε όρκο** , έσπασε το δαχτυλίδι και ελευθερωνόταν για τρεις ώρες. Εκείνο το βράδυ, για πρώτη φορά μετά από χρόνια, κοιμήθηκε εν ειρήνη.

Η μαρτυρία του;

«*Δεν αστειεύεσαι με μυστικά βωμούς. Μιλούν — μέχρι να τα κάνεις να σωπάσουν στο όνομα του Ιησού.*»

ΠΑΓΚΟΣΜΙΟΣ ΙΣΤΟΣ ΤΗΣ Αδελφότητας

- **Ευρώπη** – Ο Τεκτονισμός βαθιά ριζωμένος στις επιχειρήσεις, την πολιτική και τα εκκλησιαστικά δόγματα.
- **Αφρική** – Ιλλουμινάτι και μυστικά τάγματα που προσφέρουν πλούτο σε αντάλλαγμα για ψυχές· λατρείες σε πανεπιστήμια.
- **Λατινική Αμερική** – Διείσδυση Ιησουιτών και Τεκτονικές τελετουργίες σε συνδυασμό με καθολικό μυστικισμό.
- **Ασία** – Αρχαίες σχολές μυστηριωδών ιερατείων, συνδεδεμένα με γενεαλογικούς όρκους.
- **Βόρεια Αμερική** – Eastern Star, Scottish Rite, αδελφότητες όπως το Skull & Bones, ελίτ του Bohemian Grove.

Αυτές οι λατρείες συχνά επικαλούνται τον «Θεό», αλλά όχι τον **Θεό της Βίβλου** — αναφέρονται στον **Μεγάλο Αρχιτέκτονα** , μια απρόσωπη δύναμη συνδεδεμένη με το **Λουσιφεριανό φως** .

Σημάδια ότι έχετε επηρεαστεί

- Χρόνια ασθένεια που οι γιατροί δεν μπορούν να εξηγήσουν.
- Φόβος προόδου ή φόβος αποσύνδεσης από τα οικογενειακά συστήματα.
- Όνειρα με ρόμπες, τελετουργίες, μυστικές πόρτες, στοές ή παράξενες τελετές.
- Κατάθλιψη ή τρέλα στην ανδρική γραμμή.
- Γυναίκες που παλεύουν με την υπογονιμότητα, την κακοποίηση ή τον φόβο.

Σχέδιο Δράσης Απελευθέρωσης

1. **Αποκηρύξτε όλους τους γνωστούς όρκους** – ειδικά αν εσείς ή η οικογένειά σας ήσασταν μέλος του Τεκτονισμού, των Ροδόσταυρων, του Eastern Star, της Καμπάλα ή οποιασδήποτε «αδελφότητας».
2. **Σπάστε κάθε βαθμό** – από τον Εισαγόμενο Μαθητευόμενο έως τον 33ο Βαθμό, ονομαστικά.
3. **Καταστρέψτε όλα τα σύμβολα** - δαχτυλίδια, ποδιές, βιβλία, μενταγιόν, πιστοποιητικά κ.λπ.
4. **Κλείστε την πύλη** – πνευματικά και νομικά μέσω προσευχής και διακήρυξης.

Χρησιμοποιήστε αυτές τις γραφές:

- Ησαΐας 28:18 — «Η διαθήκη σου με τον θάνατο θα ακυρωθεί».
- Γαλάτες 3:13 — «Ο Χριστός μας λύτρωσε από την κατάρα του νόμου».
- Ιεζεκιήλ 13:20–23 — «Θα σκίσω τα πέπλα σας και θα ελευθερώσω τον λαό μου».

Ομαδική Αίτηση

- Ρωτήστε αν κάποιο μέλος είχε γονείς ή παππούδες σε μυστικές εταιρείες.
- Ηγηθείτε μιας **καθοδηγούμενης απάρνησης** σε όλους τους βαθμούς του Τεκτονισμού (μπορείτε να δημιουργήσετε ένα τυπωμένο σενάριο για αυτό).
- Χρησιμοποιήστε συμβολικές πράξεις — κάψτε ένα παλιό δαχτυλίδι ή σχεδιάστε έναν σταυρό στο μέτωπο για να ακυρώσετε το «τρίτο μάτι» που ανοίγει σε τελετουργίες.
- Προσευχηθείτε για μυαλά, λαιμούς και πλάτες — αυτά είναι συνηθισμένα σημεία δουλείας.

Βασική γνώση
Η αδελφότητα χωρίς το αίμα του Χριστού είναι αδελφότητα δουλείας.
Πρέπει να διαλέξεις: διαθήκη με άνθρωπο ή διαθήκη με τον Θεό.
Ημερολόγιο Στοχασμού

- Έχει κάποιος στην οικογένειά μου ασχοληθεί με τον Τεκτονισμό, τον μυστικισμό ή με μυστικούς όρκους;
- Μήπως έχω απαγγείλει ή μιμηθεί άθελά μου όρκους, σύμβολα πίστεως ή σύμβολα που συνδέονται με μυστικές εταιρείες;
- Είμαι πρόθυμος να σπάσω την οικογενειακή παράδοση για να πορευτώ πλήρως στη διαθήκη του Θεού;

Προσευχή της Αποκήρυξης

Πατέρα, στο όνομα του Ιησού, αποκηρύσσω κάθε διαθήκη, όρκο ή τελετουργία που συνδέεται με τον Τεκτονισμό, την Καμπάλα ή οποιαδήποτε μυστική εταιρεία - στη ζωή ή την καταγωγή μου. Παραβιάζω κάθε βαθμό, κάθε ψέμα, κάθε δαιμονικό δικαίωμα που μου παραχωρήθηκε μέσω τελετών ή συμβόλων. Δηλώνω ότι ο Ιησούς Χριστός είναι το μόνο μου Φως, ο μόνος μου Αρχιτέκτονας και ο μόνος μου Κύριός. Λαμβάνω ελευθερία τώρα, στο όνομα του Ιησού. Αμήν.

ΗΜΕΡΑ 35: ΜΑΓΙΣΣΕΣ ΣΤΑ ΣΤΑΣΙΔΙΑ — ΟΤΑΝ ΤΟ ΚΑΚΟ ΜΠΑΙΝΕΙ ΑΠΟ ΤΙΣ ΠΟΡΤΕΣ ΤΗΣ ΕΚΚΛΗΣΙΑΣ

«*Διότι τοιούτοι άνθρωποι είναι ψευδαπόστολοι, δόλιοι εργάτες, μεταμφιεσμένοι σε αποστόλους Χριστού. Και δεν είναι περίεργο, διότι και ο Σατανάς μεταμφιέζεται σε άγγελο φωτός.*» — Β΄ Κορινθίους 11:13–14

«*Γνωρίζω τα έργα σου, την αγάπη σου και την πίστη σου... Ωστόσο, έχω εναντίον σου αυτό: Ανέχεσαι τη γυναίκα Ιεζάβελ, η οποία αυτοαποκαλείται προφήτισσα...*» — Αποκάλυψη 2:19–20

Η πιο επικίνδυνη μάγισσα δεν είναι αυτή που πετάει τη νύχτα.

Είναι αυτή που **κάθεται δίπλα σου στην εκκλησία**.

Δεν φορούν μαύρες ρόμπες ούτε καβαλούν σκουπόξυλα.

Ηγούνται συναντήσεων προσευχής. Ψάλλουν σε ομάδες λατρείας. Προφητεύουν σε γλώσσες. Ποιμαντικές εκκλησίες. Κι όμως... είναι **φορείς του σκότους**.

Κάποιοι ξέρουν ακριβώς τι κάνουν — αποστέλλονται ως πνευματικοί δολοφόνοι.

Άλλοι είναι θύματα προγονικής μαγείας ή επανάστασης, λειτουργώντας με δώρα που είναι **ακάθαρτα**.

Η Εκκλησία ως Κάλυψη — Η Ιστορία της «Μίριαμ»

Η Μίριαμ ήταν μια δημοφιλής ιερέας απελευθέρωσης σε μια μεγάλη εκκλησία της Δυτικής Αφρικής. Η φωνή της διέταζε τους δαίμονες να φύγουν. Άνθρωποι ταξίδευαν σε όλα τα έθνη για να χριστούν από αυτήν.

Αλλά η Μίριαμ είχε ένα μυστικό: τη νύχτα, έβγαινε από το σώμα της. Έβλεπε τα σπίτια των μελών της εκκλησίας, τις αδυναμίες τους και τις γενεαλογικές τους γραμμές. Νόμιζε ότι ήταν το «προφητικό».

Η δύναμή της μεγάλωνε. Αλλά και το μαρτύριό της μεγάλωνε.

Άρχισε να ακούει φωνές. Δεν μπορούσε να κοιμηθεί. Τα παιδιά της δέχτηκαν επίθεση. Ο σύζυγός της την εγκατέλειψε.

Τελικά ομολόγησε: είχε «ενεργοποιηθεί» ως παιδί από τη γιαγιά της, μια ισχυρή μάγισσα που την έκανε να κοιμάται κάτω από καταραμένες κουβέρτες.

«Νόμιζα ότι ήμουν γεμάτος με Άγιο Πνεύμα. Ήταν πνεύμα... αλλά όχι Άγιο.»
Πέρασε την απελευθέρωση. Αλλά ο πόλεμος δεν σταμάτησε ποτέ. Λέει:
«Αν δεν είχα εξομολογηθεί, θα είχα πεθάνει σε μια Αγία Τράπεζα μέσα στη φωτιά... στην εκκλησία.»

Παγκόσμιες Καταστάσεις Κρυφής Μαγείας στην Εκκλησία

- **Αφρική** – Πνευματικός φθόνος. Προφήτες που χρησιμοποιούν μαντεία, τελετουργίες, πνεύματα του νερού. Πολλοί βωμοί είναι στην πραγματικότητα πύλες.
- **Ευρώπη** – Μέντιουμ μεταμφιεσμένα σε «πνευματικούς προπονητές». Μαγεία τυλιγμένη σε Χριστιανισμό της Νέας Εποχής.
- **Ασία** – Ιέρειες των ναών εισέρχονται σε εκκλησίες για να φυτέψουν κατάρες και να μεταστραφούν σε αστρικούς ελεγκτές.
- **Λατινική Αμερική** – Σαντερία – ασκούμενοι «πάστορες» που κηρύττουν την απελευθέρωση αλλά θυσιάζουν κοτόπουλα τη νύχτα.
- **Βόρεια Αμερική** – Χριστιανές μάγισσες που ισχυρίζονται «Ιησού και ταρώ», ενεργειακοί θεραπευτές σε σκηνές εκκλησιών και πάστορες που συμμετέχουν σε τελετές του Τεκτονισμού.

Σημάδια Μαγείας που Δρουν στην Εκκλησία

- Βαρύ κλίμα ή σύγχυση κατά τη διάρκεια της λατρείας.
- Όνειρα με φίδια, σεξ ή ζώα μετά από λειτουργίες.
- Ηγεσία που πέφτει σε ξαφνική αμαρτία ή σκάνδαλο.
- «Προφητείες» που χειραγωγούν, αποπλανούν ή ντροπιάζουν.
- Όποιος λέει «Ο Θεός μου είπε ότι είσαι ο άντρας/η γυναίκα μου».
- Παράξενα αντικείμενα που βρέθηκαν κοντά στον άμβωνα ή στους βωμούς.

ΣΧΕΔΙΟ ΔΡΑΣΗΣ ΑΠΕΛΕΥΘΕΡΩΣΗΣ

1. **Προσευχηθείτε για διάκριση** — Ζητήστε από το Άγιο Πνεύμα να σας αποκαλύψει αν υπάρχουν κρυφές μάγισσες στην κοινωνία σας.
2. **Δοκιμάστε κάθε πνεύμα** — Ακόμα κι αν ακούγεται πνευματικό (Α΄ Ιωάννη 4:1).
3. **Κόψε τους δεσμούς της ψυχής** — Αν έχεις προσευχηθεί για σένα, έχεις λάβει προφητεία ή έχεις αγγίξει κάποιον ακάθαρτο, **απαρνήσου το** .
4. **Προσευχηθείτε για την εκκλησία σας** — Διακηρύξτε τη φωτιά του Θεού για να αποκαλύψετε κάθε κρυφό θυσιαστήριο, κρυφή αμαρτία και πνευματική βδέλλα.
5. **Αν είστε θύμα** — Ζητήστε βοήθεια. Μην μένετε σιωπηλοί ή μόνοι.

Ομαδική Αίτηση

- Ρωτήστε τα μέλη της ομάδας: Έχετε νιώσει ποτέ άβολα ή έχετε παραβιαστεί πνευματικά σε μια εκκλησιαστική λειτουργία;
- Ηγηθείτε μιας **συλλογικής προσευχής καθαρισμού** για την κοινωνία.
- Χρίστε κάθε άνθρωπο και δηλώστε ένα **πνευματικό τείχος προστασίας** γύρω από μυαλά, βωμούς και χαρίσματα.
- Διδάξτε στους ηγέτες πώς να **ελέγχουν τα χαρίσματα** και **να δοκιμάζουν τα πνεύματα** πριν επιτρέψουν στους ανθρώπους να αναλάβουν ορατούς ρόλους.

Βασική γνώση
Δεν είναι όλοι όσοι λένε «Κύριε, Κύριε» από τον Κύριο.

Η εκκλησία είναι το **κύριο πεδίο μάχης** για πνευματική μόλυνση — αλλά και ο τόπος θεραπείας όταν η αλήθεια υπερασπίζεται.

Ημερολόγιο Στοχασμού

- Έχω λάβει προσευχές, δόσεις ή καθοδήγηση από κάποιον του οποίου η ζωή έφερε άθλιους καρπούς;
- Υπήρξαν φορές που ένιωσα «άβολα» μετά την εκκλησία, αλλά το αγνόησα;
- Είμαι πρόθυμος να αντιμετωπίσω τη μαγεία ακόμα κι αν φοράει κοστούμι

ή τραγουδάει στη σκηνή;

Προσευχή Αποκάλυψης και Ελευθερίας

Κύριε Ιησού, σε ευχαριστώ που είσαι το αληθινό **Φως**. Σε παρακαλώ τώρα να αποκαλύψεις κάθε κρυφό πράκτορα του σκότους που δρα μέσα ή γύρω από τη ζωή και την κοινωνία μου. Αποκηρύσσω κάθε ανίερη μετάδοση, ψευδή προφητεία ή δεσμό ψυχής που έχω λάβει από πνευματικούς απατεώνες. Καθάρισέ με με το αίμα Σου. Καθάρισε τα χαρίσματά μου. Φύλαξε τις πύλες μου. Κάψε κάθε ψεύτικο πνεύμα με την άγια φωτιά Σου. Στο όνομα του Ιησού. Αμήν.

ΗΜΕΡΑ 36: ΚΩΔΙΚΟΠΟΙΗΜΕΝΑ ΞΟΡΚΙΑ — ΟΤΑΝ ΤΑ ΤΡΑΓΟΥΔΙΑ, Η ΜΟΔΑ & ΟΙ ΤΑΙΝΙΕΣ ΓΙΝΟΝΤΑΙ ΠΥΛΕΣ

> *Μη συμμετέχετε στα άκαρπα έργα του σκότους, αλλά μάλλον να τα ξεσκεπάζετε».* — Εφεσίους 5:11

«Μην ασχολείστε με ασεβείς μύθους και γρουσούζικα παραμύθια· μάλλον, γυμνάστε τον εαυτό σας στην ευσέβεια». — 1 Τιμόθεο 4:7

Δεν ξεκινάει κάθε μάχη με μια αιματηρή θυσία.

Κάποιες ξεκινούν με έναν **ρυθμό**.

Μια μελωδία. Έναν πιασάρικο στίχο που κολλάει στην ψυχή σου. Ή ένα **σύμβολο** στα ρούχα σου που θεωρούσες «κουλ».

Ή μια «ακίνδυνη» επίδειξη που σε δείχνει να το τρως μεθυστικά ενώ οι δαίμονες χαμογελούν στις σκιές.

Στον σημερινό υπερσυνδεδεμένο κόσμο, η μαγεία είναι **κωδικοποιημένη** — κρύβεται σε **κοινή θέα** μέσω των μέσων ενημέρωσης, της μουσικής, των ταινιών και της μόδας.

Ένας Σκοτεινός Ήχος — Πραγματική Ιστορία: «Τα Ακουστικά»

Ο Ελάιτζα, ένας 17χρονος στις ΗΠΑ, άρχισε να έχει κρίσεις πανικού, άγρυπνες νύχτες και δαιμονικά όνειρα. Οι Χριστιανοί γονείς του νόμιζαν ότι ήταν άγχος.

Αλλά κατά τη διάρκεια μιας συνεδρίας απελευθέρωσης, το Άγιο Πνεύμα έδωσε εντολή στην ομάδα να ρωτήσει για **τη μουσική του**.

Ομολόγησε: «Ακούω trap metal. Ξέρω ότι είναι σκοτεινό... αλλά με βοηθά να νιώθω δυνατός».

Όταν η ομάδα έπαιξε ένα από τα αγαπημένα του τραγούδια στην προσευχή, συνέβη μια **εκδήλωση**.

Οι ρυθμοί κωδικοποιούνταν με **κομμάτια ψαλμών** από αποκρυφιστικές τελετουργίες. Η αντίστροφη κάλυψη αποκάλυπτε φράσεις όπως «υποτάξτε την ψυχή σας» και «Ο Εωσφόρος μιλάει».

Μόλις ο Ηλίας διέγραψε τη μουσική, μετανόησε και απαρνήθηκε τη σύνδεση, η ειρήνη επέστρεψε.

Ο πόλεμος είχε μπει από **τις πύλες των αυτιών του**.

Παγκόσμια Πρότυπα Προγραμματισμού

- **Αφρική** – Τραγούδια Afrobeat συνδεδεμένα με τελετουργίες με χρήματα· αναφορές στο «juju» κρυμμένες σε στίχους· μάρκες μόδας με σύμβολα θαλάσσιων βασιλείων.
- **Ασία** – K-pop με υποσυνείδητα σεξουαλικά και πνευματικά μηνύματα· χαρακτήρες anime εμποτισμένοι με την παράδοση των σιντοϊστικών δαιμόνων.
- **Λατινική Αμερική** – Η Reggaeton προωθεί συνθήματα Santería και ξόρκια με ανάποδο κώδικα.
- **Ευρώπη** – Οίκοι μόδας (Gucci, Balenciaga) που ενσωματώνουν σατανικές εικόνες και τελετουργίες στην κουλτούρα των πασαρελών.
- **Βόρεια Αμερική** – Ταινίες του Χόλιγουντ με κωδικοποίηση μαγείας (Marvel, ταινίες τρόμου, ταινίες «φως εναντίον σκότους»)· κινούμενα σχέδια που χρησιμοποιούν τη χρήση ξορκιών ως διασκέδαση.

Common Entry Portals (and Their Spirit Assignments)

Media Type	Portal	Demonic Assignment
Music	Beats/samples from rituals	Torment, violence, rebellion
TV Series	Magic, lust, murder glorification	Desensitization, soul dulling
Fashion	Symbols (serpent, eye, goat, triangles)	Identity confusion, spiritual binding
Video Games	Sorcery, blood rites, avatars	Astral transfer, addiction, occult alignment
Social Media	Trends on "manifestation," crystals, spells	Sorcery normalization

ΣΧΕΔΙΟ ΔΡΑΣΗΣ – ΔΙΑΚΡΙΣΗ, Αποτοξίνωση, Υπεράσπιση

1. **Ελέγξτε τη λίστα αναπαραγωγής, την γκαρνταρόμπα σας και το ιστορικό παρακολούθησης**. Αναζητήστε αποκρυφιστικό, λάγνο, επαναστατικό ή βίαιο περιεχόμενο.
2. **Ζητήστε από το Άγιο Πνεύμα να αποκαλύψει** κάθε ανίερη επιρροή.
3. **Διαγράψτε και καταστρέψτε**. Μην πουλάτε ή δωρίζετε. Κάψτε ή καταστρέψετε οτιδήποτε δαιμονικό - φυσικό ή ψηφιακό.
4. **Χρίστε τις συσκευές σας**, τον χώρο σας και τα αυτιά σας. Ανακηρύξτε τα αγιασμένα για τη δόξα του Θεού.
5. **Αντικαταστήστε με αλήθεια**: Λατρεύστε τη μουσική, τις θεοσεβείς ταινίες, τα βιβλία και τα αναγνώσματα των Γραφών που ανανεώνουν το μυαλό σας.

Ομαδική Αίτηση

- Ηγηθείτε των μελών σε ένα «Απογραφή Μέσων». Αφήστε κάθε άτομο να καταγράψει εκπομπές, τραγούδια ή στοιχεία που υποψιάζεται ότι

μπορεί να είναι πύλες.
- Προσευχηθείτε μέσω τηλεφώνων και ακουστικών. Χρίστε τους.
- Κάντε μια ομαδική «νηστεία αποτοξίνωσης» — 3 έως 7 ημέρες χωρίς κοσμικά μέσα ενημέρωσης. Τροφοδοτηθείτε μόνο από τον Λόγο του Θεού, τη λατρεία και την κοινωνία.
- Καταθέστε τα αποτελέσματα στην επόμενη συνάντηση.

Βασική γνώση
Οι δαίμονες δεν χρειάζονται πλέον ιερό για να μπουν στο σπίτι σας. Το μόνο που χρειάζονται είναι η συγκατάθεσή σας για να πατήσετε το play.

Ημερολόγιο Στοχασμού

- Τι έχω δει, ακούσει ή φορέσει που θα μπορούσε να ανοίξει την πόρτα στην καταπίεση;
- Είμαι πρόθυμος να εγκαταλείψω ό,τι με διασκεδάζει αν με υποδουλώνει ταυτόχρονα;
- Έχω ομαλοποιήσει την εξέγερση, την λαγνεία, τη βία ή τον χλευασμό στο όνομα της «τέχνης»;

ΠΡΟΣΕΥΧΗ ΚΑΘΑΡΜΟΥ
Κύριε Ιησού, έρχομαι ενώπιόν Σου ζητώντας πλήρη πνευματική αποτοξίνωση. Αποκάλυψε κάθε κωδικοποιημένο ξόρκι που έχω αφήσει στη ζωή μου μέσω της μουσικής, της μόδας, των παιχνιδιών ή των μέσων ενημέρωσης. Μετανοώ που παρακολουθώ, φοράω και ακούω ό,τι Σε ατιμάζει. Σήμερα, κόβω τους δεσμούς της ψυχής. Διώχνω κάθε πνεύμα επανάστασης, μαγείας, λαγνείας, σύγχυσης ή βασανισμού. Καθάρισε τα μάτια, τα αυτιά και την καρδιά μου. Τώρα αφιερώνω το σώμα μου, τα μέσα ενημέρωσης και τις επιλογές μου μόνο σε Εσένα. Στο όνομα του Ιησού. Αμήν.

ΗΜΕΡΑ 37: ΟΙ ΑΟΡΑΤΟΙ ΒΩΜΟΙ ΤΗΣ ΕΞΟΥΣΙΑΣ — ΤΕΚΤΟΝΟΙ, ΚΑΜΠΑΛΑ ΚΑΙ ΑΠΟΚΡΥΦΙΣΤΙΚΕΣ ΕΛΙΤ

» *Πάλι, ο διάβολος τον οδήγησε σε ένα πολύ ψηλό βουνό και του έδειξε όλα τα βασίλεια του κόσμου και τη δόξα τους. «Όλα αυτά θα σου τα δώσω», είπε, «αν προσκυνήσεις και με προσκυνήσεις».* — Ματθαίος 4:8–9

«Δεν μπορείτε να πιείτε το ποτήρι του Κυρίου και το ποτήρι των δαιμονίων· δεν μπορείτε να έχετε μέρος και στην τράπεζα του Κυρίου και στην τράπεζα των δαιμονίων». — Α΄ Κορινθίους 10:21

Υπάρχουν βωμοί κρυμμένοι όχι σε σπηλιές, αλλά σε αίθουσες συνεδριάσεων.

Πνεύματα όχι μόνο σε ζούγκλες — αλλά και σε κυβερνητικά μέγαρα, οικονομικούς πύργους, βιβλιοθήκες του Ivy League και ιερά μεταμφιεσμένα σε «εκκλησίες».

Καλώς ορίσατε στο βασίλειο της **ελίτ του αποκρυφισμού**:

Ελευθεροτέκτονες, Ροδόσταυροι, Καμπαλιστές, τάγματα Ιησουιτών, Ανατολικά Άστρα και κρυφά Λουσιφεριανά ιερατεία που **συγκαλύπτουν την αφοσίωσή τους στον Σατανά με τελετουργίες, μυστικότητα και σύμβολα**. Οι θεοί τους είναι η λογική, η δύναμη και η αρχαία γνώση - αλλά **οι ψυχές τους είναι δεσμευμένες στο σκοτάδι**.

Κρυμμένο σε κοινή θέα

- **Ο Τεκτονισμός** παρουσιάζεται ως αδελφότητα κατασκευαστών — ωστόσο, οι ανώτεροι βαθμοί του επικαλούνται δαιμονικές οντότητες, ορκίζονται σε θάνατο και εξυμνούν τον Εωσφόρο ως «φορέα φωτός».
- **Η Καμπάλα** υπόσχεται μυστικιστική πρόσβαση στον Θεό — αλλά αντικαθιστά διακριτικά τον Γιαχβέ με κοσμικούς ενεργειακούς χάρτες και αριθμολογία.
- **Ο ιησουιτικός μυστικισμός**, στις διεφθαρμένες μορφές του, συχνά

συνδυάζει την καθολική εικονοποιία με την πνευματική χειραγώγηση και τον έλεγχο των παγκόσμιων συστημάτων.

- **Το Χόλιγουντ, η Μόδα, τα Οικονομικά και η Πολιτική** φέρουν κωδικοποιημένα μηνύματα, σύμβολα και **δημόσιες τελετουργίες που στην πραγματικότητα είναι λατρευτικές υπηρεσίες προς τον Εωσφόρο**.

Δεν χρειάζεται να είσαι διασημότητα για να επηρεαστείς. Αυτά τα συστήματα **μολύνουν τα έθνη** μέσω:

- Προγραμματισμός πολυμέσων
- Εκπαιδευτικά συστήματα
- Θρησκευτικός συμβιβασμός
- Οικονομική εξάρτηση
- Τελετουργίες μεταμφιεσμένες σε «μυήσεις», «υποσχέσεις» ή «συμφωνίες με επωνυμίες»

Αληθινή Ιστορία – «Η Στοά Κατέστρεψε την Καταγωγή μου»

Ο Σολομών (αλλαγμένο όνομα), ένας επιτυχημένος επιχειρηματίας από το Ηνωμένο Βασίλειο, εντάχθηκε σε μια μασονική στοά για δικτύωση. Ανήλθε γρήγορα, αποκτώντας πλούτο και κύρος. Αλλά άρχισε επίσης να βλέπει τρομακτικούς εφιάλτες - άντρες με μανδύες να τον καλούν, όρκους αίματος, σκοτεινά ζώα να τον κυνηγούν. Η κόρη του άρχισε να αυτοτραυματίζεται, ισχυριζόμενη ότι μια «παρουσία» την ώθησε να το κάνει.

Ένα βράδυ, είδε έναν άντρα στο δωμάτιό του — μισό άνθρωπο, μισό τσακάλι — ο οποίος του είπε: «*Είσαι δικός μου. Το τίμημα έχει πληρωθεί*». Απευθύνθηκε σε μια διακονία απελευθέρωσης. Χρειάστηκαν **επτά μήνες αποκήρυξης, νηστείας, τελετουργιών εμετού και αντικατάστασης κάθε απόκρυφου δεσμού** — πριν έρθει η ειρήνη.

Αργότερα ανακάλυψε: **Ο παππούς του ήταν τέκτονας 33ου βαθμού. Είχε απλώς συνεχίσει την κληρονομιά εν αγνοία του.**

Παγκόσμια εμβέλεια

- **Αφρική** – Μυστικές κοινωνίες μεταξύ φυλετικών ηγεμόνων, δικαστών, πάστορων — που ορκίζονται πίστη σε όρκους αίματος με αντάλλαγμα

την εξουσία.
- **Ευρώπη** – Ιππότες της Μάλτας, στοές των Πεφωτισμένων και ελίτ εσωτεριστικά πανεπιστήμια.
- **Βόρεια Αμερική** – Τεκτονικά ιδρύματα στα περισσότερα ιδρυτικά έγγραφα, δικαστικές δομές, ακόμη και εκκλησίες.
- **Ασία** – Κρυμμένες λατρείες δράκων, προγονικά τάγματα και πολιτικές ομάδες που έχουν τις ρίζες τους σε υβρίδια βουδισμού-σαμανισμού.
- **Λατινική Αμερική** – Συγκρητικές λατρείες που αναμειγνύουν Καθολικούς αγίους με Λουσιφεριανά πνεύματα όπως ο Άγιος Μάρκος ή ο Βαφομέτ.

Σχέδιο Δράσης — Απόδραση από τους Ελίτ Βωμούς

1. **Αποκηρύξτε** οποιαδήποτε εμπλοκή στον Τεκτονισμό, το Eastern Star, τους όρκους των Ιησουιτών, τα Γνωστικά βιβλία ή τα μυστικιστικά συστήματα — ακόμη και την «ακαδημαϊκή» μελέτη αυτών.
2. **Καταστρέψτε** εμβλήματα, δαχτυλίδια, καρφίτσες, βιβλία, ποδιές, φωτογραφίες και σύμβολα.
3. **Παραβείτε τις λεκτικές κατάρες** — ειδικά τους όρκους θανάτου και τους όρκους μύησης. Χρησιμοποιήστε το εδάφιο Ησαΐας 28:18 («Η διαθήκη σας με τον θάνατο θα ακυρωθεί...»).
4. **Νηστεύστε 3 ημέρες** διαβάζοντας τον Ιεζεκιήλ 8, τον Ησαΐα 47 και την Αποκάλυψη 17.
5. **Αντικατάσταση του θυσιαστηρίου**: Αφιερωθείτε ξανά στο θυσιαστήριο μόνο του Χριστού (Ρωμαίους 12:1-2). Θεία Κοινωνία. Λατρεία. Χρίσμα.

Δεν μπορείς να βρίσκεσαι ταυτόχρονα στις αυλές του ουρανού και στις αυλές του Εωσφόρου. Διάλεξε το βωμό σου.

Ομαδική Αίτηση

- Χαρτογραφήστε κοινές ελίτ οργανώσεις στην περιοχή σας — και προσευχηθείτε άμεσα ενάντια στην πνευματική τους επιρροή.
- Διοργανώστε μια συνεδρία όπου τα μέλη μπορούν να ομολογήσουν εμπιστευτικά εάν οι οικογένειές τους συμμετείχαν στον Τεκτονισμό ή σε

παρόμοιες αιρέσεις.
- Φέρτε λάδι και θεία κοινωνία — ηγηθείτε μιας μαζικής αποκήρυξης όρκων, τελετουργιών και σφραγίδων που έγιναν κρυφά.
- Σπάστε την υπερηφάνεια — υπενθυμίστε στην ομάδα: **Καμία πρόσβαση δεν αξίζει την ψυχή σας.**

Βασική γνώση

Οι μυστικές εταιρείες υπόσχονται φως. Αλλά μόνο ο Ιησούς είναι το Φως του Κόσμου. Κάθε άλλος βωμός απαιτεί αίμα — αλλά δεν μπορεί να σώσει.

Ημερολόγιο Στοχασμού

- Συμμετείχε κάποιος στην γενεαλογία μου σε μυστικές εταιρείες ή «τάγματα»;
- Έχω διαβάσει ή έχω στην κατοχή μου αποκρυφιστικά βιβλία που έχουν μεταμφιεστεί σε ακαδημαϊκά κείμενα;
- Ποια σύμβολα (πεντάγραμμα, παντογνώστες οφθαλμοί, ήλιοι, φίδια, πυραμίδες) είναι κρυμμένα στα ρούχα, τα έργα τέχνης ή τα κοσμήματά μου;

Προσευχή της Αποκήρυξης

Πατέρα, αποκηρύσσω κάθε μυστική εταιρεία, στοά, όρκο, τελετουργία ή βωμό που δεν βασίζεται στον Ιησού Χριστό. Παραβιάζω τις διαθήκες των πατέρων μου, την καταγωγή μου και το ίδιο μου το στόμα. Απορρίπτω τον Τεκτονισμό, την Καμπάλα, τον μυστικισμό και κάθε κρυφή συμφωνία που έγινε για εξουσία. Καταστρέφω κάθε σύμβολο, κάθε σφραγίδα και κάθε ψέμα που υποσχόταν φως αλλά παρείχε δουλεία. Ιησού, Σε ενθρονίζω ξανά ως τον μόνο μου Δάσκαλο. Λάμψε το φως Σου σε κάθε μυστικό μέρος. Στο όνομά Σου, περπατώ ελεύθερος. Αμήν.

ΗΜΕΡΑ 38: ΔΙΑΘΗΚΕΣ ΤΗΣ ΜΗΤΡΑΣ & ΒΑΣΙΛΕΙΑ ΤΟΥ ΥΔΑΤΟΣ — ΟΤΑΝ ΤΟ ΜΟΙΡΑΣΜΑ ΜΙΛΑΝΕΤΑΙ ΠΡΙΝ ΑΠΟ ΤΗ ΓΕΝΝΗΣΗ

«*Οι ασεβείς αποξενώθηκαν από την κοιλιά· πλανώνται μόλις γεννηθούν, λέγοντας ψέματα.*» — Ψαλμός 58:3
«*Πριν σε πλάσω στην κοιλιά, σε γνώριζα, πριν γεννηθείς σε ξεχώρισα...*» — Ιερεμίας 1:5

Τι θα γινόταν αν οι μάχες που δίνεις δεν ξεκίνησαν από τις επιλογές σου — αλλά από την αντίληψή σου;

Τι θα γινόταν αν το όνομά σου ειπώθηκε σε σκοτεινά μέρη ενώ ήσουν ακόμα στη μήτρα;

Τι θα γινόταν αν **η ταυτότητά σου είχε ανταλλαχθεί**, **το πεπρωμένο σου είχε πουληθεί** και **η ψυχή σου είχε σημαδευτεί** — πριν πάρεις την πρώτη σου ανάσα;

Αυτή είναι η πραγματικότητα της **υποβρύχιας μύησης**, **των συμφωνιών με τα θαλάσσια πνεύματα** και **των απόκρυφων ισχυρισμών της μήτρας** που **συνδέουν γενιές**, ειδικά σε περιοχές με βαθιά προγονικά και παράκτια τελετουργικά.

Το Βασίλειο του Νερού — Ο Θρόνος του Σατανά από Κάτω

Στο αόρατο βασίλειο, ο Σατανάς κυβερνά **κάτι περισσότερο από τον αέρα**. Κυβερνά επίσης **τον θαλάσσιο κόσμο** - ένα τεράστιο δαιμονικό δίκτυο πνευμάτων, βωμών και τελετουργιών κάτω από ωκεανούς, ποτάμια και λίμνες.

Τα θαλάσσια πνεύματα (κοινώς ονομάζονται *Mami Wata*, *Βασίλισσα της Ακτής*, *πνευματικές σύζυγοι/σύζυγοι*, κ.λπ.) είναι υπεύθυνα για:

- Πρόωρος θάνατος
- Στειρότητα και αποβολές
- Σεξουαλική δουλεία και όνειρα
- Ψυχικό βασανιστήριο

- Παθήσεις σε νεογέννητα
- Μοτίβα ανόδου και κατάρρευσης επιχειρήσεων

Πώς όμως αυτά τα πνεύματα αποκτούν **νομική βάση**;
Στη μήτρα.
Αόρατες Μυήσεις Πριν από τη Γέννηση

- **Προγονικές αφιερώσεις** – Ένα παιδί «υπόσχεση» σε μια θεότητα εάν γεννηθεί υγιές.
- **Απόκρυφες ιέρειες** αγγίζουν τη μήτρα κατά τη διάρκεια της εγκυμοσύνης.
- **Ονόματα διαθήκης** που δίνονται από την οικογένεια — προς τιμήν, εν αγνοία τους, βασίλισσες ή πνεύματα του θαλάσσιου κόσμου.
- **Τελετουργίες γέννησης** που γίνονται με νερό ποταμού, φυλαχτά ή βότανα από ιερά.
- **Ταφή ομφάλιου λώρου** με επικλήσεις.
- **Εγκυμοσύνη σε αποκρυφιστικά περιβάλλοντα** (π.χ., στοές Τεκτονισμού, κέντρα νέας εποχής, πολυγαμικές λατρείες).

Μερικά παιδιά γεννιούνται ήδη σκλαβωμένα. Γι' αυτό ουρλιάζουν βίαια κατά τη γέννηση — το πνεύμα τους αισθάνεται το σκοτάδι.

Αληθινή Ιστορία – «Το Μωρό μου Ανήκε στο Ποτάμι»

Η Τζέσικα, από τη Σιέρα Λεόνε, προσπαθούσε να συλλάβει για 5 χρόνια. Τελικά, έμεινε έγκυος αφού ένας «προφήτης» της έδωσε ένα σαπούνι για να κάνει μπάνιο και ένα λάδι για να το αλείφει στη μήτρα της. Το μωρό γεννήθηκε δυνατό — αλλά στους 3 μήνες, άρχισε να κλαίει ασταμάτητα, πάντα τη νύχτα. Μισούσε το νερό, ούρλιαζε κατά τη διάρκεια του μπάνιου και έτρεμε ανεξέλεγκτα όταν το πήγαιναν κοντά στο ποτάμι.

Μια μέρα, ο γιος της έπαθε σπασμούς και πέθανε για 4 λεπτά. Συνήλθε — και **άρχισε να μιλάει ολόκληρα στους 9 μήνες**: «Δεν ανήκω εδώ. Ανήκω στη Βασίλισσα».

Τρομοκρατημένη, η Τζέσικα αναζήτησε απελευθέρωση. Το παιδί απελευθερώθηκε μόνο μετά από 14 ημέρες νηστείας και προσευχών αποκήρυξης — ο σύζυγός της έπρεπε να καταστρέψει ένα οικογενειακό είδωλο κρυμμένο στο χωριό του πριν σταματήσουν τα μαρτύρια.

Τα μωρά δεν γεννιούνται άδεια. Γεννιούνται σε μάχες που πρέπει να δώσουμε για λογαριασμό τους.

ΠΑΓΚΟΣΜΙΑ ΠΑΡΑΛΛΗΛΑ

- **Αφρική** – Βωμοί ποταμών, αφιερώσεις Mami Wata, τελετουργίες πλακούντα.
- **Ασία** – Πνεύματα του νερού που επικαλούνται κατά τη διάρκεια γεννήσεων σε βουδιστές ή ανιμιστές.
- **Ευρώπη** – Δρυιδικές διαθήκες μαιών, προγονικές τελετές ύδατος, ελευθεροτεκτονικές αφιερώσεις.
- **Λατινική Αμερική** – Ονομασία Σαντερία, πνεύματα ποταμών (π.χ., Όσουν), γέννηση σύμφωνα με αστρολογικούς χάρτες.
- **Βόρεια Αμερική** – Τελετουργίες τοκετού της Νέας Εποχής, υπνογέννηση με πνευματικούς οδηγούς, «τελετές ευλογίας» από μέντιουμ.

Σημάδια Δέσης που Ξεκινά από τη Μήτρα

- Επαναλαμβανόμενα πρότυπα αποβολών σε όλες τις γενιές
- Νυχτερινοί τρόμοι σε βρέφη και παιδιά
- Ανεξήγητη υπογονιμότητα παρά την ιατρική έγκριση
- Συνεχή όνειρα για νερό (ωκεανοί, πλημμύρες, κολύμπι, γοργόνες)
- Παράλογος φόβος για νερό ή πνιγμό
- Αίσθημα «διεκδίκησης» — σαν κάτι να παρακολουθεί από τη γέννηση

Σχέδιο Δράσης — Σπάστε τη Σύμβαση της Μήτρας

1. **Ζητήστε από το Άγιο Πνεύμα** να σας αποκαλύψει εάν εσείς (ή το παιδί σας) μυηθήκατε μέσω τελετουργιών στη μήτρα.
2. **Αποκηρύξτε** οποιαδήποτε διαθήκη που έχετε κάνει κατά τη διάρκεια της εγκυμοσύνης — εν γνώσει σας ή εν αγνοία σας.
3. **Προσευχηθείτε για την ιστορία της γέννησής σας** — ακόμα κι αν η

μητέρα σας δεν είναι διαθέσιμη, μιλήστε ως ο νόμιμος πνευματικός φύλακας της ζωής σας.
4. **Νηστεύστε με τον Ησαΐα 49 και τον Ψαλμό 139** – για να ανακτήσετε το θεϊκό σας σχέδιο.
5. **Εάν είστε έγκυος**: Αλείψτε την κοιλιά σας και μιλήστε καθημερινά πάνω από το αγέννητο παιδί σας:

«Είσαι αφιερωμένος για τον Κύριο. Κανένα πνεύμα νερού, αίματος ή σκότους δεν θα σε κυριεύσει. Ανήκεις στον Ιησού Χριστό — σώμα, ψυχή και πνεύμα.»

Ομαδική Αίτηση

- Ζητήστε από τους συμμετέχοντες να γράψουν τι γνωρίζουν για την ιστορία της γέννησής τους — συμπεριλαμβανομένων τελετουργιών, μαιών ή γεγονότων ονοματοδοσίας.
- Ενθαρρύνετε τους γονείς να αφιερώσουν εκ νέου τα παιδιά τους σε μια «Υπηρεσία Ονοματοδοσίας και Διαθήκης με επίκεντρο τον Χριστό».
- Ηγηθείτε των προσευχών που παραβιάζουν τις διαθήκες για το νερό χρησιμοποιώντας τα εδάφια *Ησαΐας 28:18*, *Κολοσσαείς 2:14* και *Αποκάλυψη 12:11*.

Βασική γνώση

Η μήτρα είναι μια πύλη — και ό,τι περνάει από αυτήν συχνά εισέρχεται με πνευματικές αποσκευές. Αλλά κανένα βωμό μήτρας δεν είναι μεγαλύτερο από τον Σταυρό.

Ημερολόγιο Στοχασμού

- Υπήρξαν αντικείμενα, λάδια, φυλαχτά ή ονόματα που εμπλέκονται στη σύλληψη ή τη γέννησή μου;
- Βιώνω πνευματικές επιθέσεις που ξεκίνησαν στην παιδική ηλικία;
- Μήπως άθελά μου μεταβίβασα στα παιδιά μου θαλάσσιες διαθήκες;

Προσευχή Απελευθέρωσης

Ουράνιε Πατέρα, με γνώριζες πριν σχηματιστώ. Σήμερα παραβιάζω κάθε κρυφή διαθήκη, τελετουργία στο νερό και δαιμονική αφιέρωση που έγινε κατά τη γέννησή μου ή πριν από αυτήν. Απορρίπτω κάθε ισχυρισμό για θαλάσσια

πνεύματα, οικεία πνεύματα ή βωμούς μήτρας γενεών. Αφήστε το αίμα του Ιησού να ξαναγράψει την ιστορία της γέννησής μου και την ιστορία των παιδιών μου. Γεννήθηκα από το Πνεύμα - όχι από βωμούς νερού. Στο όνομα του Ιησού. Αμήν.

ΗΜΕΡΑ 39: ΒΑΠΤΙΣΜΕΝΟΙ ΣΤΟ ΝΕΡΟ ΣΤΗ ΔΕΣΜΕΥΣΗ — ΠΩΣ ΤΑ ΒΡΕΦΗ, ΤΑ ΑΡΧΙΚΑ ΚΑΙ ΟΙ ΑΟΡΑΤΕΣ ΔΙΑΘΗΚΕΣ ΑΝΟΙΓΟΥΝ ΠΟΡΤΕΣ

» *Έχυσαν αθώο αίμα, το αίμα των γιων τους και των θυγατέρων τους, τους οποίους θυσίασαν στα είδωλα της Χαναάν, και η γη βεβηλώθηκε από το αίμα τους».* — Ψαλμός 106:38

«Μπορεί να αφαιρεθεί λεία από πολεμιστές ή να ελευθερωθούν αιχμάλωτοι από τον άγριο;» Αλλά αυτό λέει ο Κύριος: «Ναι, αιχμάλωτοι θα αφαιρεθούν από πολεμιστές και λεία θα ανακτηθεί από τον άγριο...» — Ησαΐας 49:24-25

Πολλά πεπρωμένα δεν **εκτροχιάστηκαν απλώς στην ενήλικη ζωή** - καταπατήθηκαν **στη βρεφική ηλικία**.

Αυτή η φαινομενικά αθώα τελετή ονοματοδοσίας...

Αυτή η πρόχειρη βουτιά στο νερό του ποταμού «για να ευλογηθεί το παιδί»...

Το νόμισμα στο χέρι... Η τομή κάτω από τη γλώσσα... Το λάδι από μια «πνευματική γιαγιά»... Ακόμα και τα αρχικά που δόθηκαν κατά τη γέννηση...

Μπορεί όλα να φαίνονται πολιτιστικά. Παραδοσιακά. Ακίνδυνα.

Αλλά το βασίλειο του σκότους **κρύβεται στην παράδοση**, και πολλά παιδιά έχουν **μυηθεί κρυφά** πριν καν προλάβουν να πουν «Ιησού».

Αληθινή Ιστορία – «Με Ονόμασε το Ποτάμι»

Στην Αϊτή, ένα αγόρι ονόματι Μάλικ μεγάλωσε με έναν παράξενο φόβο για τα ποτάμια και τις καταιγίδες. Ως νήπιο, η γιαγιά του τον πήγε σε ένα ρυάκι για να «συστηθεί στα πνεύματα» για προστασία. Άρχισε να ακούει φωνές από την ηλικία των 7 ετών. Στα 10 του, είχε νυχτερινές επισκέψεις. Στα 14 του, έκανε απόπειρα αυτοκτονίας αφού ένιωθε μια «παρουσία» πάντα δίπλα του.

Σε μια συνάντηση απελευθέρωσης, οι δαίμονες εμφανίστηκαν βίαια, ουρλιάζοντας: «Μπήκαμε στο ποτάμι! Μας φώναξαν με το όνομά τους!» Το όνομά του, «Μάλικ», ήταν μέρος μιας πνευματικής παράδοσης ονοματοδοσίας για να «τιμηθεί η βασίλισσα του ποταμού». Μέχρι που άλλαξε το όνομά του σε Χριστό, τα βασανιστήρια συνεχίστηκαν. Τώρα διακονεί την απελευθέρωση ανάμεσα σε νέους που έχουν παγιδευτεί σε προγονικές αφιερώσεις.

Πώς Συμβαίνει — Οι Κρυμμένες Παγίδες

1. **Αρχικά ως Διαθήκες**
   Ορισμένα αρχικά, ειδικά εκείνα που συνδέονται με προγονικά ονόματα, οικογενειακούς θεούς ή θεότητες του νερού (π.χ., «MM» = Mami/Marine· «OL» = Oya/Orisha Lineage), λειτουργούν ως δαιμονικές υπογραφές.
2. **Βρεφικές βουτιές σε ποτάμια/ρυάκια.**
   Γίνονται «για προστασία» ή «κάθαρση», και συχνά πρόκειται για **βαπτίσεις σε θαλάσσια πνεύματα** .
3. **Μυστικές Τελετές Ονοματοδοσίας**
   Όπου ένα άλλο όνομα (διαφορετικό από το δημόσιο) ψιθυρίζεται ή προφέρεται μπροστά σε ένα βωμό ή ένα ιερό.
4. **Τελετουργίες με Σημάδια Γέννησης**
   Έλαια, στάχτη ή αίμα που τοποθετούνται στο μέτωπο ή τα άκρα για να «σημαδέψουν» ένα παιδί για πνεύματα.
5. **Ταφές ομφάλιου λώρου που τροφοδοτούνταν με νερό.**
   Ο ομφάλιος λώρος έπεφτε σε ποτάμια, ρυάκια ή θάβονταν με επικλήσεις νερού—δένοντας το παιδί σε βωμούς με νερό.

Αν οι γονείς σου δεν σε έδωσαν διαθήκη με τον Χριστό, πιθανότατα κάποιος άλλος σε διεκδίκησε.

Παγκόσμιες Απόκρυφες Πρακτικές Δεσμού με τη Μήτρα

- **Αφρική** – Ονομάζοντας τα μωρά από θεότητες του ποταμού, θάβοντας κορδόνια κοντά σε θαλάσσιους βωμούς.
- **Καραϊβική/Λατινική Αμερική** – Τελετουργίες βάπτισης Σαντερία, αφιερώσεις σε στιλ Γιορούμπα με βότανα και είδη του ποταμού.
- **Ασία** – Ινδουιστικές τελετουργίες που αφορούν το νερό του Γάγγη, αστρολογικά υπολογισμένη ονομασία που συνδέεται με στοιχειώδη πνεύματα.

- **Ευρώπη** – Δρυιδικές ή εσωτερικές παραδόσεις ονοματοδοσίας που επικαλούνται φύλακες δασών/υδάτων.
- **Βόρεια Αμερική** – Τελετουργικές αφιερώσεις ιθαγενών, σύγχρονες ευλογίες μωρών Wicca, τελετές ονοματοδοσίας νέας εποχής που επικαλούνται «αρχαίους οδηγούς».

Πώς το ξέρω;

- Ανεξήγητα βάσανα, ασθένειες ή «φανταστικοί φίλοι» στην πρώιμη παιδική ηλικία
- Όνειρα με ποτάμια, γοργόνες, που σε κυνηγάει το νερό
- Αποστροφή για τις εκκλησίες αλλά γοητεία με τα μυστικιστικά πράγματα
- Μια βαθιά αίσθηση ότι «σε ακολουθούν» ή σε παρακολουθούν από τη γέννηση
- Ανακαλύπτοντας ένα δεύτερο όνομα ή μια άγνωστη τελετή που συνδέεται με τη βρεφική σας ηλικία

Σχέδιο Δράσης – Λυτρώστε τη Βρεφική Ηλικία

1. **Ρώτα το Άγιο Πνεύμα**: Τι συνέβη όταν γεννήθηκα; Ποια πνευματικά χέρια με άγγιξαν;
2. **Αποκηρύξτε όλες τις κρυφές αφιερώσεις**, ακόμα κι αν γίνονται εν αγνοία: «Απορρίπτω κάθε διαθήκη που έγινε εκ μέρους μου και δεν έγινε προς τον Κύριο Ιησού Χριστό».
3. **Σπάστε τους δεσμούς με τα ονόματα, τα αρχικά και τα σύμβολα των προγόνων σας**.
4. **Χρησιμοποιήστε τα εδάφια Ησαΐας 49:24–26, Κολοσσαείς 2:14 και Β' Κορινθίους 5:17** για να δηλώσετε την ταυτότητά σας εν Χριστώ.
5. Εάν χρειαστεί, **πραγματοποιήστε μια τελετή επανακαθιέρωσης** — παρουσιάστε τον εαυτό σας (ή τα παιδιά σας) στον Θεό εκ νέου και ανακηρύξτε νέα ονόματα, εάν σας καθοδηγήσει.

ΟΜΑΔΙΚΗ ΑΙΤΗΣΗ

- Προσκαλέστε τους συμμετέχοντες να ερευνήσουν την ιστορία των ονομάτων τους.
- Δημιουργήστε έναν χώρο για πνευματική μετονομασία, εάν καθοδηγείται από αυτό — επιτρέψτε στους ανθρώπους να διεκδικούν ονόματα όπως «Δαβίδ», «Εσθήρ» ή ταυτότητες που καθοδηγούνται από το πνεύμα.
- Ηγηθείτε της ομάδας σε ένα συμβολικό *αναβάπτισμα* αφιέρωσης — όχι βύθιση στο νερό, αλλά χρίσμα και διαθήκη με τον Χριστό βασισμένη σε λόγο.
- Βάλτε τους γονείς να παραβιάζουν διαθήκες για τα παιδιά τους στην προσευχή: «Ανήκετε στον Ιησού — κανένα πνεύμα, ποτάμι ή προγονικός δεσμός δεν έχει καμία νομική βάση».

Βασική γνώση
Η αρχή σου έχει σημασία. Αλλά δεν χρειάζεται να ορίζει το τέλος σου. Κάθε διεκδίκηση για ποτάμι μπορεί να λυθεί από το ποτάμι του αίματος του Ιησού.

Ημερολόγιο Στοχασμού

- Ποια ονόματα ή αρχικά μου δόθηκαν και τι σημαίνουν;
- Υπήρξαν μυστικές ή πολιτισμικές τελετουργίες κατά τη γέννησή μου που πρέπει να απαρνηθώ;
- Έχω πραγματικά αφιερώσει τη ζωή μου — το σώμα μου, την ψυχή μου, το όνομά μου και την ταυτότητά μου — στον Κύριο Ιησού Χριστό;

Προσευχή της Λύτρωσης
Θεέ Πατέρα, προσέρχομαι ενώπιόν Σου στο όνομα του Ιησού. Αποκηρύσσω κάθε διαθήκη, αφιέρωση και τελετουργία που γίνεται κατά τη γέννησή μου. Απορρίπτω κάθε ονομασία, μύηση στο νερό και προγονική αξίωση. Είτε μέσω αρχικών, ονομασίας είτε κρυφών βωμών — ακυρώνω κάθε δαιμονικό δικαίωμα στη ζωή μου. Τώρα δηλώνω ότι είμαι πλήρως δικός Σου. Το όνομά μου είναι γραμμένο στο Βιβλίο της Ζωής. Το παρελθόν μου είναι καλυμμένο από το αίμα του Ιησού και η ταυτότητά μου σφραγίζεται από το Άγιο Πνεύμα. Αμήν.

ΗΜΕΡΑ 40: ΑΠΟ ΤΗΝ ΤΟΚΕΤΟ ΣΤΗΝ ΤΟΚΕΤΟ — Ο ΠΟΝΟΣ ΣΟΥ ΕΙΝΑΙ Η ΧΕΙΡΟΤΟΝΙΑ ΣΟΥ

«*Αλλά ο λαός που γνωρίζει τον Θεό του θα είναι δυνατός και θα κάνει κατορθώματα.*» — Δανιήλ 11:32

«*Τότε ο Κύριος σήκωσε κριτές, οι οποίοι τους έσωσαν από τα χέρια αυτών των επιδρομέων.*» — Κριτές 2:16

Δεν παραδόθηκες για να κάθεσαι ήσυχα στην εκκλησία.

Δεν ελευθερώθηκες απλώς για να επιβιώσεις. Παραδόθηκες **για να ελευθερώσεις άλλους**.

Ο ίδιος Ιησούς που θεράπευσε τον δαιμονισμένο στο Κατά Μάρκον 5 τον έστειλε πίσω στη Δεκάπολη για να πει την ιστορία. Καμία θεολογική σχολή. Καμία χειροτονία. Μόνο μια **φλεγόμενη μαρτυρία** και ένα στόμα που πήρε φωτιά.

Εσύ είσαι αυτός ο άντρας. Αυτή η γυναίκα. Αυτή η οικογένεια. Αυτό το έθνος.

Ο πόνος που έχεις υπομείνει είναι τώρα το όπλο σου.

Το μαρτύριο από το οποίο γλίτωσες είναι η σάλπιγγά σου. Αυτό που σε κρατούσε στο σκοτάδι γίνεται τώρα η **σκηνή της κυριαρχίας σου**.

Πραγματική Ιστορία – Από Νύφη Θαλάσσιου σε Υπάλληλο Απελευθέρωσης

Η Ρεβέκκα, από το Καμερούν, ήταν πρώην νύφη ενός θαλάσσιου πνεύματος. Μυήθηκε σε ηλικία 8 ετών κατά τη διάρκεια μιας παράκτιας τελετής ονοματοδοσίας. Μέχρι τα 16 της, έκανε σεξ σε όνειρα, έλεγχε τους άντρες με τα μάτια της και είχε προκαλέσει πολλά διαζύγια μέσω μαγείας. Ήταν γνωστή ως «η όμορφη κατάρα».

Όταν συνάντησε το ευαγγέλιο στο πανεπιστήμιο, οι δαίμονές της ξέσπασαν σε βασανιστήρια. Χρειάστηκαν έξι μήνες νηστείας, απελευθέρωσης και βαθιάς μαθητείας πριν ελευθερωθεί.

Σήμερα, διοργανώνει συνέδρια απελευθέρωσης για γυναίκες σε όλη την Αφρική. Χιλιάδες έχουν απελευθερωθεί χάρη στην υπακοή της.

Τι θα γινόταν αν είχε μείνει σιωπηλή;

Αποστολική Άνοδος — Γεννιούνται Παγκόσμιοι Απελευθερωτές

- **Στην Αφρική**, πρώην μάγοι-γιατροί τώρα ιδρύουν εκκλησίες.
- **Στην Ασία**, πρώην Βουδιστές κηρύττουν τον Χριστό σε μυστικά σπίτια.
- **Στη Λατινική Αμερική**, πρώην ιερείς της Σαντερία τώρα σπάνε βωμούς.
- **Στην Ευρώπη**, πρώην αποκρυφιστές διεξάγουν ερμηνευτικές μελέτες της Βίβλου στο διαδίκτυο.
- **Στη Βόρεια Αμερική**, οι επιζώντες των απατήσεων της Νέας Εποχής ηγούνται της απελευθέρωσης μέσω Zooms εβδομαδιαίως.

Είναι **οι απίθανοι**, οι διαλυμένοι, οι πρώην σκλάβοι του σκότους που τώρα βαδίζουν στο φως — και **εσύ είσαι ένας από αυτούς**.

Τελικό Σχέδιο Δράσης – Αναλάβετε την Κλήση σας

1. **Γράψτε την μαρτυρία σας** — ακόμα κι αν δεν τη θεωρείτε δραματική. Κάποιος χρειάζεται την ιστορία της ελευθερίας σας.
2. **Ξεκινήστε με μικρά βήματα** — Προσευχηθείτε για έναν φίλο. Διοργανώστε μια μελέτη της Βίβλου. Μοιραστείτε τη διαδικασία απελευθέρωσής σας.
3. **Ποτέ μην σταματάτε να μαθαίνετε** — Οι ελευθερωτές μένουν στον Λόγο, παραμένουν μετανοημένοι και παραμένουν οξυδερκείς.
4. **Καλύψτε την οικογένειά σας** — Δηλώστε καθημερινά ότι το σκοτάδι σταματάει μαζί σας και τα παιδιά σας.
5. **Κηρύξτε πνευματικές ζώνες πολέμου** — Ο χώρος εργασίας σας, το σπίτι σας, ο δρόμος σας. Γίνετε ο φύλακας της πύλης.

Θέση σε λειτουργία ομάδας

Σήμερα δεν είναι απλώς μια προσευχή — είναι μια **τελετή έναρξης λειτουργίας**.

- Αλείψτε ο ένας τα κεφάλια του άλλου με λάδι και πείτε:

«Εσύ παραδόθηκες για να ελευθερώσεις. Σήκω, Κριτή του Θεού.»

- Δηλώστε φωναχτά ως ομάδα:

«Δεν είμαστε πια επιζώντες. Είμαστε πολεμιστές. Κουβαλάμε φως και το σκοτάδι τρέμει.»

- Ορίστε ζεύγη προσευχής ή συνεργάτες λογοδοσίας για να συνεχίσουν να αναπτύσσονται σε τόλμη και αντίκτυπο.

Βασική γνώση
Η μεγαλύτερη εκδίκηση ενάντια στο βασίλειο του σκότους δεν είναι απλώς η ελευθερία.
Είναι ο πολλαπλασιασμός.

Ημερολόγιο Τελικού Στοχασμού

- Ποια ήταν η στιγμή που κατάλαβα ότι είχα περάσει από το σκοτάδι στο φως;
- Ποιος χρειάζεται να ακούσει την ιστορία μου;
- Από πού μπορώ να ξεκινήσω να ρίχνω φως σκόπιμα αυτή την εβδομάδα;
- Είμαι πρόθυμος να με χλευάσουν, να με παρεξηγήσουν και να με αντισταθούν — για χάρη της απελευθέρωσης των άλλων;

Προσευχή της Ενθάρρυνσης
Θεέ μου, σε ευχαριστώ για **40 ημέρες φωτιάς, ελευθερίας και αλήθειας**. Δεν με έσωσες απλώς για να με προστατεύσεις — με ελευθέρωσες για να ελευθερώσω άλλους. Σήμερα, λαμβάνω αυτόν τον μανδύα. Η μαρτυρία μου είναι σπαθί. Οι ουλές μου είναι όπλα. Οι προσευχές μου είναι σφυριά. Η υπακοή μου είναι λατρεία. Τώρα περπατώ στο όνομα του Ιησού — ως ανάφλεξης φωτιάς , ως ελευθερωτής, ως φορέας φωτός. Είμαι δικός Σου. Το σκοτάδι δεν έχει θέση μέσα μου και δεν έχει θέση γύρω μου. Παίρνω τη θέση μου. Στο όνομα του **Ιησού. Αμήν.**

360° ΚΑΘΗΜΕΡΙΝΗ ΔΗΛΩΣΗ ΑΠΕΛΕΥΘΕΡΩΣΗΣ & ΚΥΡΙΑΡΧΙΑΣ – Μέρος 1ο

« *Κανένα όπλο που θα κατασκευαστεί εναντίον σου δεν θα ευοδωθεί, και κάθε γλώσσα που θα σηκωθεί εναντίον σου σε κρίση θα την καταδικάσεις. Αυτή είναι η κληρονομιά των δούλων του Κυρίου...*» — Ησαΐας 54:17

Σήμερα και κάθε μέρα, παίρνω την πλήρη θέση μου εν Χριστώ — πνεύμα, ψυχή και σώμα.

Κλείνω κάθε πόρτα — γνωστή και άγνωστη — προς το βασίλειο του σκότους.

Διακόπτω κάθε επαφή, συμβόλαιο, διαθήκη ή κοινωνία με κακά βωμούς, προγονικά πνεύματα, πνευματικούς συζύγους, απόκρυφες εταιρείες, μαγεία και δαιμονικές συμμαχίες — με το αίμα του Ιησού!

Δηλώνω ότι δεν είμαι προς πώληση. Δεν είμαι προσβάσιμος/η. Δεν είμαι στρατεύσιμος/η. Δεν έχω επανενταχθεί.

Κάθε σατανική ανάκληση, πνευματική επιτήρηση ή κακή επίκληση — ας διασκορπιστεί με φωτιά, στο όνομα του Ιησού!

Δεσμεύομαι με το νου του Χριστού, το θέλημα του Πατέρα και τη φωνή του Αγίου Πνεύματος.

Περπατώ στο φως, στην αλήθεια, στη δύναμη, στην αγνότητα και στον σκοπό.

Έκλεισα κάθε τρίτο μάτι, ψυχική πύλη και ανίερη πύλη που ανοιγόταν μέσα από όνειρα, τραύματα, σεξ, τελετουργίες, μέσα ενημέρωσης ή ψευδείς διδασκαλίες.

Αφήστε τη φωτιά του Θεού να καταναλώσει κάθε παράνομη κατάθεση στην ψυχή μου, στο όνομα του Ιησού.

Μιλώ στον αέρα, στη γη, στη θάλασσα, στα αστέρια και στους ουρανούς — δεν θα εργαστείτε εναντίον μου.

Κάθε κρυφός βωμός, πράκτορας, παρατηρητής ή ψιθυριστός δαίμονας που έχει επιβληθεί εναντίον της ζωής, της οικογένειας, του καλέσματος ή της επικράτειάς μου — ας αφοπλιστεί και να σιωπήσει από το αίμα του Ιησού!

Βυθίζω το μυαλό μου στον Λόγο του Θεού.

Δηλώνω ότι τα όνειρά μου είναι αγιασμένα. Οι σκέψεις μου είναι θωρακισμένες. Ο ύπνος μου είναι άγιος. Το σώμα μου είναι ναός φωτιάς.

Από αυτή τη στιγμή και μετά, βαδίζω σε απελευθέρωση 360 μοιρών — τίποτα δεν είναι κρυφό, τίποτα δεν διαφεύγει.

Κάθε επίμονη δουλεία σπάει. Κάθε γενεαλογικός ζυγός θρυμματίζεται. Κάθε αμετανόητη αμαρτία αποκαλύπτεται και καθαρίζεται.

Δηλώνω:

- **Το σκοτάδι δεν έχει καμία κυριαρχία πάνω μου.**
- **Το σπίτι μου είναι ζώνη πυρκαγιάς.**
- **Οι πύλες μου είναι σφραγισμένες με δόξα.**
- **Ζω στην υπακοή και περπατώ στη δύναμη.**

Αναδύομαι ως ελευθερωτής της γενιάς μου.

Δεν θα κοιτάξω πίσω. Δεν θα γυρίσω πίσω. Είμαι φως. Είμαι φωτιά. Είμαι ελεύθερος. Στο πανίσχυρο όνομα του Ιησού. Αμήν!

360° ΚΑΘΗΜΕΡΙΝΗ ΔΗΛΩΣΗ ΑΠΕΛΕΥΘΕΡΩΣΗΣ & ΚΥΡΙΑΡΧΙΑΣ – Μέρος 2ο

Προστασία από μαγεία, μάγια, νεκρομάντες, μέντιουμ και δαιμονικά κανάλια

Απελευθέρωση για τον εαυτό σας και τους άλλους υπό την επιρροή ή τη δουλεία τους

Καθαρισμός και κάλυψη μέσω του αίματος του Ιησού

Αποκατάσταση της ακεραιότητας, της ταυτότητας και της ελευθερίας εν Χριστώ

Προστασία και Ελευθερία από Μαγεία, Μέντιουμ, Νεκρομάντες και Πνευματική Δουλεία

(Μέσω του Αίματος του Ιησού και του Λόγου της Μαρτυρίας μας)

«Και αυτοί τον νίκησαν με το αίμα του Αρνίου και με τον λόγο της μαρτυρίας τους...»

— *Αποκάλυψη 12:11*

«Ο Κύριος... ματαιώνει τα σημάδια των ψευδοπροφητών και κάνει τους μάντεις γελωτοποιούς... επιβεβαιώνει τον λόγο του δούλου Του και εκπληρώνει τη βουλή των αγγελιοφόρων Του.»

— *Ησαΐας 44:25–26*

«Πνεύμα Κυρίου είναι επάνω μου... για να κηρύξω ελευθερία στους αιχμαλώτους και απελευθέρωση στους δεμένους...»

— *Λουκάς 4:18*

ΕΝΑΡΞΗ ΠΡΟΣΕΥΧΗΣ:

Πατέρα Θεέ, έρχομαι σήμερα με τόλμη δια του αίματος του Ιησού. Αναγνωρίζω τη δύναμη στο όνομά Σου και δηλώνω ότι μόνο Εσύ είσαι ο ελευθερωτής και ο υπερασπιστής μου. Στέκομαι ως δούλος και μάρτυράς Σου και δηλώνω τον Λόγο Σου με τόλμη και εξουσία σήμερα.

ΔΗΛΩΣΕΙΣ ΠΡΟΣΤΑΣΙΑΣ ΚΑΙ ΑΠΕΛΕΥΘΕΡΩΣΗΣ

1. Απελευθέρωση από τη Μαγεία, τα Μέντιουμ, τους Νεκρομάντες και την Πνευματική Επιρροή:

- Σπάω **και απαρνούμαι** κάθε κατάρα, ξόρκι, μαντεία, γοητεία, χειραγώγηση, παρακολούθηση, αστρική προβολή ή δεσμό ψυχής - που λέγεται ή εκτελείται - μέσω μαγείας, νεκρομαντείας, μέντιουμ ή πνευματικών καναλιών.
- Δηλώνω ότι το **αίμα του Ιησού** είναι εναντίον κάθε ακάθαρτου πνεύματος που επιδιώκει να δεσμεύσει, να αποσπάσει την προσοχή, να εξαπατήσει ή να χειραγωγήσει εμένα ή την οικογένειά μου.
- Διατάζω **κάθε πνευματική παρέμβαση, κατοχή, καταπίεση ή ψυχική δουλεία** να σπάσει τώρα από την εξουσία στο όνομα του Ιησού Χριστού.
- Μιλάω για **απελευθέρωση για τον εαυτό μου και για κάθε άτομο που βρίσκεται**, εν γνώσει ή εν αγνοία του, υπό την επήρεια μαγείας ή **ψευδούς φωτός**. Βγείτε τώρα! Ελευθερωθείτε, στο όνομα του Ιησού!
- Καλώ τη φωτιά του Θεού να **κάψει κάθε πνευματικό ζυγό, σατανικό συμβόλαιο και βωμό** που έχει ανεγερθεί στο πνεύμα για να υποδουλώσει ή να παγιδεύσει τα πεπρωμένα μας.

«Δεν υπάρχει μαγεία εναντίον του Ιακώβ, ούτε μαντεία εναντίον του Ισραήλ.» — *Αριθμοί 23:23*

2. Καθαρισμός και Προστασία Εαυτού, Παιδιών και Οικογένειας:

- Ικετεύω το αίμα του Ιησού για **το νου, την ψυχή, το πνεύμα, το σώμα, τα συναισθήματά μου, την οικογένεια, τα παιδιά και την εργασία μου.**
- Δηλώνω: Εγώ και ο οίκος μου είμαστε **σφραγισμένοι από το Άγιο Πνεύμα και κρυμμένοι με τον Χριστό εν Θεώ.**
- Κανένα όπλο που θα κατασκευαστεί εναντίον μας δεν θα ευδοκιμήσει. Κάθε γλώσσα που κακολογεί εναντίον μας **κρίνεται και φιμώνεται** στο όνομα του Ιησού.
- Αποκηρύσσω και διώχνω κάθε **πνεύμα φόβου, βασανιστηρίου,**

σύγχυσης, αποπλάνησης ή ελέγχου .

«Εγώ είμαι ο Κύριος, που ματαιώνω τα σημάδια των ψεύτων...» — *Ησαΐας 44:25*

3. Αποκατάσταση Ταυτότητας, Σκοπού και Υγιούς Πνεύματος:

- Ανακτώ κάθε κομμάτι της ψυχής και της ταυτότητάς μου που **ανταλλάχθηκε, παγιδεύτηκε ή κλάπηκε** μέσω απάτης ή πνευματικού συμβιβασμού.
- Δηλώνω: Έχω το **νου του Χριστού** και περπατώ με διαύγεια, σοφία και εξουσία.
- Δηλώνω: Είμαι **ελευθερωμένος από κάθε γενεαλογική κατάρα και οικογενειακή μαγεία**, και περπατώ σε διαθήκη με τον Κύριο.

«Ο Θεός δεν μου έδωσε πνεύμα δειλίας, αλλά δύναμης, αγάπης και σωφροσύνης.» — *Β΄ Τιμόθεο 1:7*

4. Καθημερινή Κάλυψη και Νίκη εν Χριστώ:

- Δηλώνω: Σήμερα, βαδίζω εν θεία **προστασία, διάκριση και ειρήνη** .
- Το αίμα του Ιησού μιλάει για **καλύτερα πράγματα** για μένα—προστασία, θεραπεία, εξουσία και ελευθερία.
- Κάθε κακό καθήκον που έχει οριστεί για σήμερα ανατρέπεται. Περπατώ νικηφόρα και θριαμβεύω εν Χριστώ Ιησού.

«Χίλιοι θα πέσουν στο πλευρό μου και δέκα χιλιάδες στα δεξιά μου, αλλά δεν θα με πλησιάσουν...» — *Ψαλμός 91:7*

ΤΕΛΙΚΗ ΔΗΛΩΣΗ ΚΑΙ ΜΑΡΤΥΡΙΑ:

«Νικώ κάθε μορφή σκότους, μαγείας, νεκρομαντείας, μαγείας, ψυχικής χειραγώγησης, παραποίησης της ψυχής και κακής πνευματικής μεταφοράς—όχι με τη δύναμή μου αλλά **με το αίμα του Ιησού και τον Λόγο της μαρτυρίας μου** ».

«Δηλώνω: **Είμαι ελευθερωμένος. Το σπιτικό μου ελευθερώθηκε.** Κάθε κρυφός ζυγός συντρίφθηκε. Κάθε παγίδα αποκαλύφθηκε. Κάθε ψευδές φως σβήστηκε. Περπατώ στην ελευθερία. Περπατώ στην αλήθεια. Περπατώ στη δύναμη του Αγίου Πνεύματος.»

«Ο Κύριος επικυρώνει τον λόγο του δούλου Του και εκτελεί τη βουλή του αγγελιοφόρου Του. Έτσι θα είναι σήμερα και κάθε ημέρα από τώρα και στο εξής». Στο παντοδύναμο όνομα του Ιησού, **Αμήν.**

ΠΑΡΑΠΟΜΠΕΣ ΣΕ ΑΓΙΕΣ ΓΡΑΦΕΣ:

- Ησαΐας 44:24–26
- Αποκάλυψη 12:11
- Ησαΐας 54:17
- Ψαλμός 91
- Αριθμοί 23:23
- Λουκάς 4:18
- Εφεσίους 6:10–18
- Κολοσσαείς 3:3
- 2 Τιμόθεον 1:7

360° ΚΑΘΗΜΕΡΙΝΗ ΔΗΛΩΣΗ ΑΠΕΛΕΥΘΕΡΩΣΗΣ & ΚΥΡΙΑΡΧΙΑΣ - Μέρος 3ο

« *Ο Κύριος είναι άνθρωπος πολέμου· Κύριος είναι το όνομά Του.»* — Έξοδος 15:3

«Αυτοί τον νίκησαν με το αίμα του Αρνίου και με τον λόγο της μαρτυρίας τους...» — Αποκάλυψη 12:11

Σήμερα, ανασταίνομαι και παίρνω τη θέση μου εν Χριστώ — καθισμένος σε ουράνιους τόπους, πολύ πάνω από όλες τις αρχές, τις δυνάμεις, τους θρόνους, τις κυριότητες και κάθε όνομα που ονομάζεται.

ΑΠΟΚΑΛΩ

Αποκηρύσσω κάθε γνωστή και άγνωστη διαθήκη, όρκο ή μύηση:

- Ελευθεροτεκτονισμός (1ος έως 33ος βαθμός)
- Καμπάλα και εβραϊκός μυστικισμός
- Ανατολικό Αστέρι και Ροδόσταυροι
- Τάγματα των Ιησουιτών και Ιλλουμινάτι
- Σατανικές αδελφότητες και Λουσιφεριανές αιρέσεις
- Θαλάσσια πνεύματα και υποθαλάσσιες συμφωνίες
- Φίδια Κουνταλίνι, ευθυγραμμίσεις τσάκρα και ενεργοποιήσεις τρίτου ματιού
- Η απάτη της Νέας Εποχής, το Ρέικι, η χριστιανική γιόγκα και το αστρικό ταξίδι
- Μαγεία, μαγεία, νεκρομαντεία και αστρικά συμβόλαια
- Απόκρυφοι δεσμοί ψυχής από σεξ, τελετουργίες και μυστικές συμφωνίες
- Τεκτονικοί όρκοι για την γενεαλογία μου και την προγονική μου ιεροσύνη

Κόβω κάθε πνευματικό ομφάλιο λώρο για να:

- Αρχαίοι βωμοί αίματος
- Ψευδοπροφητική φωτιά
- Πνευματικοί σύζυγοι και εισβολείς ονείρων
- Ιερή γεωμετρία, κώδικες φωτός και δόγματα παγκόσμιου δικαίου
- Ψεύτικοι χριστοί, οικεία πνεύματα και κίβδηλα άγια πνεύματα

Ας μιλήσει το αίμα του Ιησού εκ μέρους μου. Ας σκιστεί κάθε συμβόλαιο. Ας θρυμματιστεί κάθε βωμός. Ας σβηστεί κάθε δαιμονική ταυτότητα — τώρα!

ΔΗΛΩΝΩ
Δηλώνω:

- Το σώμα μου είναι ένας ζωντανός ναός του Αγίου Πνεύματος.
- Το μυαλό μου φυλάσσεται με την περικεφαλαία της σωτηρίας.
- Η ψυχή μου αγιάζεται καθημερινά με το πλύσιμο του Λόγου.
- Το αίμα μου καθαρίζεται από τον Γολγοθά.
- Τα όνειρά μου είναι σφραγισμένα στο φως.
- Το όνομά μου είναι γραμμένο στο Βιβλίο της Ζωής του Αρνίου — όχι σε κανένα απόκρυφο μητρώο, στοά, ημερολόγιο, πάπυρο ή σφραγίδα!

ΕΓΩ ΔΙΟΙΚΗΣΗ
Προστάζω:

- Κάθε πράκτορας του σκότους — παρατηρητές, οθόνες, αστρικοί προβολείς — θα τυφλωθεί και θα διασκορπιστεί.
- Κάθε δεσμός με τον κάτω κόσμο, τον θαλάσσιο κόσμο και το αστρικό επίπεδο — να σπάσει!
- Κάθε σκοτεινό σημάδι, εμφύτευμα, τελετουργικό τραύμα ή πνευματικό στιγματισμό — να καθαριστεί με φωτιά!
- Κάθε οικείο πνεύμα ψιθυρίζει ψέματα — ας σωπάσει τώρα!

ΑΠΟΣΥΝΔΕΧΟΜΑΙ
Αποσυνδέομαι από:

- Όλες οι δαιμονικές χρονογραμμές, οι φυλακές των ψυχών και τα κλουβιά

των πνευμάτων
- Όλες οι κατατάξεις και τα πτυχία των μυστικών εταιρειών
- Όλα τα ψεύτικα μανδύες, θρόνους ή στέμματα που έχω φορέσει
- Κάθε ταυτότητα που δεν δημιουργήθηκε από τον Θεό
- Κάθε συμμαχία, φιλία ή σχέση που ενδυναμώνεται από σκοτεινά συστήματα

ΙΔΡΥΝΩ
Θεσπίζω:

- Ένα τείχος προστασίας δόξας γύρω μου και το σπίτι μου
- Άγιοι άγγελοι σε κάθε πύλη, πύλη, παράθυρο και μονοπάτι
- Αγνότητα στα μέσα, τη μουσική, τις αναμνήσεις και το μυαλό μου
- Η αλήθεια στις φιλίες, τη διακονία, τον γάμο και την αποστολή μου
- Αδιάσπαστη κοινωνία με το Άγιο Πνεύμα

ΥΠΟΒΑΛΛΩ
Υποτάσσομαι ολοκληρωτικά στον Ιησού Χριστό —
Το Αρνί που σφαγιάστηκε, τον Βασιλιά που κυβερνά, το Λιοντάρι που βρυχάται.
Επιλέγω το φως. Επιλέγω την αλήθεια. Επιλέγω την υπακοή.
Δεν ανήκω στα σκοτεινά βασίλεια αυτού του κόσμου.
Ανήκω στη Βασιλεία του Θεού μας και του Χριστού Του.

ΠΡΟΕΙΔΟΠΟΙΩ ΤΟΝ ΕΧΘΡΟ
Με την παρούσα δήλωση απευθύνω ειδοποίηση προς:

- Κάθε υψηλόβαθμη πριγκιπάτο
- Κάθε κυρίαρχο πνεύμα πάνω σε πόλεις, γενεαλογικές γραμμές και έθνη
- Κάθε αστρικός ταξιδιώτης, μάγισσα, μάγος ή πεσμένο αστέρι...

Είμαι ανέγγιχτη περιουσία.
Το όνομά μου δεν βρίσκεται στα αρχεία σας. Η ψυχή μου δεν πωλείται. Τα όνειρά μου είναι υπό έλεγχο. Το σώμα μου δεν είναι ο ναός σας. Το μέλλον μου δεν είναι η παιδική σας χαρά. Δεν θα επιστρέψω στη δουλεία. Δεν θα επαναλάβω

τους προγονικούς κύκλους. Δεν θα κουβαλάω παράξενη φωτιά. Δεν θα είμαι τόπος ανάπαυσης για φίδια.

ΣΦΡΑΓΙΖΩ

Σφραγίζω την παρούσα δήλωση με:

- Το αίμα του Ιησού
- Η φωτιά του Αγίου Πνεύματος
- Η εξουσία του Λόγου
- Η ενότητα του Σώματος του Χριστού
- Ο ήχος της μαρτυρίας μου

Στο όνομα του Ιησού, Αμήν και Αμήν

ΣΥΜΠΕΡΑΣΜΑ: ΑΠΟ ΤΗΝ ΕΠΙΒΙΩΣΗ ΣΤΗΝ ΥΙΟΤΗΤΑ — ΔΙΕΝΕΡΓΟΠΟΙΩΝΤΑΣ ΕΛΕΥΘΕΡΟΣ, ΖΩΝΤΑΣ ΕΛΕΥΘΕΡΟΣ, ΑΠΕΛΕΥΘΕΡΩΝΟΝΤΑΣ ΤΟΥΣ ΑΛΛΟΥΣ

«*Στεκέστε, λοιπόν, σταθεροί στην ελευθερία, με την οποία ο Χριστός μας ελευθέρωσε, και μην ξαναμπείτε στον ζυγό της δουλείας.*» — Γαλάτες 5:1
«*Τους έβγαλε από το σκοτάδι και τη σκιά του θανάτου, και έσπασε τις αλυσίδες τους.*» — Ψαλμός 107:14

Αυτές οι 40 ημέρες δεν αφορούσαν ποτέ μόνο τη γνώση. Αφορούσαν **τον πόλεμο**, **την αφύπνιση** και **την κυριαρχία**.

Έχετε δει πώς λειτουργεί το σκοτεινό βασίλειο — διακριτικά, γενεαλογικά, μερικές φορές ανοιχτά. Έχετε ταξιδέψει μέσα από προγονικές πύλες, ονειρικά βασίλεια, αποκρυφιστικές συμφωνίες, παγκόσμιες τελετουργίες και πνευματικά βασανιστήρια. Έχετε συναντήσει μαρτυρίες αφάνταστου πόνου — αλλά και **ριζικής απελευθέρωσης**. Έχετε σπάσει βωμούς, έχετε αποκηρύξει ψέματα και έχετε αντιμετωπίσει πράγματα που πολλοί άμβωνες φοβούνται πολύ να κατονομάσουν.

ΑΛΛΑ ΑΥΤΟ ΔΕΝ ΕΙΝΑΙ ΤΟ ΤΕΛΟΣ.

Τώρα ξεκινά το πραγματικό ταξίδι: **Διατηρώντας την ελευθερία σας. Ζώντας εν Πνεύματι. Διδάσκοντας στους άλλους την έξοδο.**

Είναι εύκολο να περάσεις 40 μέρες φωτιάς και να επιστρέψεις στην Αίγυπτο. Είναι εύκολο να γκρεμίσεις βωμούς μόνο και μόνο για να τους ξαναχτίσεις μέσα στη μοναξιά, τη λαγνεία ή την πνευματική κόπωση.

Μην το κάνεις.

Δεν είσαι πλέον **σκλάβος των κύκλων**. Είσαι ένας **φύλακας** στο τείχος. Ένας **φύλακας της πύλης** για την οικογένειά σου. Ένας **πολεμιστής** για την πόλη σου. Μια **φωνή** στα έθνη.

7 ΤΕΛΙΚΕΣ ΚΑΤΗΓΟΡΙΕΣ ΓΙΑ ΟΣΟΥΣ ΘΑ ΠΕΡΙΠΑΤΗΣΟΥΝ ΣΤΗΝ ΚΥΡΙΑΡΧΙΑ

1. **Φύλαξε τις πύλες σου.**
   Μην ανοίγεις ξανά τις πνευματικές πόρτες μέσω συμβιβασμού, επανάστασης, σχέσεων ή περιέργειας.
   «*Μην δίνεις τόπο στον διάβολο*». — Εφεσίους 4:27
2. **Πειθαρχήστε την όρεξή σας.**
   Η νηστεία θα πρέπει να αποτελεί μέρος του μηνιαίου σας ρυθμού. Αναδιοργανώνει την ψυχή και διατηρεί τη σάρκα σας υπό υποταγή.
3. **Δεσμευτείτε στην αγνότητα**
   Συναισθηματική, σεξουαλική, λεκτική, οπτική. Η ακαθαρσία είναι η νούμερο ένα πύλη που χρησιμοποιούν οι δαίμονες για να σέρνονται πίσω.
4. **Η**
   κατάκτηση του Λόγου δεν είναι προαιρετική. Είναι το σπαθί, η ασπίδα και το καθημερινό σας ψωμί. «*Ο λόγος του Χριστού ας κατοικεί πλουσιοπάροχα μέσα σας...*» (Κολ. 3:16)
5. **Βρείτε τη φυλή σας.**
   Η Απελευθέρωση δεν προοριζόταν ποτέ να βιωθεί μόνος του. Χτίστε, υπηρετήστε και θεραπεύστε σε μια κοινότητα γεμάτη Πνεύμα.
6. **Αγκαλιάστε τα βάσανα**
   Ναι — τα βάσανα. Δεν είναι όλα τα βάσανα δαιμονικά. Μερικά είναι αγιαστικά. Περπατήστε μέσα από αυτά. Η δόξα είναι μπροστά σας.
   «*Αφού υποφέρετε λίγο καιρό... Αυτός θα σας ενισχύσει, θα σας στηρίξει και θα σας εδραιώσει.*» — Α΄ Πέτρου 5:10
7. **Δίδαξε στους άλλους**
   δωρεάν ότι έλαβες — τώρα δώσε δωρεάν. Βοηθήστε τους άλλους να ελευθερωθούν. Ξεκίνα από το σπίτι σου, τον κύκλο σου, την εκκλησία σου.

ΑΠΟ ΤΗΝ ΠΑΡΑΔΟΣΗ ΣΕ ΜΑΘΗΤΗ

Αυτή η ευλαβική εκδήλωση είναι μια παγκόσμια κραυγή — όχι μόνο για θεραπεία αλλά και για την έγερση ενός στρατού.

Είναι **καιρός για ποιμένες** που μπορούν να μυρίσουν τον πόλεμο.

Είναι **καιρός για προφήτες** που δεν δειλιάζουν μπροστά στα φίδια.

Είναι **καιρός για μητέρες και πατέρες** που σπάνε τις γενεαλογικές συμφωνίες και χτίζουν βωμούς αλήθειας.

Είναι **καιρός τα έθνη** να προειδοποιηθούν και η Εκκλησία να μην σιωπά πλέον.

ΕΣΥ ΕΙΣΑΙ Η ΔΙΑΦΟΡΑ

Το πού θα πας από εδώ έχει σημασία. Αυτό που κουβαλάς έχει σημασία. Το σκοτάδι από το οποίο τραβήχτηκες είναι η ίδια η περιοχή στην οποία έχεις τώρα εξουσία.

Η λύτρωση ήταν το πατρογονικό σου δικαίωμα. Η κυριαρχία είναι το μανδύα σου.

Τώρα μπείτε μέσα.

ΤΕΛΙΚΗ ΠΡΟΣΕΥΧΗ

Κύριε Ιησού, σε ευχαριστώ που περπατάς μαζί μου αυτές τις **40 μέρες**. Σε ευχαριστώ που αποκάλυψες το σκοτάδι, έσπασες τις αλυσίδες και με κάλεσες σε ένα υψηλότερο μέρος. Αρνούμαι να κάνω πίσω. Σπάω κάθε συμφωνία με φόβο, αμφιβολία και αποτυχία. Λαμβάνω την αποστολή της βασιλείας μου με τόλμη. Χρησιμοποίησε με για να ελευθερώσεις τους άλλους. Γέμισε με με το Άγιο Πνεύμα καθημερινά. Άσε τη ζωή μου να γίνει όπλο φωτός — στην οικογένειά μου, στο έθνος μου, στο Σώμα του Χριστού. Δεν θα σιωπήσω. Δεν θα ηττηθώ. Δεν θα τα παρατήσω. Περπατώ από το σκοτάδι στην κυριαρχία. Για πάντα. Στο όνομα του Ιησού. Αμήν.

Πώς να Αναγεννηθείτε και να Ξεκινήσετε μια Νέα Ζωή με τον Χριστό

Ίσως να έχετε περπατήσει με τον Ιησού στο παρελθόν ή ίσως μόλις τον συναντήσατε αυτές τις 40 ημέρες. Αλλά αυτή τη στιγμή, κάτι μέσα σας αναζωπυρώνεται.

Είσαι έτοιμος για κάτι περισσότερο από τη θρησκεία.

Είσαι έτοιμος για **μια σχέση**.

Είσαι έτοιμος να πεις, «Ιησού, σε χρειάζομαι».

Να η αλήθεια:

«Διότι όλοι αμάρτησαν· όλοι υστερούμε ως προς το ένδοξο πρότυπο του Θεού... όμως ο Θεός, με τη χάρη Του, μας κάνει ελεύθερους ενώπιόν Του.»

— Ρωμαίους 3:23–24 (NLT)

Δεν μπορείς να κερδίσεις τη σωτηρία.

Δεν μπορείς να διορθώσεις τον εαυτό σου. Αλλά ο Ιησούς πλήρωσε ήδη το πλήρες τίμημα — και περιμένει να σε καλωσορίσει σπίτι.

Πώς να Αναγεννηθείς

ΤΟ ΝΑ ΑΝΑΓΕΝΝΗΘΕΙΣ σημαίνει να παραδώσεις τη ζωή σου στον Ιησού — να αποδεχτείς τη συγχώρεσή Του, να πιστέψεις ότι πέθανε και αναστήθηκε και να Τον δεχτείς ως Κύριο και Σωτήρα σου.

Είναι απλό. Είναι ισχυρό. Αλλάζει τα πάντα.

Προσευχηθείτε αυτό δυνατά:

«**ΚΥΡΙΕ ΙΗΣΟΥ, ΠΙΣΤΕΥΩ** ότι είσαι ο Υιός του Θεού.

Πιστεύω ότι πέθανες για τις αμαρτίες μου και αναστήθηκες.

Ομολογώ ότι έχω αμαρτήσει και χρειάζομαι τη συγχώρεσή Σου.

Σήμερα, μετανοώ και γυρίζω από τους παλιούς μου τρόπους.

Σε προσκαλώ στη ζωή μου για να είσαι ο Κύριος και Σωτήρας μου.

Καθαρίσε με. Γέμισε με με το Πνεύμα Σου.
Δηλώνω ότι είμαι αναγεννημένος, συγχωρεμένος και ελεύθερος.
Από σήμερα και στο εξής, θα Σε ακολουθώ —
και θα ζω στα βήματά Σου.
Σε ευχαριστώ που με έσωσες. Στο όνομα του Ιησού, αμήν.»

Επόμενα βήματα μετά τη σωτηρία

1. **Πείτε το σε κάποιον** – Μοιραστείτε την απόφασή σας με έναν πιστό που εμπιστεύεστε.
2. **Βρείτε μια Εκκλησία Βασισμένη στην Αγία Γραφή** – Γίνετε μέλος μιας κοινότητας που διδάσκει τον Λόγο του Θεού και τον εφαρμόζει. Επισκεφθείτε τις διακονίες God's Eagle online μέσω https://www.otakada.org [1] ή https://chat.whatsapp.com/H67spSun32DDTma8TLh0ov
3. **Βαπτιστείτε** – Κάντε το επόμενο βήμα δημόσια για να δηλώσετε την πίστη σας.
4. **Διαβάστε την Αγία Γραφή καθημερινά** – Ξεκινήστε με το Ευαγγέλιο του Ιωάννη.
5. **Προσευχήσου κάθε μέρα** – Μίλα στον Θεό ως φίλο και Πατέρα.
6. **Μείνετε συνδεδεμένοι** – Περιβάλλετε τον εαυτό σας με ανθρώπους που σας ενθαρρύνουν να κάνετε τη νέα σας πορεία.
7. **Ξεκινήστε μια Διαδικασία Μαθητείας μέσα στην κοινότητα** – Αναπτύξτε μια προσωπική σχέση με τον Ιησού Χριστό μέσω αυτών των συνδέσμων

40ήμερη μαθητεία 1 - https://www.otakada.org/get-free-40-days-online-discipleship-course-in-a-journey-with-jesus/

40 Μαθητεία 2 - https://www.otakada.org/get-free-40-days-dna-of-discipleship-journey-with-jesus-series-2/

---

[1]. https://www.otakada.org

Η στιγμή της σωτηρίας μου

Ημερομηνία: _____
Υπογραφή: _____

«*Αν κάποιος είναι εν Χριστώ, είναι καινούργιο κτίσμα· τα παλιά πέρασαν, τα καινούρια έγιναν!*»
— Β΄ Κορινθίους 5:17

Πιστοποιητικό Νέας Ζωής εν Χριστώ

Διακήρυξη Σωτηρίας – Αναγέννηση με Χάρη

Aυτό πιστοποιεί ότι

_____

(ΟΝΟΜΑΤΕΠΩΝΥΜΟ)

έχει δηλώσει δημόσια **την πίστη του στον Ιησού Χριστό** ως Κύριο και Σωτήρα και έχει λάβει το δωρεάν δώρο της σωτηρίας μέσω του θανάτου και της ανάστασής Του.

«*Αν ομολογήσεις ανοιχτά ότι ο Ιησούς είναι Κύριος και πιστέψεις στην καρδιά σου ότι ο Θεός τον ανέστησε από τους νεκρούς, θα σωθείς.*»
— Ρωμαίους 10:9 (NLT)

Αυτή την ημέρα, ο παράδεισος αγαλλιάζει και ένα νέο ταξίδι ξεκινά.

Ημερομηνία Απόφασης : _____

Υπογραφή : _____

Διακήρυξη Σωτηρίας

«ΣΗΜΕΡΑ, ΠΑΡΑΔΙΔΩ ΤΗ ζωή μου στον Ιησού Χριστό.

Πιστεύω ότι πέθανε για τις αμαρτίες μου και αναστήθηκε. Τον δέχομαι ως Κύριο και Σωτήρα μου. Είμαι συγχωρεμένος, αναγεννημένος και ανακαινισμένος. Από αυτή τη στιγμή και στο εξής, θα περπατώ στα βήματά Του.»

Καλώς ήρθατε στην Οικογένεια του Θεού!

ΤΟ ΟΝΟΜΑ ΣΟΥ ΕΙΝΑΙ γραμμένο στο Βιβλίο της Ζωής του Αρνιού.

Η ιστορία σου μόλις ξεκινάει — και είναι αιώνια.

ΣΥΝΔΕΘΕΙΤΕ ΜΕ ΤΙΣ ΔΙΑΚΟΝΙΕΣ ΤΟΥ ΘΕΟΥ ΑΕΤΟΥ

- Ιστότοπος: www.otakada.org[1]
- Σειρά Πλούτος Πέρα από την Ανησυχία: www.wealthbeyondworryseries.com[2]
- Ηλεκτρονικό ταχυδρομείο: ambassador@otakada.org

- Υποστηρίξτε αυτό το έργο:

Υποστηρίξτε έργα, ιεραποστολές και δωρεάν παγκόσμιους πόρους της βασιλείας μέσω δωρεών που καθοδηγούνται από διαθήκες. **Σαρώστε τον κωδικό QR για να κάνετε δωρεά** https://tithe.ly/give?c=308311

Η γενναιοδωρία σας μας βοηθά να προσεγγίσουμε περισσότερες ψυχές, να μεταφράσουμε πόρους, να υποστηρίξουμε ιεραποστόλους και να οικοδομήσουμε συστήματα μαθητείας παγκοσμίως. Σας ευχαριστούμε!

---

1. https://www.otakada.org
2. https://www.wealthbeyondworryseries.com

3. ΓΙΝΕΤΕ ΜΕΛΟΣ ΤΗΣ κοινότητας του WhatsApp Covenant

Λάβετε ενημερώσεις, περιεχόμενο ευλαβικών ιερών ανακοινώσεων και συνδεθείτε με πιστούς που έχουν θρησκευτική συνείδηση σε όλο τον κόσμο.

Σάρωση για να εγγραφείτε
https://chat.whatsapp.com/H67spSun32DDTma8TLh0ov

ΠΡΟΤΕΙΝΟΜΕΝΑ ΒΙΒΛΙΑ & ΠΟΡΟΙ

- *Απελευθερωμένος από τη Δύναμη του Σκότους (Χαρτόδετο)* — Αγοράστε εδώ [1] | Ηλεκτρονικό βιβλίο [2] στο Amazon [3]

- **Κορυφαίες κριτικές από τις Ηνωμένες Πολιτείες:**
    - **Πελάτης Kindle** : "Το καλύτερο χριστιανικό βιβλίο που διαβάστηκε ποτέ!" (5 αστέρια)

---

1. https://shop.ingramspark.com/b/084?params=oeYbAkVTC5ao8PfdVdzwko7wi6IQimgJY2779NaqG4e
2. https://www.amazon.com/Delivered-Power-Darkness-AFRICAN-DELIVERED-ebook/dp/B0CC5MM4MV
3. https://www.amazon.com/Delivered-Power-Darkness-AFRICAN-DELIVERED-ebook/dp/B0CC5MM4MV

ΔΟΞΑΣΤΕ ΤΟΝ ΙΗΣΟΥ ΓΙΑ αυτή τη μαρτυρία. Είμαι τόσο ευλογημένος και θα συνιστούσα σε όλους να διαβάσουν αυτό το βιβλίο... Διότι ο μισθός της αμαρτίας είναι ο θάνατος, αλλά το δώρο του Θεού είναι η αιώνια ζωή. Σαλώμ! Σαλώμ!

- **Da Gster** : "Αυτό είναι ένα πολύ ενδιαφέρον και μάλλον παράξενο βιβλίο." (5 αστέρια)

Αν όσα λέγονται στο βιβλίο είναι αλήθεια, τότε είμαστε πραγματικά πολύ πίσω σε σχέση με το τι είναι ικανός να κάνει ο εχθρός! ... Απαραίτητο για όποιον θέλει να μάθει για τον πνευματικό πόλεμο.

- **Visa** : "Λατρεύω αυτό το βιβλίο" (5 αστέρια)

Αυτό μου άνοιξε τα μάτια... μια αληθινή εξομολόγηση... Πρόσφατα το έψαχνα παντού για να το αγοράσω. Χαίρομαι πολύ που το πήρα από το Amazon.

- **FrankJM** : "Αρκετά διαφορετικό" (4 αστέρια)

Αυτό το βιβλίο μου υπενθυμίζει πόσο πραγματικός είναι ο πνευματικός πόλεμος. Μου φέρνει επίσης στο νου τον λόγο για τον οποίο πρέπει να φοράμε την «Πλήρη Πανοπλία του Θεού».

- **JenJen** : "Όλοι όσοι θέλουν να πάνε στον Παράδεισο - διαβάστε αυτό!" (5 αστέρια)

Αυτό το βιβλίο άλλαξε τόσο πολύ τη ζωή μου. Μαζί με τη μαρτυρία του John Ramirez, θα σας κάνει να δείτε την πίστη σας διαφορετικά. Το έχω διαβάσει 6 φορές!

- *Πρώην Σατανιστής: Η Ανταλλαγή Τζέιμς* (Χαρτόδετο) — Αγοράστε εδώ [4]| Ηλεκτρονικό βιβλίο [5] στο Amazon [6]

---

4. https://shop.ingramspark.com/b/084?params=I2HNGtbqJRbal8OxU3RMTApQsLLxcUCTC8zUdzDy0W1

5. https://www.amazon.com/JAMESES-Exchange-Testimony-High-Ranking-Encounters-ebook/dp/B0DJP14JLH

6. https://www.amazon.com/JAMESES-Exchange-Testimony-High-Ranking-Encounters-ebook/dp/B0DJP14JLH

- *ΜΑΡΤΥΡΙΑ ΕΝΟΣ ΑΦΡΙΚΑΝΟΥ ΠΡΩΗΝ ΣΑΤΑΝΙΣΤΗ* - *Πάστορας JONAS LUKUNTU MPALA* (Χαρτόδετο) — Αγοράστε εδώ [7] | Ηλεκτρονικό βιβλίο [8]στο Amazon[9]

- *Μεγαλύτερα Κατορθώματα 14* (Χαρτόδετο) — Αγοράστε εδώ [10] | Ηλεκτρονικό βιβλίο [11]στο Amazon[12]

---

7. https://shop.ingramspark.com/b/
   084?params=0Aj9Sze4cYoLM5OqWrD20kgknXQQqO5AZYXcWtoMqWN
8. https://www.amazon.com/TESTIMONY-African-EX-SATANIST-Pastor-Jonas-ebook/dp/
   B0DJDLFKNR
9. https://www.amazon.com/TESTIMONY-African-EX-SATANIST-Pastor-Jonas-ebook/dp/
   B0DJDLFKNR
10. https://shop.ingramspark.com/b/084?params=772LXinQn9nCWcgq572PDsqPjkTJmpgSqrp88b0qzKb
11. https://www.amazon.com/Greater-Exploits-MYSTERIOUS-Strategies-Countermeasures-ebook/dp/
    B0CGHYPZ8V
12. https://www.amazon.com/Greater-Exploits-MYSTERIOUS-Strategies-Countermeasures-ebook/dp/
    B0CGHYPZ8V

- *Από το καζάνι του διαβόλου* του John Ramirez — Διαθέσιμο στο Amazon[13]
- *Ήρθε για να απελευθερώσει τους αιχμαλώτους* της Ρεβέκκα Μπράουν — Βρείτε το στο Amazon[14]

Άλλα βιβλία που έχουν εκδοθεί από τον συγγραφέα – Πάνω από 500 τίτλοι Αγαπημένοι, Εκλεκτοί και Ολοκληρωμένοι : Ένα 30ήμερο ταξίδι από την απόρριψη στην **αποκατάσταση** , μεταφρασμένο σε 40 γλώσσες του κόσμου
https://www.amazon.com/Loved-Chosen-Whole-Rejection-Restoration-ebook/dp/B0F9VSD8WL
https://shop.ingramspark.com/b/084?params=xga0WR16muFUwCoeMUBHQ6HwYjddLGpugQHb3DVa5hE

---

13. https://www.amazon.com/Out-Devils-Cauldron-John-Ramirez/dp/0985604306
14. https://www.amazon.com/He-Came-Set-Captives-Free/dp/0883683239

Στα Βήματά Του — Μια Πρόκληση WWJD 40 Ημερών:
Ζώντας σαν τον Ιησού σε πραγματικές ιστορίες από όλο τον κόσμο
https://www.amazon.com/His-Steps-Challenge-Real-Life-Stories-ebook/dp/B0FCYTL5MG
https://shop.ingramspark.com/b/084?params=DuNTWS59IbkvSKtGFbCbEFdv3Zg0FaITUEvlK49yLzB

Ο ΙΗΣΟΥΣ ΣΤΗΝ ΠΟΡΤΑ:
40 Σπαρακτικές Ιστορίες και η Τελευταία Προειδοποίηση του Ουρανού προς τις ΣΗΜΕΡΙΝΕΣ Εκκλησίες

https://www.amazon.com/dp/B0FDX31L9F

https://shop.ingramspark.com/b/084?params=TpdA5j8WPvw83glJ12N1B3nf8LQte2a1lIEy32bHcGg

ΖΩΗ ΣΤΗ ΔΙΑΘΗΚΗ: 40 Ημέρες Περπατήματος στην Ευλογία του Δευτερονομίου 28

- https://www.amazon.com/dp/B0FFJCLDB5

Ιστορίες από Αληθινούς Ανθρώπους, Αληθινή Υπακοή και Αληθινή
https://shop.ingramspark.com/b/084?params=bH3pzfz1zdCOLpbs7tZYJNYgGcYfU32VMz3J3a4e2Qt

Μετασχηματισμός σε πάνω από 20 γλώσσες

ΓΝΩΡΙΖΟΝΤΑΣ ΤΗΝ & ΓΝΩΡΙΖΟΝΤΑΣ ΑΥΤΟΝ:
40 Ημέρες για Θεραπεία, Κατανόηση και Διαρκή Αγάπη

HTTPS://WWW.AMAZON.com/KNOWING-HER-HIM-Healing-Understanding-ebook/dp/B0FGC4V3D9[15]

https://shop.ingramspark.com/b/084?params=vC6KCLoI7Nnum24BVmBtSme9i6k59p3oynaZOY4B9Rd

ΟΛΟΚΛΗΡΩΜΕΝΟ, ΟΧΙ ΑΝΤΑΓΩΝΙΣΤΙΚΟ:
Ένα 40ήμερο ταξίδι προς τον σκοπό, την ενότητα και τη συνεργασία

---

15. https://www.amazon.com/KNOWING-HER-HIM-Healing-Understanding-ebook/dp/B0FGC4V3D9

HTTPS://SHOP.INGRAMSPARK.com/b/
084?params=5E4v1tHgeTqOOuEtfTYUzZDzLyXLee30cqYo0Ov9941[16]
https://www.amazon.com/COMPLETE-NOT-COMPETE-Journey-Collaboration-ebook/dp/B0FGGL1XSQ/

ΘΕΪΚΟΣ ΚΩΔΙΚΑΣ ΥΓΕΙΑΣ - 40 Καθημερινά Κλειδιά για την Ενεργοποίηση της Θεραπείας μέσω του Λόγου και της Δημιουργίας του Θεού Ξεκλειδώστε τη Θεραπευτική Δύναμη των Φυτών, της Προσευχής και της Προφητικής Δράσης

---

16. https://shop.ingramspark.com/b/084?params=5E4v1tHgeTqOOuEtfTYUzZDzLyXLee30cqYo0Ov9941

https://shop.ingramspark.com/b/
084?params=xkZMrYcEHnrJDhe1wuHHYixZDViiArCeJ6PbNMTbTux
https://www.amazon.com/dp/B0FHJT42TK

ΆΛΛΑ ΒΙΒΛΙΑ ΜΠΟΡΕΙΤΕ να βρείτε στη σελίδα του συγγραφέα
https://www.amazon.com/stores/Ambassador-Monday-O.-Ogbe/author/B07MSBPFNX

ΠΑΡΑΡΤΗΜΑ (1-6): ΠΟΡΟΙ ΓΙΑ ΤΗ ΔΙΑΤΗΡΗΣΗ ΤΗΣ ΕΛΕΥΘΕΡΙΑΣ ΚΑΙ ΤΗΝ ΒΑΘΥΤΕΡΗ ΑΠΕΛΕΥΘΕΡΩΣΗ

ΠΑΡΑΡΤΗΜΑ 1: Προσευχή για τη διάκριση κρυμμένης μαγείας, απόκρυφων πρακτικών ή παράξενων βωμών στην εκκλησία

> *Υιέ ανθρώπου, βλέπεις τι κάνουν στο σκοτάδι...;»* — Ιεζεκιήλ 8:12
> *«Και μη συμμετέχετε στα άκαρπα έργα του σκότους, αλλά μάλλον να τα ξεσκεπάζετε.»* — Εφεσίους 5:11

Προσευχή για Διάκριση και Αποκάλυψη:

Κύριε Ιησού, άνοιξε τα μάτια μου για να δω τι βλέπεις. Ας αποκαλυφθεί κάθε παράξενη φωτιά, κάθε μυστικό βωμό, κάθε αποκρυφιστική επιχείρηση που κρύβεται πίσω από άμβωνες, στασίδια ή πρακτικές. Αφαιρέστε τα πέπλα. Αποκαλύψτε την ειδωλολατρία που καλύπτεται ως λατρεία, τη χειραγώγηση που καλύπτεται ως προφητεία και τη διαστροφή που καλύπτεται ως χάρη. Καθάρισε την τοπική μου συνάθροιση. Αν είμαι μέρος μιας συμβιβασμένης κοινωνίας, οδήγησέ με στην ασφάλεια. Υψώστε αγνά βωμούς. Καθαρά χέρια. Άγιες καρδιές. Στο όνομα του Ιησού. Αμήν.

ΠΑΡΑΡΤΗΜΑ 2: Πρωτόκολλο Αποκήρυξης και Καθαρισμού από τα Μέσα Ενημέρωσης

» *Δεν θα βάλω μπροστά στα μάτια μου τίποτα κακό...» — Ψαλμός 101:3*
Βήματα για να καθαρίσετε τη ζωή σας στα μέσα ενημέρωσης:

1. **Ελέγξτε** τα πάντα: ταινίες, μουσική, παιχνίδια, βιβλία, πλατφόρμες.
2. **Ρωτήστε:** Δοξάζει αυτό τον Θεό; Ανοίγει πόρτες στο σκοτάδι (π.χ., τρόμο, λαγνεία, μαγεία, βία ή θέματα της νέας εποχής);
3. **Αποκήρυξη** :

«Αποκηρύσσω κάθε δαιμονική πύλη που ανοίγεται μέσω ασεβών μέσων. Αποσυνδέω την ψυχή μου από όλους τους δεσμούς της με διασημότητες, δημιουργούς, χαρακτήρες και ιστορίες που ενδυναμώνονται από τον εχθρό.»

1. **Διαγραφή & Καταστροφή** : Αφαιρέστε περιεχόμενο με φυσικό και ψηφιακό τρόπο.
2. **Αντικαταστήστε** με θεϊκές εναλλακτικές λύσεις — λατρεία, διδασκαλίες, μαρτυρίες, ωφέλιμες ταινίες.

ΠΑΡΑΡΤΗΜΑ 3: Τεκτονισμός, Καμπάλα, Κουνταλίνι, Μαγεία, Απόκρυφη Αποκήρυξη

Μην έχετε καμία σχέση με τα άκαρπα έργα του σκότους...» — Εφεσίους 5:11

« **Πείτε φωναχτά:**

Στο όνομα του Ιησού Χριστού, αποκηρύσσω κάθε όρκο, τελετουργία, σύμβολο και μύηση σε οποιαδήποτε μυστική εταιρεία ή αποκρυφιστικό τάγμα — εν γνώσει ή εν αγνοία μου. Απορρίπτω κάθε δεσμό με:

- **Ελευθεροτεκτονισμός** – Όλοι οι βαθμοί, τα σύμβολα, οι όρκοι αίματος, οι κατάρες και η ειδωλολατρία.
- **Καμπάλα** – Εβραϊκός μυστικισμός, αναγνώσεις του Ζοχάρ, επικλήσεις του δέντρου της ζωής ή αγγελική μαγεία.
- **Κουνταλίνι** – Άνοιγμα του τρίτου ματιού, αφυπνίσεις γιόγκα, φωτιά φιδιού και ευθυγραμμίσεις τσάκρα.
- **Μαγεία & Νέα Εποχή** – Αστρολογία, ταρώ, κρύσταλλοι, τελετουργίες σελήνης, ταξίδια ψυχής, ρέικι, λευκή ή μαύρη μαγεία.
- **Ροδοσταυρικοί, Ιλλουμινάτι, Κρανίο και Οστά, Όρκοι Ιησουιτών, Τάγματα Δρυίδων, Σατανισμός, Πνευματισμός, Σαντερία, Βουντού, Γουίκα, Θέλημα, Γνωστικισμός, Αιγυπτιακά Μυστήρια, Βαβυλωνιακές τελετουργίες.**

Ακυρώνω κάθε διαθήκη που έχει γίνει εκ μέρους μου. Κόβω όλους τους δεσμούς στην γενεαλογία μου, στα όνειρά μου ή μέσω δεσμών ψυχής. Παραδίδω ολόκληρη την ύπαρξή μου στον Κύριο Ιησού Χριστό - πνεύμα, ψυχή και σώμα. Ας κλείσει οριστικά κάθε δαιμονική πύλη με το αίμα του Αρνίου. Ας καθαριστεί το όνομά μου από κάθε σκοτεινό μητρώο. Αμήν.

ΠΑΡΑΡΤΗΜΑ 4: Οδηγός ενεργοποίησης λαδιού χρίσματος

« *Μήπως κάποιος ανάμεσά σας ταλαιπωρείται; Ας προσευχηθεί. Μήπως κάποιος ανάμεσά σας είναι άρρωστος; Ας καλέσει τους πρεσβυτέρους... αλείφοντάς τον με λάδι στο όνομα του Κυρίου.»* — Ιάκωβος 5:13-14

Πώς να χρησιμοποιήσετε το λάδι χρίσματος για απελευθέρωση και κυριαρχία:

- **Μέτωπο** : Ανανέωση του νου.
- **Αυτιά** : Διάκριση της φωνής του Θεού.
- **Κοιλιά** : Καθαρισμός της έδρας των συναισθημάτων και του πνεύματος.
- **Πόδια** : Περπατώντας προς το θεϊκό πεπρωμένο.
- **Πόρτες/Παράθυρα** : Κλείσιμο πνευματικών πυλών και καθαρισμός σπιτιών.

Δήλωση κατά το χρίσμα:

«Αγιάζω αυτόν τον χώρο και το δοχείο με το λάδι του Αγίου Πνεύματος. Κανένας δαίμονας δεν έχει νόμιμη πρόσβαση εδώ. Ας κατοικήσει η δόξα του Κυρίου σε αυτόν τον τόπο».

ΠΑΡΑΡΤΗΜΑ 5: Αποκήρυξη του Τρίτου Ματιού και της Υπερφυσικής Όρασης από Απόκρυφες Πηγές

Πείτε φωναχτά:

«Στο όνομα του Ιησού Χριστού, αποκηρύσσω κάθε άνοιγμα του τρίτου μου ματιού — είτε μέσω τραύματος, γιόγκα, αστρικού ταξιδιού, ψυχεδελικών ουσιών ή πνευματικής χειραγώγησης. Σε παρακαλώ, Κύριε, να κλείσεις όλες τις παράνομες πύλες και να τις σφραγίσεις με το αίμα του Ιησού. Απελευθερώνω κάθε όραμα, διορατικότητα ή υπερφυσική ικανότητα που δεν προέρχεται από το Άγιο Πνεύμα. Ας τυφλωθεί και να δεσμευτεί κάθε δαιμονικός παρατηρητής, αστρικός προβολέας ή οντότητα που με παρακολουθεί στο όνομα του Ιησού. Επιλέγω την αγνότητα έναντι της δύναμης, την οικειότητα έναντι της διορατικότητας. Αμήν.»

ΠΑΡΑΡΤΗΜΑ 6: Βίντεο με μαρτυρίες για πνευματική ανάπτυξη

1) ξεκινήστε από 1,5 λεπτό - https://www.youtube.com/watch?v=CbFRdraValc

2) https://youtu.be/b6WBHAcwN0k?si=ZUPHzhDVnn1PPIEG
3) https://youtu.be/XvcqdbEIO1M?si=GBlXg-cO-7f09cR[1]
4) https://youtu.be/jSm4r5oEKjE?si=1Z0CPgA33S0Mfvyt
5) https://youtu.be/B2VYQ2-5CQ8?si=9MPNQuA2f2rNtNMH
6) https://youtu.be/MxY2gJzYO-U?si=tr6EMQ6kcKyjkYRs
7) https://youtu.be/ZW0dJAsfJD8?si=Dz0b44I53W_Fz73A
8) https://youtu.be/q6_xMzsj_WA?si=ZTotYKo6Xax9nCWK
9) https://youtu.be/c2ioRBNriG8?si=JDwXwxhe3jZlej1U
10) https://youtu.be/8PqGMMtbAyo?si=UqK_S_hiyJ7rEGz1
11) https://youtu.be/rJXu4RkqvHQ?si=yaRAA_6KIxjm0eOX
12) https://youtu.be/nS_Insp7i_Y?si=ASKLVs6iYdZToLKH
13) https://youtu.be/-EU83j_eXac?si=-jG4StQOw7S0aNaL
14) https://youtu.be/_r4Jyzs2EDk?si=tldAtKOB_3-J_j_C
15) https://youtu.be/KiiUPLaV7xQ?si=I4x7aVmbgbrtXF_S
16) https://youtu.be/68m037cPEu0?si=XpuyyEzGfK1qWYRt
17) https://youtu.be/z4zlp9_aRQg?si=DR3lDYTt632E96a6
18) https://youtube.com/shorts/H_90n-QZU5Q?si=uLPScVXm81DqU6ds

---

1. https://youtu.be/XvcqdbEIO1M?si=GBlXg-c-O-7f09cR

ΤΕΛΙΚΗ ΠΡΟΕΙΔΟΠΟΙΗΣΗ: *Δεν μπορείτε να παίξετε με αυτό*

Η λύτρωση δεν είναι ψυχαγωγία. Είναι πόλεμος. Η απάρνηση χωρίς μετάνοια είναι απλώς θόρυβος. Η περιέργεια δεν είναι το ίδιο με το κάλεσμα. Υπάρχουν πράγματα από τα οποία δεν συνέρχεσαι αυθόρμητα.

λοιπόν το κόστος. Περπάτα με αγνότητα. Φύλαξε τις πύλες σου.

Γιατί οι δαίμονες δεν σέβονται τον θόρυβο — μόνο την εξουσία.

www.ingramcontent.com/pod-product-compliance
Lightning Source LLC
Chambersburg PA
CBHW050338010526
44119CB00049B/606